Cahiers libres

Aeham Ahmad

Le pianiste de Yarmouk

Écrit en collaboration
avec Sandra Hetzl et Ariel Hauptmeier

Traduit de l'allemand par Gilles Grand

La Découverte
9 *bis*, rue Abel-Hovelacque
75013 Paris

Ouvrage initialement publié sous le titre *Und die Vögel werden singen. Ich, der Pianist aus den Trümmern* par Fischer Verlag en 2017.

Certains noms ont été modifiés pour protéger les personnes concernées.

Composé par Facompo à Lisieux
Dépôt légal : mars 2018

ISBN 978-2-7071-9653-8

« Nous avons fui l'enfer et nous ne voulons rien de plus que la paix dans le monde. La paix pour notre pays.
Nous pouvons changer le monde par le pouvoir de la musique. »

« Liberté pour le photographe Niraz Saied. »

AEHAM AHMAD

« Et le rêve continue… »

NIRAZ SAIED

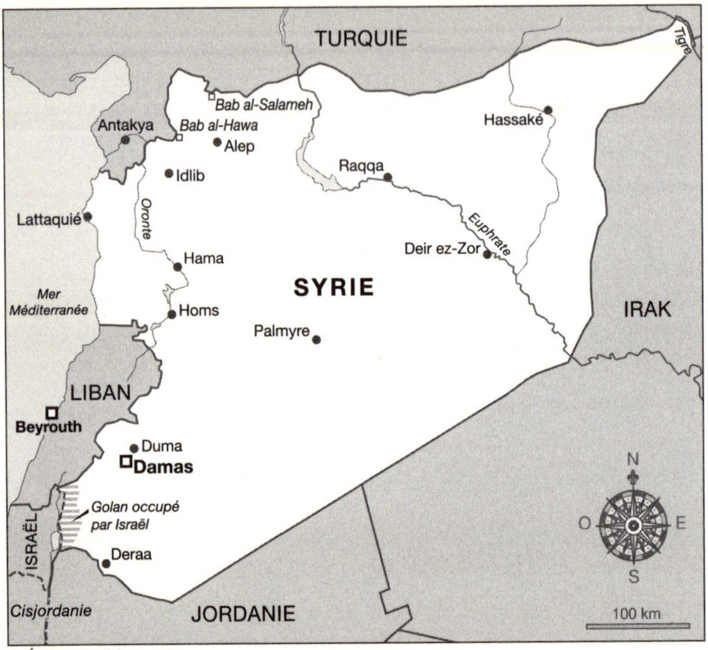
TURQUIE
Tigre
Bab al-Salameh
Bab al-Hawa
Antakya
Alep
Hassaké
Idlib
Raqqa
Lattaquié
Oronte
Euphrate
Hama
Deir ez-Zor
SYRIE
Mer Méditerranée
Homs
IRAK
Palmyre
LIBAN
Beyrouth
Duma
Damas
N
O
E
S
Golan occupé par Israël
ISRAËL
Deraa
Cisjordanie
JORDANIE
100 km

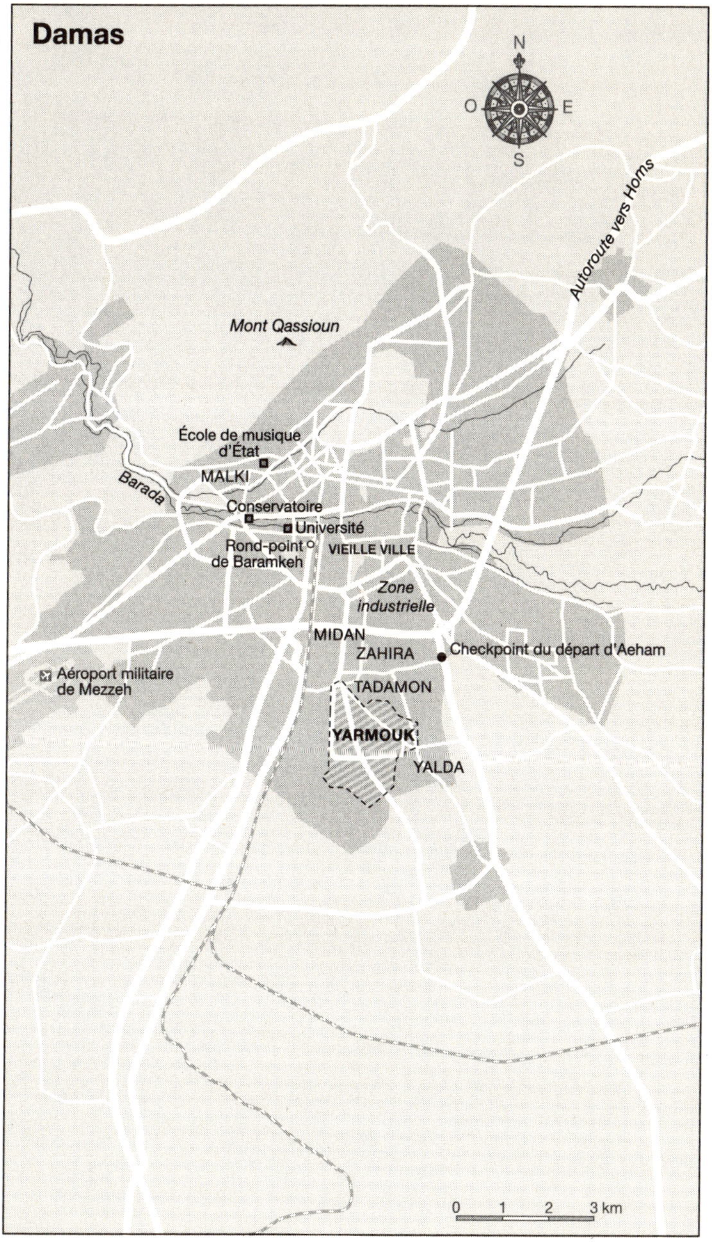
Damas
N
O
E
S
Autoroute vers Homs
Mont Qassioun
École de musique
d'État
MALKI
Barada
Conservatoire
Université
Rond-point
de Baramkeh
VIEILLE VILLE
Zone
industrielle
MIDAN
ZAHIRA
Checkpoint du départ d'Aeham
Aéroport militaire
de Mezzeh
TADAMON
YARMOUK
YALDA
0 1 2 3 km

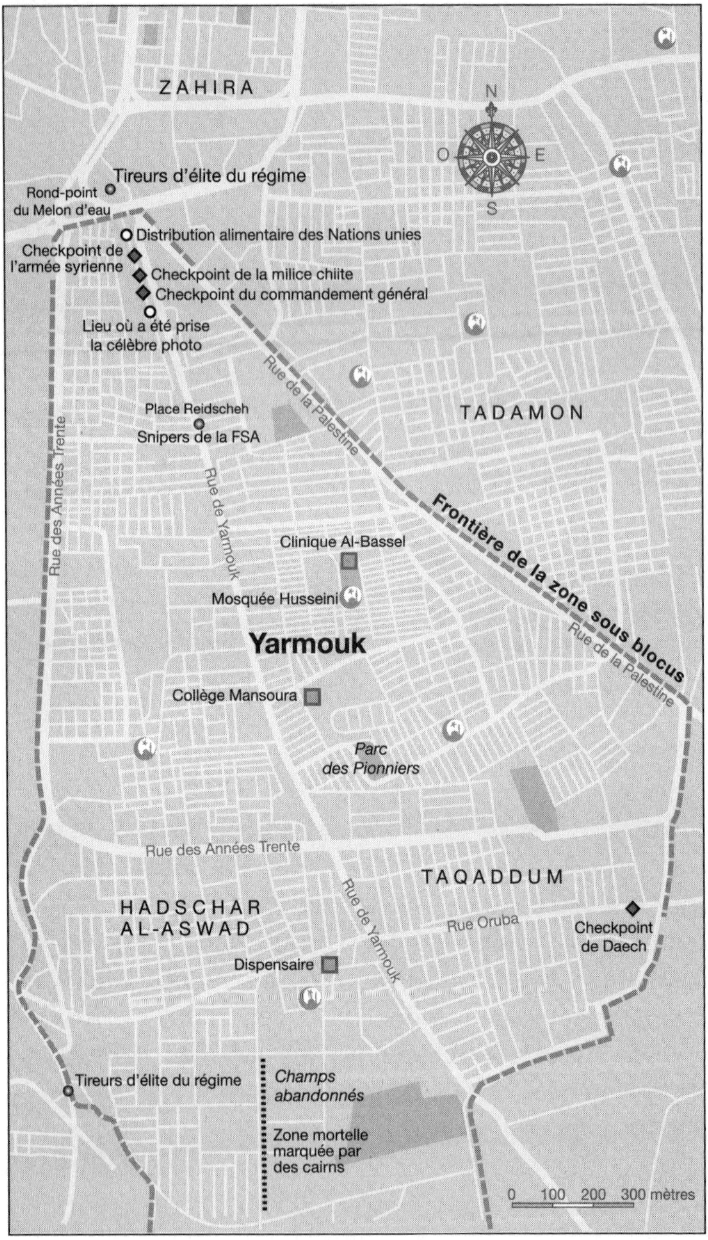
ZAHIRA
N
O
E
S
Tireurs d'élite du régime
Rond-point
du Melon d'eau
Distribution alimentaire des Nations unies
Checkpoint de
l'armée syrienne
Checkpoint de la milice chiite
Checkpoint du commandement général
Lieu où a été prise
la célèbre photo
Rue de la Palestine
TADAMON
Place Reidscheh
Snipers de la FSA
Rue des Années Trente
Rue de Yarmouk
Frontière de la zone sous blocus
Clinique Al-Bassel
Mosquée Husseini
Yarmouk
Rue de la Palestine
Collège Mansoura
Parc
des Pionniers
Rue des Années Trente
TAQADDUM
HADSCHAR
AL-ASWAD
Rue de Yarmouk
Rue Oruba
Checkpoint
de Daech
Dispensaire
Tireurs d'élite du régime
Champs
abandonnés
Zone mortelle
marquée par
des cairns
0 100 200 300 mètres

Trois oiseaux

Les images ne racontent jamais le début d'une histoire. Et elles taisent ce qui est ensuite advenu. Ainsi, cette photographie qui me montre assis à un piano, chantant au milieu de mon quartier en ruines. Les journaux du monde entier l'ont publiée. Il se murmure aujourd'hui encore que c'est l'une des photos qui resteront du conflit syrien. Parce qu'elle est plus forte que la guerre. Pourtant, lorsque je pense au moment où elle a été prise, une image s'impose à toutes les autres : celle de trois oiseaux. Mais ce n'est pas non plus le début de l'histoire.

Cela a commencé au point du jour. J'étais une fois encore parti chercher de l'eau avec mes amis Marwan et Raed. Ce qui voulait dire se mettre en route dès l'aube et remorquer un réservoir de mille litres posés sur un chariot à trois roues jusqu'au prochain point d'eau, l'une des dernières canalisations encore en état. Puis remplir le réservoir et repartir, trempés de sueur, en poussant le lourd véhicule.

Nous vivions à Yarmouk, dans la banlieue de Damas. L'armée de Bachar al-Assad nous avait privés de tout. Nous n'avions ni eau ni électricité, ni pain ni riz. Plus de cent personnes étaient mortes de faim.

Une fois le réservoir déposé dans notre rue, je me suis recouché. Peu après, mon fils Ahmad, qui avait presque deux ans, m'a réveillé. Il m'a babillé quelque chose à l'oreille et, pour jouer, m'a mis l'un de ses petits doigts dans l'œil. Cela m'a fait un mal de chien. Plus question de dormir.

Plus question non plus de café ni de thé, et ce, depuis longtemps. Je m'étais donc habitué, le matin, à me faire bouillir une boisson à la cannelle. On en avait à profusion depuis qu'une bande armée avait attaqué un dépôt d'épices. À dire vrai, ce n'était pas un mauvais butin. Mais qui a besoin de cannelle quand il manque de pain ? On la vendait donc à un prix dérisoire. Comme il n'y avait pas non plus de sucre, certains en étaient réduits à utiliser de la cire à épiler, volée par quelque autre bande. Un café-cannelle à la cire. Nous étions tombés si bas.

Quelques mois plus tôt, avec d'autres jeunes du quartier, j'avais commencé à chanter dans la rue. On avait hissé mon piano sur un chariot, on l'avait transporté jusque dans les ruines et l'on s'était mis à chanter contre la faim. Nos vidéos étaient très partagées sur YouTube. Mais la plupart des gens du quartier s'en sont désintéressés rapidement. Je ne pouvais pas leur en vouloir. On a d'autres soucis quand on a l'estomac vide.

Notre chorale avait fini par disparaître. Les uns disaient ne plus avoir le temps, entre les trajets pour se procurer de l'eau et l'attente, à longueur de journée, pour obtenir quelques kilos de riz de l'Organisation des Nations unies (ONU). Les autres voulaient trouver un sponsor. J'étais formellement contre. Je ne me laisserais instrumentaliser par personne. Alors les derniers ont quitté le navire. Il ne restait plus que Marwan et moi. Marwan, mon voisin et ami, avec lequel j'allais chercher l'eau le matin.

Ce jour-là, nous avions rendez-vous avec un photographe. Je voulais chanter seul devant les ruines. Je ne l'avais encore jamais fait. Mais il le fallait. Je voulais agir.

En dépit de notre amitié, je suis toujours le « prof » pour Marwan. Plus exactement, quand il s'agit d'aller chercher de l'eau, je m'appelle Aeham, mais dès qu'il est question de piano, je suis le « prof ». Je lui ai dit des milliers de fois que je trouvais cela drôle. Il répond toujours : « D'accord, pas de problème, Aeham ! » Avant de m'appeler « prof » cinq minutes plus tard.

Je suis passé le réveiller chez lui. J'ai crié d'en bas : « Marwan ! Viens, lève-toi ! On a rendez-vous ! »

J'ai insisté : « Eh bien, Marwan ? Comment ça se présente ? Tu viens pousser le piano avec moi ? »

En temps normal, Marwan est toujours là pour moi. C'était la première fois que je percevais chez lui quelque chose comme de la mauvaise volonté. « Ouais, c'est bon, j'arrive », a-t-il grogné à travers la fenêtre.

Nous sommes allés au magasin de musique, nous avons fait passer le piano de quatre cents kilos par la porte et nous l'avons remorqué avec le chariot jusqu'à la maison de Niraz, le photographe.

Tout le monde le connaissait à Yarmouk. Il portait une barbiche, des lunettes rondes et les cheveux en catogan ; il avait le genre artiste, une faucille et un marteau tatoués sur le revers de la main. De grandes agences de presse publiaient ses photos et il avait exposé jusqu'à Ramallah.

Niraz n'avait pas de sonnette non plus, mais nous étions convenus d'un signal : nous devions lancer un caillou à sa fenêtre, pas trop gros car ses vitres étaient parmi les rares encore intactes dans le quartier. Il avait peut-être eu de la chance jusque-là, mais il avait aussi été prévoyant : dès que les bombes tombaient, il ouvrait les fenêtres pour qu'elles ne volent pas en éclats.

Tout doucement, j'ai lancé un premier caillou. Et puis un autre. Et puis encore un autre. Mais Niraz ne venait pas. Alors Marwan a perdu patience : « Pourquoi il ne se réveille pas ? Il se prend pour qui, ton ami ? »

Marwan faisait de la musculation avant la révolution. Il a les cheveux coupés court, un visage rond et d'assez larges épaules. Rapidement, il a pris un morceau de béton et l'a lancé contre la fenêtre. Les débris sont tombés bruyamment dans la chambre. Quelques secondes plus tard, Niraz était dans l'embrasure en train de jurer. Il a déversé sur nous un véritable tombereau d'insultes sur le mode : « Bon sang de Dieu qui vous a créés, sacré nom d'un chien ! On n'a rien à bouffer, rien à boire… », etc. On en est vite venu à invoquer le Prophète.

Niraz est sorti en trombe de chez lui pour se jeter sur Marwan. Celui-ci, prêt à en découdre, avait relevé ses manches. Je m'interposai : « *Challas*, assez !

— Je te la paierai, ta foutue fenêtre !, lui lança Marwan.

— Comme si t'avais de l'argent ! », souffla Niraz en retour.

Maugréant, il finit par retourner chez lui pour prendre ses appareils.

Nous sommes repartis. Marwan et moi poussions le chariot avec le piano. Bon sang qu'il était lourd. Jusque-là, nous l'avions toujours déplacé à six ou sept à travers les rues dévastées. Je me sentais encore plus seul. De temps à autre, Niraz faisait le tour et prenait des photos. Marwan ahanait, furieux.

« Ça te dérangerait d'aider ?!, lui criait-il. Tu auras bien le temps de prendre des photos ! » Il ne fallait même pas y penser.

La maison de Niraz était située en périphérie de Yarmouk, à quelques minutes du front. Nous avons pris la rue de la Palestine, autrefois remplie de commerces et aujourd'hui désertée, jusqu'à ce que Niraz s'arrête et dise d'un ton convaincu : « C'est là. On va faire les prises ici. »

L'endroit était particulièrement ravagé. Des ossatures en béton pointaient vers le ciel comme de gigantesques tombeaux, l'intérieur des maisons était éventré. Ici et là pendaient des tuyaux, des câbles et des rideaux, sortant de ce qui était transformé en cavernes. Entre les tas de débris jonchant la rue, les mauvaises herbes poussaient.

Je me suis assis au piano et j'ai réfléchi à ce que je devais chanter. J'avais écrit des douzaines de chansons ces derniers mois. La musique avait simplement jailli. Le poème qu'un homme m'avait donné quelques jours plus tôt m'est revenu à l'esprit.

Cet homme s'appelait Ziad al-Charraf. Il avait été le vendeur de miel de notre quartier. Un homme riche et cultivé. Je ne le connaissais que vaguement. Ziad avait un doctorat, il vendait du miel par passion. Il partait en excursion dans les montagnes pour trouver les apiculteurs ou bien dans des pays lointains comme le Yémen pour goûter un nouvel assemblage de miels. Autrefois. Avant la guerre.

Il était venu me voir et m'avait tendu un bout de papier. Ziad faisait peur à voir. Il semblait désemparé, sans défense. Ses paupières étaient mi-closes, ses yeux fatigués, son regard vide. Et moi, comme un idiot, je lisais ces vers, avant de faire remarquer avec une suffisance de jeune cuistre : « C'est merveilleusement écrit, mais je ne crois pas qu'on puisse le chanter. Je pourrais peut-être le lire à haute voix et jouer du piano dessus, mais le chanter ? » Cela donnait :

Mon nom j'ai oublié,
Les lettres et leur sens,
Les mots j'ai oublié,
Dont je faisais des chansons.

Ma voix j'ai oublié
Et mon image

Et ma place.
Les cahots du chemin j'ai oublié,
Qui mène au ciel et aux hommes,
À la gloire d'autrefois.
Palestiniens,
Palestiniens.

Et ici le temps s'est arrêté
Devant une miette de pain,
Devant un carton d'aides humanitaires.

Oh, ma gloire.
Palestine.
Oh, ma mère.
Palestine.

« Je t'en prie, Aeham, essaye, me dit Ziad d'un ton morne. C'est pour ma femme. » Alors, il m'a raconté son histoire : parce qu'elle était en fin de grossesse, sa femme avait obtenu un sauf-conduit pour se rendre à Damas et y mettre au monde leur enfant. Mais, quand elle était arrivée au barrage, les soldats ne l'avaient pas laissée passer. Un quelconque bureaucrate avait mal orthographié son nom. Tous les autres renseignements étaient exacts. Hormis cette inversion des lettres. Et les soldats sont impitoyables.

Des heures durant, elle avait attendu devant le barrage que quelqu'un veuille bien corriger le sauf-conduit. Assise. Debout. Puis, à un moment, elle s'était écroulée et était tombée sur le ventre. Elle était morte durant le trajet pour l'hôpital. L'enfant avait survécu. Personne ne savait s'il serait en bonne santé.

Ziad avait aimé sa femme plus que tout. Ce n'était pas un mariage arrangé, mais bien un mariage d'amour. Sa femme avait été sa meilleure amie. Ils avaient trois filles. Cet enfant était leur premier garçon.

Et maintenant Ziad se tenait devant moi, les yeux empreints d'une infinie fatigue, et j'ai bafouillé : « Je suis désolé. Oublie ce que je viens de dire, je t'en prie. Je vais le mettre en musique. Je vais composer une chanson pour ta femme. » Le soir même, je me suis assis au piano et j'ai réfléchi à une mélodie.

Alors que Niraz était encore en train de monter son appareil, une femme est soudain apparue, un plateau dans les mains. Elle était tellement ravie, nous dit-elle, que quelqu'un vienne avec un piano dans ce quartier désolé, qu'elle avait préparé ce qui lui restait de café. Elle le gardait depuis longtemps pour une occasion particulière. Le temps était venu. Elle voulait boire son dernier café ici et maintenant, tout en m'écoutant. « Ce que vous faites est très, très important », dit-elle en me versant une tasse. Je lui souris avec gratitude et savourai le café amer.

C'est à ce moment-là que j'ai remarqué le gazouillis de trois oiseaux. Ils étaient posés sur la rambarde d'un balcon au troisième étage, juste en face de moi. Un petit miracle. Les oiseaux étaient les premiers à fuir à chaque tir, à chaque explosion de grenade. Si d'aventure quelques-uns s'égaraient à Yarmouk, ils étaient abattus sur-le-champ. Après tout, les estomacs étaient vides. Lorsque je me suis mis à jouer, les oiseaux ont recommencé à chanter.

Le gazouillis des oiseaux que je n'avais plus entendu depuis si longtemps, l'odeur du café qui me manquait depuis des mois, la colère de nos estomacs vides, mon œil qui brûlait encore, meurtri par le doigt de mon fils : tout se mélangeait avec le goût de cannelle dans mon ventre, la fatigue du transport d'eau et le regard vide de Ziad al-Charraf. J'ai fermé les yeux et j'ai commencé :

Mon nom j'ai oublié,
Les lettres et leur sens,
Les mots j'ai oublié,
Dont je faisais des chansons.

Renversé en arrière, j'ai chanté. J'en avais par-dessus la tête, j'étais écœuré de tout, criblé de soucis et de chagrins. J'étais pris par la douleur de Ziad, par les enfants affamés, par la disparition de mon frère. J'étais furieux contre ce piano désaccordé, ma main estropiée je me sentais seul, qu'est-ce que je faisais là, au milieu des ruines ? Où étaient les autres ? Pourquoi m'avaient-ils laissé tomber ?

Pendant que je jouais, la femme n'a pas pu s'empêcher de pleurer. Le texte faisait résonner le sentiment d'abandon dans lequel nous nous trouvions, la femme, les trois oiseaux, Niraz, Marwan et moi. Mon chant est sorti comme le cri de quelqu'un qui tombe dans un abîme et qui met une mélodie sur cette descente aux enfers.

C'est à ce moment-là que Niraz a dû appuyer sur le déclencheur.

Aujourd'hui, en Allemagne, on me demande parfois : de quelle couleur était ta tente dans le camp palestinien ? Ah, Dieu du ciel ! Moi, dans une de ces tentes ? J'étais propriétaire d'un bel et grand appartement ! Notre magasin de musique prospérait. Jusqu'à ce que la guerre arrive et détruise tout. Jusqu'à ce qu'une grenade me sectionne les tendons de deux doigts. Jusqu'à ce que Daech brûle mon piano. Jusqu'à ce que je sois jeté dans un cachot. Jusqu'à ce que je puisse partir.

Quand tu fuis les bombes et la famine, tu laisses ton monde derrière toi. Tu deviens l'une de ces silhouettes grises, qui ont forcément toujours vécu dans la misère et qui viennent maintenant profiter de la richesse de l'Europe. C'est ce qu'affirment en tout cas ceux qui ne comprennent pas qui nous sommes et d'où nous venons. Ceux qui ont peur de nous. Et pourtant mon histoire est tout autre.

Je vais vous la raconter. Contre les idées reçues. Contre les simplifications. Contre les images trompeuses, quand bien même elles recèlent un fond de vérité.

Mes yeux seront tes yeux

J'avais quel âge ? Deux ans peut-être ? Cette époque a-t-elle seulement existé ? À moins que ma mémoire, cette perfide enjôleuse, n'ait composé une mosaïque de mes fragments de souvenirs ? Qui sait ? Je peux seulement dire : je me souviens. Je revois ce matin-là, bien clairement devant moi. Et c'est pourquoi je dis que cela a commencé ici. En musique.

Mon lit était placé sous la fenêtre, le soleil pénétrait dans la chambre. Au-dessus, de guingois, mon père jouait du violon. Il avait calé la tête du violon dans le matelas, le corps de l'instrument sous son menton ; l'archet glissait vers moi et repartait. Un parfum léger embaumait la chambre, exhalé par le jasmin qui poussait sous la fenêtre ; de la volière d'à côté, le roucoulement des pigeons se mêlait à la musique. C'est ainsi que, petit, à l'abri, heureux, j'écoutais mon père.

J'ai rapidement compris qu'il était différent des autres hommes. Il n'avait pas d'yeux, seulement ces verres sombres dans lesquels je me reflétais. Il ne sortait jamais seul, mais il connaissait l'intérieur de la maison comme sa poche. La nuit, mon père éteignait toujours la lumière de notre appartement par souci d'économie. Il y faisait noir comme dans un four. Si je devais aller aux toilettes, je l'appelais. Il se levait et m'accompagnait. Il ne se cognait nulle part, ne renversait rien ; il avançait d'un pas tranquille, assuré. C'était moi l'aveugle qui avançait à tâtons derrière lui.

Une autre chose m'étonnait : lorsque ma mère ne trouvait pas un objet – que ce soient les allumettes, les maniques ou les grands ciseaux –, elle appelait mon père. « Abou Aeham, tu n'aurais pas vu ça ? » Mon père répondait : « Regarde dans le tiroir de la cuisine, tout au fond à droite. » Et l'objet y était.

Mon père possédait une demi-douzaine de cannes d'aveugle, mais il refusait de s'en servir. Les rues de notre quartier étaient remplies d'embûches pour un aveugle. Les trottoirs étaient mal pavés, les autos mal garées, les ouvriers chargés de nettoyer les égouts devaient parfois partir en urgence, laissant pendant des heures un trou béant dans le sol. Un jour, bien avant ma naissance, mon père avait remonté la rue en tâtonnant avec une canne d'aveugle. Il n'avait pas senti qu'il manquait une bouche d'égout et était tombé. Il avait recraché une dent, gisant souillé, égratigné et complètement perdu dans l'égout. Il n'est plus jamais sorti seul.

À trois ans, j'ai commencé à aller au jardin d'enfants et, à partir de ce moment-là, c'est moi qui l'ai guidé. Il me prenait par la main, nous partions et je commentais ce que je voyais : une voiture à droite, un nid-de-poule, un homme en train de courir. Avec le temps, on se comprenait sans parler. Il suffisait d'un léger mouvement vers la droite pour qu'il se déplace à droite, à gauche pour qu'il aille à gauche. C'était comme si un fil invisible nous reliait. Comme si mes yeux étaient ses yeux.

Nous marchions ainsi à travers Yarmouk, l'un des quartiers les plus peuplés et les plus animés de Damas. Les maisons grossièrement bâties et mal entretenues, les artères principales bondées d'autos klaxonnant, les ruelles adjacentes, qui devenaient toujours plus étroites et tortueuses, jusqu'à ne plus laisser passer que les piétons. Nous parlions de tous les sujets possibles et imaginables, traversant l'enchevêtrement de ruelles, et tout à coup mon père disait : « Au coin à droite. » Et ça marchait ! Nous ne nous sommes jamais perdus. Je me demandais parfois s'il était vraiment aveugle.

Nous allions au kiosque, où l'on vendait des Al-Hamra, ces longues cigarettes au goût corsé. Mon père en fumait deux paquets par jour. Il aimait passer prendre une tasse de thé chez sa sœur préférée, Amina, qui avait fait des études de biologie. Une fois, nous sommes aussi allés à l'hôpital car il souffrait de tachycardie. Et tous les jours au jardin d'enfants, à huit heures du matin. En m'attendant, il rendait visite à un ami qui vivait au coin de la rue, puis il passait me prendre à onze heures et nous rentrions ensemble.

Ma mère arrivait à la maison vers midi. Elle enseignait dans une école primaire de notre quartier. Nous mangions alors du *labneh*, une espèce de fromage frais, avec du pain et de l'huile d'olive. Ou du *chenklich*, cette boule de fromage oriental épicé. Ou bien mon père me faisait des œufs sur le plat. Du moins, jusqu'au jour où il a failli mettre le feu à la maison. Il avait déjà allumé le gaz et versé l'huile dans la poêle. Puis il avait été distrait par quelque chose et était parti dans le salon. Tout à coup, il avait senti l'huile en train de brûler. Nous nous étions précipités dans la cuisine. La poêle était en flammes, sa poignée en plastique avait déjà fondu. Paniqué, mon père avait fait ce qu'il ne faut jamais faire : asperger d'eau l'huile en feu.

Il y eut une petite explosion et un énorme nuage de fumée. Il cria : « Va chercher ton oreiller ! » Je courus et le lui rapportai pour qu'il étouffe enfin l'incendie.

Nous nous sommes précipités dans la rue. Des voisins accouraient, ils avaient vu la fumée. « Tout va bien ? », demandaient-ils en apportant de l'eau. Puis ma mère est rentrée. Elle a vu ce qui s'était passé et commencé à houspiller mon père : « Ahmad, je t'ai déjà dit mille fois que tu devais m'attendre pour le déjeuner. Tu aurais pu réduire la maison en cendres. »

« *Challas*, c'est bon, dit mon père. Rentrons maintenant. »

Nous avons commencé à ranger l'appartement, puis ma mère a dit : « Abou Aeham, sortons manger quelque chose. » Tout rentrait dans l'ordre. Elle ne l'appelait par son vrai nom, Ahmad, que lorsqu'elle était en colère contre lui. La plupart du temps, elle le surnommait affectueusement *Abou Aeham*, père d'Aeham.

Celui que cette mésaventure a le plus perturbé fut mon père. Le fait que cela ait pu lui arriver, à lui, le perfectionniste, celui qui prévoyait tout bien précisément à l'avance. Lui qui était devenu violoniste, puis menuisier ; qui jouait du violon pour les mariages et qui construisait des armoires. Une scie mal posée et c'en était fini des spectacles.

Je ne l'ai vu se blesser qu'une seule fois. J'avais alors observé comment, des heures durant, il se léchait le doigt. Tel un lion qui aurait une aiguille enfoncée dans la patte. Sauf qu'il ne trouvait pas l'aiguille. Il m'avait appelé et demandé d'examiner ses doigts. Une minuscule écharde s'y était fichée et commençait à s'infecter. Je l'avais enlevée avec une pince à épiler.

Mon père avait aussi fabriqué lui-même tous les meubles de notre petit appartement. Ils étaient massifs et robustes. Seules les couleurs clochaient un peu, ici et là. J'adorais grimper sur la gigantesque armoire en noyer pour m'y cacher. Une équipe de télévision était même venue un jour chez nous pour faire le portrait de mon père : le menuisier aveugle de Yarmouk.

Je me rappelle aussi cette scène : nous marchions dans la rue, je le guidais comme d'habitude, un coup à droite, un coup à gauche, pour éviter les obstacles – et tout d'un coup, il y eut un coup sourd. Mon père s'était heurté le front contre une fenêtre ouverte. Je n'avais fait attention qu'aux obstacles au sol, pas à ceux à hauteur de visage. Du sang coulait sur son front, ses lunettes étaient tombées par terre.

« Papa, je suis désolé ! », ai-je crié avant d'exploser en sanglots. Sa main gauche serrait la mienne. Il ne voulait en aucun cas perdre son sens de l'orientation. Entre-temps, des passants nous avaient remarqués. L'un d'entre eux se baissa, ramassa les lunettes en me lançant un regard noir. Mon père remit ses lunettes. Un verre avait sauté. Quelqu'un lui donna une serviette, il essuya le sang. Je sanglotais. « Tout va bien, Aeham, dit-il. Tout va bien, on rentre à la maison. »

Une fois là-bas, il a pris dans une armoire de l'alcool à quatre-vingt-dix degrés et un morceau de coton, il s'est assis sur une chaise et a nettoyé la plaie. Nous nous taisions. Je l'observais timidement. Je l'avais blessé ! C'était ma faute ! Et pourtant, il s'est levé, m'a embrassé et m'a dit : « Ne t'en fais pas, Aeham ! Ce ne sera pas la dernière fois ! »

À cette époque, le week-end, nous allions souvent à Douma, aux portes de Damas. On y faisait du vin depuis l'Antiquité romaine. Le raisin de cette région passait pour l'un des plus juteux du Proche-Orient. À Douma, les maisons étaient récentes. Nous possédions nous aussi un petit studio pour lequel ma mère prélevait chaque mois un cinquième de son salaire.

Un matin, alors que le soleil se levait à peine, je suis parti dans les vignobles avec mon père, d'abord le long d'un ruisseau puis en montant dans les collines. Tout d'un coup, l'un des vignerons nous a appelés : « Ahmad ! – il connaissait mon père – viens par là et buvons un thé ! » Et nous sommes entrés dans sa cour.

L'islam dit : Dieu exauce les aveugles. Cette croyance est très répandue dans les campagnes. C'est pourquoi mon père était traité avec tous les égards ici. Nous nous sommes assis sous l'un des ceps noueux. Je me suis adossé contre le tronc et me suis gorgé de raisin. Les grappes pendaient juste au-dessus de moi. Les rayons du soleil matinal les traversaient et les faisaient briller comme du cristal. Pendant que les adultes parlaient de choses d'adultes, je me délectais de cette lumière, et cette image est aussi l'une des plus belles de mon enfance.

Enfin, quand je dessinais mon père, c'était toujours un bonhomme en bâtons avec de grosses lunettes noires. Je ne l'ai toujours connu que comme ça. Il n'avait pas d'yeux ? Ou si ? Alors à quoi ressemblaient-ils ? Je voulais savoir. Un jour – j'allais déjà à l'école –, je lui ai demandé : « Papa, qu'est-ce qu'ils ont tes yeux ? » Il s'est tourné vers moi, étonné. Et il a explosé de son rire fort, profond. Je l'ai imité de mon petit rire d'enfant. Nous avons ri ensemble, lui en baryton et moi en contre-ténor. Puis il m'a demandé : « Tu veux vraiment le savoir ? Je te les montre, mais il faut que tu me promettes de ne pas avoir peur. » J'ai promis.

Il a enlevé ses lunettes et tourné son visage lentement, de droite à gauche. « Papa », ai-je bafouillé. C'était horrible.

Son œil gauche était gris et aqueux. L'iris, la pupille et le blanc de l'œil se mêlaient en une boule mate sans regard. À la place de l'œil droit, il y avait un trou béant. J'ai appris qu'au collège un élève l'avait accidentellement heurté, l'index tendu ; il le lui avait planté dans l'œil encore valide, avec lequel mon père pouvait distinguer la lumière et l'obscurité. Le globe oculaire avait été tellement endommagé qu'il avait fallu le lui enlever.

J'étais sous le choc. Mon père, mon héros, n'avait qu'un seul œil – et il était terrifiant. J'en pleurais presque. « Je serai toujours là pour toi, dis-je en balbutiant. Mes yeux seront tes yeux. »

Mon père remit ses lunettes.

Nous sommes restés assis en silence un moment. Puis, l'atmosphère étant trop lourde, nous avons changé de sujet.

Aujourd'hui, dans mon appartement de Wiesbaden, j'ai le cœur brisé quand je repense à ce moment. J'ai trahi ma promesse. Je l'ai laissé seul, seul à Yarmouk. Je me suis enfui.

J'ai appris plus tard comment tout cela était arrivé. À neuf ans, mon père avait eu une conjonctivite. À cette époque, il n'y avait pas de médecin, pas d'ophtalmologiste pour une famille de réfugiés palestiniens dans un village de Syrie. Plusieurs enfants du village souffraient de conjonctivite, se souvient-il, sans doute victimes d'un virus. Sa mère le soignait avec des compresses à base de plantes et, comme cela ne donnait rien, elle l'avait emmené chez des guérisseurs traditionnels qui prétendaient le soigner avec l'esprit des ancêtres et autres fumisteries. Son état n'avait fait qu'empirer.

Son père, mon grand-père, fait partie de ces Palestiniens qui furent chassés en 1948 de ce qui n'était pas encore Israël. Plus de sept cent mille personnes durent quitter leur patrie. La famille de mon grand-père se joignit au flot des exilés. Elle venait de la région de Safad. Elle y cultivait des figues et des abricots, des oranges et des citrons, et possédait des chameaux et des moutons. Elle ne croyait pas que la guerre durerait et avait presque tout laissé derrière elle. Il n'y eut pas de retour. Privée de tout, ma famille échoua finalement à Dili, un village du sud de la Syrie.

Ils devaient tous vivre dans la même pièce. À l'extérieur, les murs de la maison étaient en pierres, à l'intérieur c'était de la boue séchée. Pour chercher de l'eau, les femmes devaient faire un kilomètre à pied jusqu'à un ruisseau, une cruche en équilibre sur la tête. Mes grands-parents se sont mariés au beau milieu de cette misère. Un an plus tard, mon père est né, le premier d'une fratrie de dix enfants.

Il savait à quoi ressemblait le monde. Il avait pu le voir pendant huit ans. Puis la conjonctivite avait frappé. Et il n'y avait rien à faire. Un groupe de Bédouins prétendit pouvoir le soigner en le marquant au fer rouge sur le cou et derrière la tête. Mon père en porte encore les cicatrices. Sa mère l'emmena chez des gitans qui lui passèrent une espèce de khôl autour des yeux. Mon père pense qu'il contenait du sable, ce qui lui a complètement détruit la cornée. À la fin, son acuité visuelle se limitait à cinq pour cent en tout et pour tout. Il ne distinguait plus que la lumière et l'obscurité. Il devait tout réapprendre. Il avançait en tâtonnant comme un petit enfant et se cognait partout. Il ne pouvait plus rien faire.

Peu après, des infirmières passèrent dans le village pour une campagne de vaccination. Elles parlèrent à mes grands-parents d'une école pour aveugles qui se trouvait à Damas. Une semaine plus tard, une voiture arriva. Dedans, Radia al-Rikabi, la sœur de Rida Pasha al-Rikabi, le premier des Premiers ministres du royaume de Grande Syrie. Elle avait fondé une école pour non-voyants à Damas, inspirée par l'exemple de son frère, aveugle, qui avait étudié et qui jouait du violon à la télévision.

Madame Rikabi parla à mes grands-parents – et emmena mon père avec elle. Il était terrorisé. Il n'avait que huit ans, était aveugle depuis peu, n'avait jamais quitté son village et ne savait pas où on le conduisait. Après deux heures de route, ils arrivèrent à l'école. On lui fit prendre une douche, puis on lui donna de nouveaux habits et un lit propre. Il y avait des chaises et des tables, tout était propre et neuf. Mais ses yeux restèrent mouillés de larmes pendant des semaines. Ses parents lui manquaient. Il craignait qu'ils ne sachent pas où il se trouvait.

Son père venait le voir le week-end, quand il pouvait se payer le voyage jusqu'à Damas. Mais une éducatrice lui avait interdit de parler à son fils aveugle. Il n'avait le droit de le voir que de loin et devait repartir sans mot dire. Et ensuite mon père se demandait qui lui avait apporté ces onéreuses friandises.

Il se sentait terriblement seul. Jusqu'au jour où ma grand-mère vint aussi et ne put se retenir. Elle se précipita vers lui et le prit dans ses bras, elle l'embrassait et ne voulait plus le laisser partir. On pleura beaucoup. À partir de ce moment, mon père eut le droit de rentrer à la maison le week-end.

À l'école, il apprit tout ce qu'un aveugle devait apprendre : lire le braille, se déplacer dans une rue inconnue, faire des tapis, tisser des nappes, rempailler des chaises, fabriquer des brosses et des balais. Radia al-Rikabi était comme une mère pour les enfants. Elle leur cousait des habits, les prenait sur ses genoux. Mais elle était sévère aussi : le soir, elle passait dans le dortoir pour faire son inspection et si quelqu'un ne s'était pas lavé les pieds, ça bardait. Tout le monde en avait peur.

Mon père était extrêmement curieux, il essayait de faire plein de choses de ses mains. Il se faufilait dans l'atelier de menuiserie, d'abord en cachette, puis avec l'autorisation de la directrice. Il s'était construit un avion, un petit carrosse et une charrette à bras en bois. Madame Rikabi répétait toujours à mon père : « Ahmad, tu as un grand avenir devant toi. » Cela l'a beaucoup encouragé.

Un jour, un nouveau professeur est arrivé à l'école. Il enseignait la musique. « Quel instrument préfères-tu ? demanda-t-il à mon père. — Le violon, répondit-il, il aimait le son du violon. — Si tes parents t'achètent un violon, lui dit-il, alors je te donnerai des cours. » Oui, mon père en avait envie. Le week-end suivant, il retourna à la maison et harcela ses parents pour qu'ils lui achètent un violon.

Mais ils secouèrent la tête. Et pas seulement parce qu'ils étaient dans une misère noire. Un violon coûtait autant que quarante litres d'huile d'olive, calcula mon grand-père, soit ce qu'il gagnait en trois mois. Par ailleurs, il ne voulait pas que mon père devienne musicien. Les musiciens étaient pour lui des vagabonds, des mendiants améliorés, qui se tiennent au coin des rues et font l'aumône en jouant du violon. « Tu veux devenir un romanichel ? »

Pourtant, mon père n'abandonna pas. Il désirait tellement apprendre le violon qu'il eut recours à un pieux mensonge. Il raconta à son père que chaque enfant devait jouer d'un instrument à l'école. Celui qui n'en avait pas devait quitter l'établissement. Et cela, mon grand-père ne le voulait surtout pas. Il céda et emprunta de l'argent à sa famille pour acheter un violon à mon père. *Made in East Germany.*

Mon père ne le posait jamais. Il s'entraînait douze, parfois quinze heures par jour. Rapidement, il a donné des concerts, d'abord à l'école, puis dans des restaurants – ce qui lui a permis de passer le bac, puis de s'inscrire en littérature arabe à l'université de Damas. Pour passer les examens, il venait avec des amis et leur dictait ses réponses. Ses amis lui lisaient aussi à haute voix les manuels de cours qu'il enregistrait sur cassette. Au fil des ans, il a réuni une audiothèque de plusieurs milliers de cassettes. À la fin de ses études, il l'a donnée à d'autres étudiants malvoyants. On dit que les cassettes circulent encore aujourd'hui.

Pendant quelques années, il s'est essayé à être professeur d'arabe, mais cela ne lui plaisait pas. Il préférait consacrer sa vie à la musique. Il décida un jour de fabriquer des instruments. Un aveugle qui fait des instruments ? Les gens lui disaient qu'il était timbré. Qu'est-ce qu'un aveugle irait faire dans une menuiserie ? Entouré de marteaux, de scies, de perceuses, de rabots, de limes – autant d'outils avec lesquels se blessent déjà les gens qui ont deux yeux valides !

Mais mon père était têtu. Avec l'aide de son frère, il a acheté du bois, demandé dans les menuiseries comment accomplir certaines tâches, il s'est procuré des outils et s'est mis à fabriquer son premier oud – cet instrument à cordes bombé dont est issu le luth européen. Il découpa mal le bois et rata complètement le premier. Mais il a racheté du bois. Il a appris comment percer avec précision les trois ouïes sur la table d'harmonie, comment assembler le manche et le cordier. Il se trompait, encore et toujours. Et puis un jour, au bout de trois ans, il y est parvenu : il avait fabriqué son premier luth.

Et cela a continué ainsi. Un jour, son accordéon s'est cassé ; il l'a démonté pour comprendre comment il fonctionnait. Le système tonal occidental divise chaque octave en douze demi-tons égaux, tandis que le système arabe la divise en dix-huit quarts de ton. Six mois durant, mon père s'est échiné sur un accordéon réglé à l'occidentale pour l'adapter à l'orientale. Bientôt, des gens sont venus de toute la Syrie pour qu'il réaccorde leurs instruments. Le luthier le plus proche également capable de le faire se trouvait alors en Égypte.

Un beau jour de 1985, une jeune institutrice vint le voir pour faire réparer son accordéon chinois. Elle passa le reprendre quelques jours plus tard. Mais mon père ne la laissa pas partir si facilement. Il l'embobina par ses paroles et proposa de lui donner des cours d'accordéon. C'était ma mère.

Elle enseignait la musique et les arts dans une école primaire. Elle chantait dans une chorale et était une excellente soprano. Cela fit forte impression sur mon père. Il jouait autrefois dans de nombreux groupes, beaucoup de femmes lui avaient témoigné de l'intérêt, mais il avait toujours décliné leurs propositions. Tout comme ma mère, qui était constamment courtisée par ses collègues et qui avait toujours dit non. Mon père l'impressionnait beaucoup. Il semblait savoir tout faire. Elle oubliait presque qu'il était aveugle. Ils apprirent à se connaître en jouant de l'accordéon. Et tous deux comprirent bientôt qu'ils avaient trouvé la personne qu'ils cherchaient depuis longtemps.

Pendant un cours d'accordéon, mon père lui demanda si elle voulait devenir sa femme. Elle répondit oui.

Peu après, il enfila sa plus belle chemise et un pantalon repassé pour aller parler à ses parents. Le père n'avait rien contre, mais la mère, si. Il revint bredouille. « Tu ne peux pas épouser un aveugle !, dit-elle ensuite à ma mère. Un infirme ! Tu veux jouer l'infirmière toute ta vie ? »

Mais ma mère s'obstina. Et mon père ne lâcha rien non plus – que son entêtement soit loué ! Un jour, il prit son violon et joua une sérénade à sa future belle-mère. À la fin, ils étaient tous assis ensemble à chanter des morceaux de Fairouz, la chanteuse vedette de Beyrouth. Deux mois plus tard, la mère donnait son accord pour les fiançailles.

Mes parents se sont mariés un an plus tard, le 5 juin 1987.

Et je suis venu au monde dix mois plus tard.

Remontant à ma petite enfance, je garde une image étonnamment précise de ma mère : je suis assis dans ma poussette, nous sommes au marché de Yarmouk ; ma mère m'a emmené faire des courses. Les cris des badauds, le marchandage des vendeurs, l'odeur des fleurs et des poissons, des épices et des fruits trop mûrs – et moi, au beau milieu de tout ça, tel un prince sur son trône minuscule. J'observais ma mère aller d'étal en étal, choisissant ici les meilleures gousses de piment, là les bottes de persil les plus fraîches. Puis elle m'amène jusqu'à une fontaine – Damas était connue pour ses jets d'eau à tous les coins de rue –, prend une grappe de raisin et la rince dans l'eau. Elle se penche vers moi, me met un grain de raisin dans la bouche et me dit en souriant : « *Habibi*, mon chéri. » Et encore un grain de raisin. Et encore un baiser.

Le matin, avant d'aller au travail, ma mère mettait souvent une cassette de Fairouz, son artiste préférée, et chantait en duo avec elle, avant d'enrouler un foulard autour de sa tête et de quitter la maison d'un pas léger. Après le déjeuner, elle jouait souvent de la musique avec mon père. Aux fêtes de mariage, les invités aimaient danser sur les dernières chansons à la mode. Alors mon père les écoutait sur cassettes le matin et les jouait au violon l'après-midi. Ma mère chantait dessus, pendant qu'elle faisait le ménage ou pliait le linge.

Dans la musique orientale, il n'y a pas les demi-tons préétablis que l'on trouve dans la musique occidentale ; les séquences sonores se mêlent, sans modulation, et ma mère était passée maîtresse dans l'art de jouer avec les mélodies et d'improviser sans cesse de nouveaux thèmes. Elle chantait en cuisinant. Elle chantait en donnant à manger à notre canari qui, parfois, tournait la tête, se penchait et sifflait avec elle.

Une fois, mon père a fabriqué une grande table et les chaises assorties pour une salle à manger. Avant que les meubles ne soient livrés, ma mère invita ses collègues à dîner. Elle s'affaira dans la cuisine tout l'après-midi pour préparer les plats : houmous, pommes de terre au four, courgettes frites, *baba ganousch* – purée d'aubergine au sésame –, taboulé, kefta. Elle chantait et chantait encore. Et elle posa sur la table de précieux napperons en dentelle d'Aghabani dont son père faisait commerce. Ce fut une soirée très gaie. Et la première fois que je mangeais à table.

Le soir, avant d'aller au lit, ma mère me lisait à haute voix des livres qu'elle empruntait à la bibliothèque de son école. J'adorais les histoires d'Aladin et de la lampe merveilleuse ou celles de Sinbad le marin. Et j'adorais l'entendre raconter dans son bel arabe littéraire.

À l'âge de trois ans, j'ai eu un petit frère. Quelques jours avant la naissance, ma mère a posé ma main sur son ventre et j'ai senti des petits coups de pied. « Regarde comme il est fort déjà, dit ma mère. C'est sûr, ce sera une vraie petite canaille. » Et en effet, Alaa, mon frère, le fut. Il ne savait pas encore bien marcher qu'il se jetait déjà sur moi pour me mordre, comme un petit lion. À peine sut-il courir qu'il commença à se bagarrer avec les autres garçons du quartier. Il n'a jamais écouté mes parents. Ah, si seulement !

Notre maison comptait six appartements, pour mon grand-père, nous et les quatre frères de mon père. À l'étage au-dessus de nous, vivaient mon oncle Mohammed et sa femme, tante Ibtihal. Elle et ma mère n'ont jamais pu s'entendre. Qu'est-ce qu'elles se chamaillaient ! À la moindre occasion, elles commençaient à hausser la voix et – *crescendo, crescendo* – la dispute commençait.

Nous habitions au rez-de-chaussée. Quand on sonnait à la porte, j'allais souvent ouvrir. Un jour, ma mère s'écria : « Mais il n'est pas question que nous fassions les portiers pour ces messieurs-dames en haut ! » Elle monta les escaliers en tapant du pied pour se plaindre à tante Ibtihal. *Crescendo, crescendo...*

Une autre fois, c'était des copeaux tombés de l'atelier de mon père installé sur la terrasse du toit qui avaient sali les draps blancs de ma tante. Peu après, Ibtihal était sur notre seuil et c'était reparti. Ou bien l'une des deux avait étalé tout son linge à sécher de manière à ce que l'autre ne puisse pas étendre le sien. Un jour, les deux se sont tellement disputées que tante Ibtihal a pris le linge de ma mère et l'a jeté en bas, dans la rue. Furieuse, ma mère a à son tour balancé le linge de ma tante.

« Eh, vous êtes folles ?, entendit-on crier d'en bas. Ça ne va pas la tête, non ? » Il fallut que quelqu'un descende récupérer le linge pendant que la dispute faisait rage sur la terrasse du toit.

Lorsque j'ai commencé le piano, je faisais parfois des exercices une demi-heure le matin avant de partir à l'école. Tante Ibtihal détestait cela et prenait un manche à balai pour taper contre le plancher : « Ar-rê-tez !! » Ma mère ne le supportait pas. Un matin que je m'exerçais, tante Ibtihal commença à taper. Ma mère a vu rouge et a monté l'escalier. J'ai entendu des claquements. Quand ma mère est redescendue, ses cheveux étaient défaits et ses joues rouges. « Bon, nous nous sommes expliquées », dit-elle. Elles s'étaient donc vraiment giflées ?

Les hommes de la famille faisaient ostensiblement la sourde oreille. Un dicton de chez nous dit : « Quand les femmes se querellent, les hommes doivent sourire. » Ou du moins s'abstenir. Autrement, cela ne ferait qu'empirer les choses.

Je crois que c'était à cause du stress que ma mère sortait parfois de ses gonds. Elle avait vraiment beaucoup à faire. Le matin, elle travaillait à l'école, puis elle devait faire les courses, le ménage, la cuisine et les comptes du foyer, avant de se mettre à préparer les cours pour le lendemain. Elle avait un mari aveugle qui restait à la maison et s'occupait des enfants mais qui, justement, ne pouvait pas faire grand-chose. Mais lorsqu'elle était détendue, c'était la personne la plus charmante, la plus chaleureuse que l'on puisse imaginer.

Quoi qu'il en soit, si l'on s'écharpait un jour, tout était oublié le lendemain. C'est comme ça chez nous. Tout le monde vit dans la même maison, ou au moins dans la même rue, en tout cas dans le même quartier. Personne n'aurait jamais eu l'idée de quitter sa famille. Et certainement pas pour une dispute. La famille, c'est tout pour nous. Sans elle, tu n'es rien. Tout le monde se serre les coudes. Comme j'aime tante Ibtihal aujourd'hui ! On peut rester au téléphone pendant des heures.

Et c'est pourquoi il n'est pas évident pour moi d'être en Allemagne, loin de ma famille. C'est encore plus difficile pour ma mère. Ne pas avoir ses petits-enfants auprès d'elle lui brise le cœur. Je vis aujourd'hui à Wiesbaden. Il y a quelques jours, une dame âgée de Cologne nous a rendu visite. Elle jouait sur le canapé avec mes deux fils, Ahmad et Kinan. J'ai pris une photo des trois que j'ai envoyée à ma mère. Je voulais lui passer gentiment le bonjour. Elle en a été profondément blessée.

Quelques heures plus tard, elle m'a appelé : « Alors, ils ont donc une nouvelle mamie. » J'entendais des sanglots dans sa voix. Je me suis excusé auprès d'elle. Mais elle s'est mise à pleurer et à maudire la guerre, et les bombes, et Assad, qui avait détruit sa vie, qui lui avait pris mon frère Alaa, qui nous avait séparés. « Cette guerre de merde !, disait-elle en sanglotant, cette guerre de merde ! » Elle refusait de se calmer.

Il n'y avait pas de terrain de jeux à Yarmouk. Après tout, personne n'avait jamais planifié ce quartier. Il était apparu en 1954, quand le gouvernement syrien y avait installé dix mille réfugiés palestiniens. Jusqu'alors, ils étaient accueillis dans des camps de fortune. L'Office de secours et de travaux des Nations unies pour les réfugiés de Palestine dans le Proche-Orient (UNRWA) avait donné à chaque famille de réfugiés trois cents livres syriennes par pièce, parfois aussi trois sacs de ciment et dix poutres en bois. Ainsi, la colonie s'est agrandie en patchwork jusqu'à devenir un quartier très étendu. Notre maison aussi a été construite de cette façon, comme le rappelle notre porte d'entrée qui provient d'une grange. Mon grand-père l'avait récupérée chez un ferrailleur. Une petite porte a été découpée dans la grande. La maison s'est agrandie, l'ancienne porte est restée. À chaque fois qu'on l'ouvre, ses gonds se mettent à grincer. Tous les deux ans, on la repeint en blanc. Car les portes blanches portent chance, dit-on en Syrie.

Quand j'étais petit, je croyais que la poignée de la porte était en or. Plus tard, j'ai appris qu'elle était en cuivre. Elle devait tout de même avoir une certaine valeur, car un jour j'ai entendu un frottement à la porte et quand j'ai ouvert, j'ai vu quelqu'un partir en courant, une scie à métaux dans les mains.

Nous habitions à un coin de rue. En face de chez nous, il y avait une artère beaucoup plus fréquentée, remplie de marchands de légumes ; dans la rue adjacente, il n'y avait que des piétons. Quand je sortais de chez moi, je trouvais sur la gauche un kiosque qui vendait des chewing-gums, du coca, des glaces et des cartes à collectionner. Bien entendu, on y laissait tout notre argent de poche. Pour je ne sais quelle raison, le kiosque s'appelait Istiqama – « Honnêteté ». Enfants, nous nous sommes creusé la tête pendant des heures : pourquoi ce magasin s'appelait-il ainsi ? Son propriétaire n'était pas du tout honnête.

Les chewing-gums qu'il nous vendait étaient parfois si vieux qu'on s'y cassait les dents. Les enfants ne savaient pas très bien compter et il les arnaquait sans aucun scrupule. Tu achetais cinq bonbons chez lui, tu constatais que tu en avais quatre en sortant et, quand tu revenais pour lui dire, il niait tout en bloc. Attends un peu, je me suis dit un jour en sortant de chez lui. Je suis allé voir ma mère pour tout lui raconter : « Le monsieur m'a arnaqué ! — Quoi ?! » Elle est descendue en trombe, lui a demandé des explications et est revenue avec un bonbon supplémentaire.

Nos jeux préférés étaient le *dahhal* et le *tobbeh*. On y passait des heures dans les escaliers ou dans la rue. Le *dahhal* était un jeu de billes. On faisait cinq lignes et celui qui lançait sa bille en verre avec le plus d'adresse remportait la pièce la plus précieuse de son adversaire. Le *tobbeh* consistait à placer par terre une pile de cartes à collectionner, puis à appuyer dessus le plus fort possible avec la main et à relever celle-ci très rapidement, de manière à ce que les cartes soient projetées en l'air et, si possible, retombent sur l'envers. On pouvait garder celles-là. On jouait jusqu'à en avoir mal aux doigts.

Voilà pourquoi ma mère a jeté un jour toutes mes cartes à la poubelle. Elle avait peur que je m'abîme les mains. J'étais furieux ! Je menaçai : « Jamais, plus jamais je ne toucherai un piano ! » Jusqu'à ce qu'elle me donne de l'argent pour que je me rachète un paquet de cartes à l'Honnêteté.

Mais ce que j'aimais encore plus, c'était parcourir le quartier sur mon vélo rouge avec Samir, mon meilleur copain. Un jour, nous avons vu une boîte à outils dans la rue. Et personne alentour. Mon père aurait sans doute besoin de ces outils, pensai-je, et on a le droit de prendre ce qui n'appartient à personne. Nous avons mis la boîte à outils sur le porte-bagages et nous sommes partis.

Tout à coup, un homme cria derrière nous : « Stop ! Arrêtez ! C'est ma boîte à outils ! » Il nous a poursuivis, furieux, et rapidement rattrapés. C'était un ouvrier qui travaillait dans l'une des maisons.

« Comment s'appellent vos pères ?, cria-t-il. On va aller les voir tout de suite et leur dire que vous êtes deux petits voleurs.

— Non, s'il vous plaît ! S'il vous plaît, prenez votre caisse et tout est arrangé !

— Rien n'est arrangé ! Ils habitent où, vos pères ? Vous allez voir ! »

Les voleurs allaient en prison ; ça, je le savais. Est-ce qu'on allait nous mettre en prison ? J'avais une peur bleue. On arriva chez mon père.

« Aeham !, me gronda-t-il après que l'homme lui eut raconté l'histoire. Comment as-tu pu faire une chose pareille ?!

— Mais, papa, je l'ai prise pour toi !, dis-je, en sanglots.

— Aha, cria l'homme, vous êtes donc de mèche ! »

Mon père tombait des nues et il lui fallut un bon moment pour tout expliquer à l'homme.

Aujourd'hui, je souris au souvenir de cette histoire.

Chose étrange : quand je repense à mon enfance, j'ai l'impression que le soleil brillait toujours. Je ne me souviens pas d'un seul jour de pluie. Je me rappelle le parfum du jasmin, l'odeur du savon à l'huile d'olive avec lequel je me lavais le visage le matin. La chaleur de l'été, les klaxons des voitures, les cris des marchands de légumes et le bruit du ballon de foot qui rebondit sur les murs de notre maison.

Les autres pères n'avaient jamais de temps pour leurs enfants. Ils trimaient du matin au soir, et quand ils s'arrêtaient le vendredi soir, ils étaient trop fatigués pour jouer avec eux. Puis, le lendemain matin, ils allaient à la mosquée, et tout le monde allait se promener après le déjeuner. Ensuite, les pères retrouvaient leurs amis, leurs frères, leurs cousins au café ; à leur retour, les enfants dormaient déjà. Pas étonnant que tout le monde ne parle que de sa mère. Parce que personne n'a jamais vraiment vu son père.

Le mien était toujours là. Il m'a donné le biberon, a changé mes couches. Il passait la serpillière, rangeait l'appartement. Il répondait aux mille et une questions dont je l'assaillais. « Papa, pourquoi on est des réfugiés ? Papa, pourquoi on est musulmans ? Est-ce que Dieu existe ? » Il m'a même expliqué les choses de la vie. Impensable dans le monde arabe : parler de sexualité avec son père.

Les autres garçons avaient peur de leur père, de leur sévérité, de leurs coups. Je guidais le mien à travers notre quartier. C'était mon ami.

Le cœur du monde

Plus le jour fatidique se rapprochait et plus mon père s'agitait. « Encore soixante jours, me dit-il un matin, et ce sera le concours d'entrée à l'école de musique. » Puis il compta les jours à rebours. Encore trente, vingt, dix. Il fumait plus que d'habitude, signe infaillible de nervosité. Quand il ne resta plus que trois jours, son ami Al-Chadra, le claviériste de son orchestre de mariage, passa le prendre pour faire une reconnaissance du chemin de l'école, l'Institut arabe de son vrai nom. Mon père ne voulait rien laisser au hasard.

Chaque été, au beau milieu des grandes vacances, la chaleur atteignait son pic à Damas. Les rues et les maisons étaient écrasées par la canicule, et les nuits à peine plus fraîches. Tous ceux qui le pouvaient partaient alors à la mer, et les autres dormaient à l'ombre la moitié de la journée. C'est à ce moment-là que Solhi al-Wadi ouvrait le concours d'entrée à l'école de musique. Solhi al-Wadi, le célèbre chef d'orchestre ! Lui, la chaleur l'arrangeait bien : il ne voulait dans son école que les enfants les plus studieux, les plus talentueux, les plus ambitieux.

Presque à lui seul, Al-Wadi avait établi la musique classique en Syrie. Violoncelliste, formé à la Royal Academy de Londres, il avait fondé en 1962 l'Institut arabe, l'école nationale de musique de Damas. En 1970, un putsch porta au pouvoir Hafez al-Assad, le père de Bachar al-Assad. Le régime voulant se donner une image d'ouverture au monde, Al-Wadi tombait à pic. En 1990, soit deux ans après ma naissance, le conservatoire de Damas fut ouvert sous sa direction. Dorénavant, les jeunes Syriens pourraient étudier le piano, la trompette, le hautbois dans leur propre pays et non plus être obligés de partir à New York, Montpellier ou Heidelberg.

Chaque année, plus de mille enfants se portaient candidats à l'une des cent places du conservatoire. En théorie, tous ceux qui réussissaient l'examen étaient pris. Dans la pratique, l'école était extrêmement élitiste. Et, somme toute, les enfants de ministres, de millionnaires, d'artistes et d'intellectuels restaient bien entre eux. Mon père voulait quand même tenter le coup. Il avait de grands projets pour moi. Je n'irais pas jouer du violon dans les mariages, mais du piano sur les grandes scènes. Il parlait du concours d'entrée comme des portes du Paradis.

Je connaissais bien Al-Chadra, le claviériste. Depuis que j'avais quatre ans, il venait régulièrement chez nous et me donnait des leçons sur le vieux Casio de mon père. On faisait des gammes, de petites études pour piano, les premiers accords et, chaque après-midi, mon père s'asseyait une heure avec moi pour me faire pratiquer.

Le jour J, j'ai enfilé un T-shirt neuf et nous sommes montés, mon père et moi, dans un minibus, pour partir bien en avance. Le trafic était chargé, comme toujours à Yarmouk ; il y avait aussi des embouteillages au marché de Midan et, à la première correspondance au rond-point de Baramkeh, le minibus n'est pas venu. Nous l'avons attendu au moins une demi-heure. En vain. Mon père s'impatientait de plus en plus. Il se tordait les mains et tapait du pied.

Il écumait. « Il faut qu'on prenne un taxi ! Mais je n'ai pas assez d'argent, bon sang ! » Je ne l'avais jamais vu aussi nerveux. Il n'arrêtait pas de soulever le verre de sa montre pour aveugle et d'en tâter le cadran.

Le minibus arriva enfin. On repartit cahin-caha.

« Papa, allons plutôt répéter à la maison, dis-je à mon père. C'est trop loin. On ne fait que perdre notre temps. En attendant, je pourrais travailler mon clavier. » Il ne répondit pas, crispé.

J'ai regardé par la fenêtre. C'est la première fois que je venais dans ce quartier. Les rues devenaient plus larges, plus calmes ; j'ai vu des étrangers se promener sur les trottoirs, de moins en moins de femmes voilées. Enfin, nous sommes sortis du bus dans une rue bordée d'arbres. C'était tellement propre et silencieux. Nous étions à Djisr-al-Abjad, le quartier des ambassades, l'un des plus chic de Damas. Derrière des grilles en fer forgé se dressaient des villas entourées de massifs exhalant leur parfum de rose.

Mon père ouvrit une nouvelle fois sa montre d'aveugle et jura à voix basse. Nous avons pressé l'allure. Alors que j'apercevais l'école, il me demanda : « Des gens attendent devant ? — Non. — Bon sang ! » Et nous avons parcouru les derniers mètres au pas de charge, passant devant les villas recouvertes de lierre, montant les escaliers quatre à quatre, nous précipitant dans le foyer, et nous avons alors su que nous étions à l'heure.

La file d'attente s'étirait à travers tout le bâtiment. Des pères et des mères tenaient leur enfant par la main. Nous nous sommes mis dans le rang.

C'était maintenant à mon tour d'être anxieux. Dans notre course, j'avais vu quelque chose qui m'avait profondément perturbé : une Mercedes noire était passée devant nous, un chauffeur en était sorti pour ouvrir la porte et un garçon en était descendu, pas plus grand que moi. En Syrie, seuls les dieux conduisaient des Mercedes. Comment était-il possible qu'un adulte ouvre la porte à un gamin ? J'ai raconté la scène à mon père. « Ce doit être le fils d'un ministre », dit-il, laconique. J'étais complètement perdu.

Pour le reste, nous ne parlions pas. Mon père était trop nerveux pour discuter avec moi. Les enfants étaient appelés les uns après les autres dans la salle d'examen. Au bout de trois heures, ce fut enfin mon tour. J'ouvris la porte.

Il y avait au milieu de la pièce une sorte de caisse arquée. Ça devait être ça, un piano à queue. Trois hommes et une femme siégeaient derrière une table. Un homme se tenait à la fenêtre, les mains dans les poches. Sans doute Solhi al-Wadi, le directeur. Je trouvais cela bizarre – n'est-on pas censé enlever les mains de ses poches pour saluer les gens ?

L'un des hommes à la table m'adressa la parole.

« D'où viens-tu ?, demanda-t-il.

— De Yarmouk.

— Tu joues d'un instrument ?

— Oui, du clavier. »

Il s'est levé et mis au piano, il a appuyé sur une touche et m'a demandé de chanter la note qu'il venait de jouer. Encore et encore, deux douzaines de fois. Puis il s'est mis à frapper un rythme sur la table, que je devais répéter après lui.

Et ce fut tout.

La femme s'est tournée vers moi : « Et tu habites donc à Yarmouk ?

— Oui.

— Et tu joues du clavier ? »

À nouveau, j'ai confirmé.

« Hmmm… »

Qu'est-ce que cela voulait dire ? Je n'en savais rien, mais cela ne me plaisait pas.

L'homme m'a raccompagné vers la porte, l'a ouverte – et mon père a trébuché dans la salle. Il a failli tomber à la renverse. Il s'est rattrapé au dernier moment. Ne supportant pas d'être exclu de ce qui se jouait dans la salle, il avait collé son oreille à la porte. Un moment très embarrassant pour tout le monde. On aurait pu s'en sortir avec un peu de diplomatie, mais ce n'était pas le genre de la maison. « Vous avez écouté à la porte ?, le rabroua Solhi al-Wadi. C'est interdit !

— Je vous prie de m'excuser. Je suis le père d'Aeham », dit-il.

À ce moment-là, tout le monde comprit qu'il était aveugle. Al-Wadi se calma et se fit plus conciliant : « C'est bon, c'est bon. »

Mon père demanda encore la date de proclamation des résultats et nous sommes repartis sur le long chemin du retour vers Yarmouk. Mon père se taisait. Peut-être s'inquiétait-il d'avoir tout gâché ? J'ai repensé à ce que je venais de vivre. Les chauffeurs, les « hmmm », la rudesse du directeur. C'était décidé : je n'aimais pas cet endroit.

Quelques jours plus tard, personne ou presque n'ayant le téléphone à Yarmouk à cette époque, mon père est allé au supermarché pour appeler l'école. Mais la secrétaire lui a dit qu'il fallait venir soi-même, les résultats étant affichés à l'Institut.

Et nous revoilà le lendemain à traverser la ville en minibus. Al-Chadra, le claviériste, nous accompagnait. Il fallait bien que quelqu'un voie les notes que j'avais obtenues. Après tout, je ne savais pas encore lire.

Nous étions devant les tableaux d'affichage. Près de treize cents enfants avaient passé le concours d'entrée cette année-là, les listes n'en finissaient pas. Et pour une raison que j'ignore, les noms n'étaient pas classés par ordre alphabétique. Al-Chadra cherchait encore et encore. Mon père s'agitait de plus en plus. Ses genoux tremblaient tellement il était nerveux.

« Tu l'as trouvé ? Tu l'as trouvé ? », demandait-il à Al-Chadra.

Enfin, au bout de la septième ou huitième page, il me trouva.

« Aeham Ahmad : soixante pour cent. Recalé, lut-il à haute voix.

— Quoi ? » Mon père cria si fort que les gens dans le foyer se retournèrent. Le cœur du monde cessa de battre.

« Tu es sûr ? », demanda-t-il.

Il regarda à nouveau.

« Non !, s'écria-t-il, j'ai mal lu ! Aeham Hamada : soixante pour cent. Aeham Ahmad : quatre-vingt-dix-neuf pour cent ! »

Le cœur du monde se remit à battre. Mon père éclata de rire, de son rire profond, de son rire tonitruant de magicien, qui résonna à travers tout le foyer, descendit les escaliers et se répandit dans le ciel d'été. À nouveau, tout le monde nous regardait. Quatre-vingt-dix-neuf pour cent ! C'était du jamais-vu. Seul le fils du président pouvait obtenir un tel résultat. Certainement pas un petit Palestinien crasseux de Yarmouk ! Nous sommes rentrés euphoriques à la maison.

Une fois arrivé, mon père a annoncé la nouvelle à toute la maison. « Aeham est le premier !, exultait-il. Ce soir je donne une fête ! » Et à la nuit tombée, tous mes oncles et tantes, tous mes cousins et cousines des environs ont envahi notre petit appartement. À chaque nouvel arrivant, mon père annonçait : « Aeham est le premier ! C'est bien un Ahmad ! »

Ma mère servait de la glace au citron et du thé, dans le salon mon père jouait des chansons de mariage au violon, les hommes et les femmes étaient assis en cercle, chantaient, esquissaient de petits mouvements de danse avec leurs mains. C'était la première fois que je voyais rire les yeux de mon père. Mais peut-être était-ce mon imagination.

Je ne comprenais pas très bien toute cette agitation, mais j'étais content quand même. J'aimais beaucoup la glace au citron et ce soir-là, au lieu d'être obligé de travailler mon clavier à la maison, j'ai eu le droit de rester dehors à jouer au football avec mes cousins jusqu'à tard dans la nuit.

Les cours de musique débutèrent à l'automne. D'abord avec le solfège, il fallait chanter les notes. « *Do, do, ré, ré, mi, mi* », répétions-nous devant nos feuilles, selon la vieille méthode française. La pratique d'un instrument ne commençait qu'en deuxième année.

Mais avant, il fallait acheter la méthode de solfège hors de prix, directement importée de France. Elle coûtait 5 000 livres – 140 euros[1] –, soit un mois de salaire d'un travailleur syrien. Mon père demanda s'il était possible de photocopier le livre. Non, ce n'était pas possible, lui répondit-on à l'école. Et on ne le trouvait nulle part d'occasion. J'ai donc dû renoncer aux trois premières heures de cours, en attendant la fin du mois. Quand mes parents ont à nouveau été en fonds, ils m'ont acheté la méthode.

Le professeur de solfège, une vieille dame, était merveilleuse. Elle s'appelait Nadia et nous traitait comme si nous étions ses quarante enfants. J'aimais sa voix chaude de soprano. Quand quelqu'un avait oublié d'écrire ses notes à la maison, elle ne le grondait pas, mais lui demandait de rattraper cela pour la prochaine fois.

---

1 Pour la période allant jusqu'à la fin de l'année 2011, nous avons converti les sommes en livres syriennes en nous fondant sur la valeur qu'elles auraient aujourd'hui en euros selon le taux de change pratiqué par la Banque centrale syrienne. Après 2011, nous avons pris comme référence le cours en pratique sur le marché noir. Lorsque le pays s'est effondré, sa monnaie a également plongé. À l'été 2017, un euro s'échangeait contre 590 livres syriennes. Depuis le début du conflit, l'inflation a augmenté de près de mille pour cent.

« Tu chantes bien ! », me disait-elle. Ses compliments me motivaient. Alors, je chantais :

Do mi do mi do mi sol fa ré do ré mi ré
Do mi do mi do mi sol fa mi ré do
Ré mi ré mi fa mi ré
Mi fa mi fa sol fa mi
Do mi do mi do mi sol fa mi ré do.

Je parlais de temps en temps avec Sham, une fille de ma classe, mais sinon je ne connaissais personne. L'école était comme un jardin pour enfants de riches. Les parents amenaient leur enfant, attendaient, puis tout le monde repartait en voiture ou en taxi. Mon père et moi, nous allions à la station prendre le minibus.

Les jours où je n'avais pas cours, mon père me faisait travailler avec la méthode de solfège. Il me chantait un petit thème musical et nous improvisions dessus.

« Pourquoi c'est important ?, lui demandai-je.

— C'est très important ! À partir d'un petit thème, tu peux composer de grands morceaux. C'est le langage de la musique. Si tu le maîtrises, tu as toutes les libertés. »

Au bout d'une demi-heure, il se faisait du thé. Mon père aimait le thé noir fort et très sucré ; il versait six cuillerées de sucre dans chaque tasse. Il laissait infuser les feuilles dans la théière jusqu'à ce que le thé devienne foncé et amer. Il fallait s'enlever les petits résidus de la langue. Normalement, le thé m'était formellement interdit mais, à la pause des cours de chant, j'avais droit à une tasse. Et ensuite, nous chantions encore une demi-heure, jusqu'à ce que je sois enfin autorisé à rejoindre mes amis pour jouer aux cartes à collectionner.

À la fin de la première année d'école de musique, on passait un deuxième examen. Après une épreuve de lecture et de rythme, on vous indiquait quel instrument vous conviendrait le mieux : guitare, batterie, flûte traversière, violoncelle ou piano. Cette fois, les parents étaient présents. L'examinatrice demanda à mon père à quel instrument il me destinait.

« Le piano, dit mon père avec fermeté.

— Le piano ? Vous avez un piano ?

— Oui, dit-il en mentant.

— Si votre fils veut apprendre le clavier, ce n'est pas un problème. Il y a des cours dans d'autres écoles.

— Non, le piano.

— Entendu. Alors, un de nos professeurs passera bientôt chez vous pour examiner le piano. »

Mon père hocha la tête.

On ne pouvait plus revenir en arrière. Quand il avait embobiné mon grand-père pour avoir son violon, celui-ci avait dû payer trois mois de salaire. Pour acheter un piano, mon père devait débourser ce qu'il gagnait en un an. Il emprunta de l'argent à je ne sais combien de parents. Il se renseigna pour trouver un instrument à prix réduit. Un ami de mon père était marié à une pianiste ukrainienne ; elle lui donna un tuyau : une de ses connaissances gardait dans sa cave un « Ukraina », de fabrication russe. Le piano était encore dans sa caisse de transport. Il devait coûter 2 500 euros.

Un voisin possédait un pick-up et nous a conduits chez cette dame. Nous sommes descendus à six à la cave, mon père, quatre de mes oncles et moi. La caisse en bois était là, massive. Les hommes l'ont hissée – avant de jurer. Aucun d'eux n'avait jamais vu, et encore moins porté, un piano. Quand il fallut monter les escaliers, on poussa les hauts cris.

« Ahmad, tu es fou ! Qu'est-ce que tu veux faire avec cette énorme caisse ? Tu jettes ton argent par la fenêtre. Combien elle a coûté cette boîte, tu disais ?

— C'est un piano ! Aeham va en jouer !, leur dit-il pour les calmer. Pour vous remercier, je vous jouerai du violon autant que vous voudrez ! »

Les hommes pestaient tellement et si fort que la propriétaire de la cave passa une tête et demanda si tout allait bien.

La caisse fut hissée tant bien que mal à l'arrière du pick-up. Quel attroupement quand nous l'avons descendue pour la porter chez nous ! Tout le monde voulait savoir ce qu'il y avait dedans. Une fois à l'intérieur, le piano ne passait pas par la porte de ma chambre. Mon oncle Mohammed, qui était maçon, a dû élargir l'entrée avant de la reconstruire.

J'ai joué les premières notes. Elles sonnaient mal. Le piano n'avait jamais été accordé. Le lendemain, mon père contacta l'un des rares accordeurs de Damas. « Non, je ne me déplace pas à Yarmouk, dit l'homme avec rudesse, c'est trop loin. »

Mon père n'aimait pas qu'on le prenne de haut. Mais que pouvait-il faire ? Il a convaincu l'homme.

« D'accord, exceptionnellement, a dit l'accordeur. Mon prochain rendez-vous libre est dans six mois. » Et ses honoraires s'élevaient à 50 000 livres (1 300 euros). Mon père en a presque lâché le combiné. Il n'avait pas une telle somme et nous ne pouvions pas attendre si longtemps. Il a raccroché. Il a contacté d'autres accordeurs. En vain.

Alors, mon père a fait ce qu'il faisait toujours dans pareille situation : il a appris tout seul.

Il retira précautionneusement le piano de sa caisse, en tâta le sommier et se fit faire une clé d'accord par un voisin soudeur. Il travaillait la nuit, quand la maison et la rue étaient silencieuses. Il pinçait une corde de son ongle, écoutait, ajustait. Il annula tous ses concerts, but d'innombrables tasses de thé sucré, je dormais dans son lit pendant tout ce temps. Et enfin, il termina.

Peu de temps après, l'examinateur de l'école s'est annoncé. Celui qui ne connaît pas Yarmouk peut facilement croire que le quartier est dangereux – avec tous les poings levés, et les drapeaux agités, du Fatah, du Hamas et de tous les autres groupes palestiniens. Le type de l'école de musique a dit qu'il préférait laisser sa voiture en dehors de Yarmouk. Mon oncle Armin est passé le prendre.

L'homme salua mon père, me fit un signe de la tête et s'assit au piano. Il joua toutes les notes, les sept octaves. D'abord tous les *do*, puis tous les *ré*, tous les *mi*. Il testa la pédale. Mon père était à la porte et écoutait attentivement.

« Très bien !, dit finalement l'homme en remettant le protège-clavier. Il est très bien accordé ! »

En l'honneur de l'examinateur, ma mère avait cuisiné du taboulé, de la maglouba et du kebbé. Nous étions assis sur les coussins du salon et il se servit généreusement.

Puis, soudain, il ne put plus se contenir davantage : « Je dois vous présenter mes excuses, dit-il en se tournant vers mon père. Je suis l'accordeur que vous avez appelé il y a quelques semaines. J'ai été arrogant et désagréable avec vous. J'en suis désolé. »

Mon père sourit. Comme je l'ai dit, il détestait qu'on le prenne de haut. Il savourait sa victoire désormais.

« Le piano est magnifiquement accordé, ajouta l'homme, qui a fait ça ? »

Mon père haussa les épaules en souriant. Et il se tut.

Les cours de piano pouvaient désormais commencer. Trois fois par semaine, mon père et moi traversions la ville pour nous rendre à l'école de musique. Une heure et demie aller, une heure et demie retour, quand tout allait bien. Mon père me déposait chez Rana Dschneid, mon premier professeur, et ensuite nous repartions en minibus.

Je n'aimais pas Rana Dschneid. Elle ne me décochait jamais un sourire, jamais un compliment ; ce que je faisais ne lui convenait jamais. Si j'arrivais en retard parce que le bus avait été pris dans les embouteillages, elle me passait un savon. Si elle arrivait en retard, et cela arrivait souvent, elle faisait son entrée toute pomponnée comme si elle voulait aller danser et ordonnait sèchement : « Commence. » Pas un mot d'excuse.

Elle portait tous les jours une robe différente et faisait claquer ses talons aiguilles dans les couloirs de l'école. À l'époque, la mode était aux portables Nokia dont on pouvait changer la coque de protection, avec je ne sais combien de motifs et de couleurs. Rana Dschneid portait des téléphones assortis à sa robe. Un vêtement bleu ? Un téléphone bleu.

Aucun pianiste n'a les ongles longs. Cela gêne pour jouer. Sauf Rana Dschneid. Ses ongles longs – bleus pour une robe bleue – râpaient les touches.

Je répétais un jour devant elle une étude de Czerny. Carl Czerny, élève de Beethoven et professeur de Liszt, a torturé des générations d'apprentis pianistes avec ses épineux exercices. Moi y compris. Rana Dschneid se tenait derrière moi. Puis j'ai entendu le bip d'un jeu électronique. Je me suis retourné et j'ai vu ce dont je me doutais déjà : pendant que je m'échinais sur le piano, elle jouait sur son portable.

Je faisais deux heures de route et voilà que mon professeur ne m'écoutait même pas. J'ai joué plus fort pour attirer son attention, et encore plus fort, *fortissimo*...

On frappa à la porte. « Entrez », dit Rana Dschneid. Une fille du nom de Sandybell entra dans la pièce. Elle était plus âgée que moi et déjà une véritable jeune femme. Elle portait une robe et des talons hauts. J'avais entendu dire que son père possédait une usine de colorants. Sandybell faisait partie de ceux qui arrivaient avec un chauffeur. Et elle était aussi de ceux dont les parents avaient suffisamment de mauvais goût et de nonchalance pour donner à leurs enfants les noms de personnages de dessins animés. *Hello Sandybell* était un manga célèbre à l'époque.

Rana Dschneid était comme métamorphosée. Elle sourit à Sandybell : « Comme cela me fait plaisir de te voir ! », pépia-t-elle. Puis elles discutèrent de la date de son prochain cours particulier.

Sandybell sortit de la pièce. La bienveillance de Rana Dschneid s'envola d'un coup. Elle me fit signe de continuer à jouer. Et retourna à son jeu.

J'étais ulcéré. Qu'est-ce qui lui donnait le droit de me traiter comme une personne de seconde zone ? de faire comme si je valais moins que d'autres ? Pourquoi me faisait-elle sentir tout son mépris social ?

J'ai rencontré la jolie Sandybell une autre fois. J'étais encore en cours avec Rana Dschneid dans une petite salle de répétition. Je persistais à faire une fausse note au même endroit. Et Rana Dschneid laissa éclater sa colère. « Tu es un âne !, cria-t-elle. Tu ne comprends rien ! *Do* majeur ! Pas *do* mineur ! » Elle arracha la partition du pupitre et la balança à travers la pièce. Les pages virevoltèrent un moment à travers la salle, puis atterrirent au sol.

Je commençai à les ramasser. Pendant que j'étais agenouillé, on frappa à la porte, et Sandybell entra. Tout d'abord, je n'ai vu que ses baskets Pumps hors de prix. Elle ne m'a même pas remarqué. Elle voulait à nouveau connaître la date de sa prochaine leçon. Elle est partie. J'avais rassemblé les feuilles. Rana Dschneid mit fin au cours. « Tu me feras le plaisir de travailler plus ! », me cria-t-elle.

Rana Dschneid m'a tourmenté pendant deux ans. Je ne me souviens pas l'avoir entendue me faire un seul compliment. À plusieurs reprises, elle m'a conseillé d'arrêter le piano ; je n'étais soi-disant pas assez bon. Je l'ai dit à mon père et, au cours suivant, il est allé lui parler en lui apportant un petit cadeau.

« Je vous en prie, un peu de compréhension avec Aeham, fit mon père d'une voix suave, je vous promets qu'il va travailler plus. » Mais cela ne diminua son inimitié que pour un temps.

J'étais malheureux dans cette école. Je n'y allais qu'à contrecœur. Je sentais que je n'appartenais pas à ce monde.

Mon père céda au bout de deux ans et alla parler au directeur adjoint.

« Comprenez-moi bien, commença-t-il. Rana Dschneid est un excellent professeur de piano, mais cela ne passe pas entre elle et Aeham. Serait-il envisageable de lui donner un autre enseignant ? »

Les cours à l'école de musique étaient gratuits. De ce fait, on n'avait rien à exiger. L'homme réfléchit.

« Vraiment, c'est uniquement de notre faute, insista mon père. Mon fils ne la comprend tout simplement pas, mais nous voulons absolument continuer les cours de musique. »

J'ai eu un nouveau professeur de piano.

Elle s'appelait Cosette Bakir – ses parents l'avaient-ils appelée ainsi en référence aux *Misérables* de Victor Hugo ? En tout cas, elle ne valait pas mieux que la précédente. Bakir avait étudié en France, mais elle jouait du piano comme une misérable. Elle hachait ses notes comme un enfant. Elle était en plus désagréable et condescendante. Un jour que je jouais devant elle un morceau de Mozart, j'ai fait une fausse note. « Joue correctement », siffla-t-elle. J'ai refait la même faute. Elle, plus cinglante : « Tu ne comprends pas. Encore une fois ! » J'ai raté une troisième fois : « Pourquoi fais-tu toujours la même faute ?, me cria-t-elle. Tu es un perroquet ou quoi ? »

Heureusement, il y avait Irina Ramadan. C'était la pianiste mariée à l'ami de mon père, celle qui nous avait indiqué comment acheter le piano. Irina avait étudié à l'Académie de musique Tchaïkovski de Kiev avant de rencontrer son mari et de partir pour Damas. Elle était grande, blonde, élégante, elle ne travaillait pas et n'avait pas d'enfant. Était-ce pour cela qu'elle me traitait comme son fils ? « *Cchhabibi* », m'appelait-elle tendrement, avec son fort accent russe.

C'est avec elle que j'ai compris ce qu'était la musique. Elle m'a appris à écouter les morceaux en m'en pénétrant, pour en découvrir l'ivresse et la mélancolie. Avec elle, j'oubliais la froideur de mes professeurs syriens qui ne prêtaient attention qu'à mes fautes et étouffaient tout le plaisir que je pouvais tirer de la musique. Avec elle, mes doigts couraient avec fougue et légèreté sur les touches. La discipline corsetée laissait place à une gaieté insouciante. Avec elle, je pouvais jouer de manière aussi débridée que dans une sonate de Mozart.

C'est elle qui m'enseigna : « Bach, c'est comme le pain, c'est la base. Sans Bach, il manque quelque chose. »

Une autre fois, elle me dit : « On ne peut pas s'approprier Beethoven. On peut seulement l'écouter profondément. »

Ou encore : « Quand on joue beaucoup de Czerny, on apprend à composer. »

Un jour, je suis venu chez elle et j'ai remarqué qu'elle buvait une sorte de jus rouge.

« Irina, je peux en prendre une gorgée ?, lui demandai-je.

— Non, ce n'est pas pour les enfants.

— Pourquoi tu en bois alors ?

Parce que ça me plaît. Et maintenant, commençons.

— Mais si ce n'est pas bon pour les enfants, ça ne l'est pas non plus pour les adultes.

— Ça suffit. On commence maintenant. »

Ma curiosité fut piquée. Je lui reparlai de ce mystérieux jus encore et encore. À chaque fois, elle bottait en touche. Jusqu'à ce que ma soif de connaissances soit si grande que je me suis décidé à interroger mon père sur ce jus rouge qui plaisait aux adultes mais qui n'était pas pour les enfants. Il éclata de rire : « Aeham ! Elle buvait du vin ! De l'alcool ! » C'était donc ça l'alcool ! Le jus mystérieux auquel mon père ne touchait jamais.

Je suis allé chez elle tous les lundis pendant cinq ans. À cet âge-là, c'est le professeur qui fait tout. Si tu l'aimes, tu fais des efforts. Si tu ne l'aimes pas, tu perds l'envie. « Très bien, Aeham, me félicitait-elle en me récompensant d'un bout de chocolat noir russe. Et avant ton prochain examen, *cchhabibi*, tu prendras encore un morceau, ça te portera chance. »

Puis elle est retournée dans son pays. Lors de notre dernière leçon, elle avait les larmes aux yeux. « Promets-moi de ne jamais arrêter la musique, me dit-elle. La musique est une chose merveilleuse. Elle t'accompagnera toujours. » Je hochai la tête.

« Et promets-moi que tu ne m'oublieras jamais. » Je le lui promis.

Qu'est-ce que j'en ai à faire de Mozart ?

L'école primaire où j'allais était aussi celle où travaillait ma mère. C'est pourquoi on m'a remarqué dès le premier jour. Je n'aimais pas cela. Est-il bien habillé ? Ses cheveux sont-ils bien peignés ? A-t-il fait ses devoirs ? Moi, je voulais simplement être un garçon parmi les quinze cents autres de l'école. Mais ce n'était pas possible. Si je me comportais mal, mon institutrice rugissait : « Je vais le dire à ta mère. » Je lui rétorquais : « Mais dites-le à mon père, comme pour les autres. »

À cette époque, en Syrie, les écoles ressemblaient à des casernes. Celui qui avait oublié ses devoirs, qui perturbait le cours ou qui, d'une manière ou d'une autre, ne se comportait pas correctement devait tendre les mains et recevait des coups de baguette sur les doigts. On faisait l'appel à la fin de chaque récréation. Nous nous tenions tout droit, en longs rangs, pendant que le directeur faisait ses annonces.

Le samedi matin – ce qui correspondait alors au début de la semaine en Syrie –, tout le monde se regroupait pour saluer le drapeau et chanter l'hymne national. J'étais sur une petite estrade et je jouais la mélodie au clavier. Et quinze cents voix chantaient :

Les vastes plaines en fleurs de Syrie sont des tours majestueuses,
Touchant le plus haut des cieux.
Une terre resplendissante aux soleils éclatants,
Devenant un autre ciel et le ciel lui-même.

Je n'aimais pas la musique, cette marche militaire, cette pompe, ce *rumtata*. Mais que pouvais-je faire d'autre ? J'étais le seul claviériste, le fils de l'institutrice ; impossible d'y couper.

Un jour, je me suis disputé avec un autre garçon pendant la récréation. Il m'a poussé, je l'ai poussé, nous nous sommes poussés et il est tombé la tête la première. Il saignait de la lèvre. Il s'est touché la bouche et en a retiré une moitié de dent. Il a couru en pleurant vers l'instituteur le plus proche.

À la fin de la seconde grande récréation, nous étions à nouveau tous en rang quand ma mère est montée sur la petite estrade. Elle tenait en l'air la minuscule dent de mon adversaire et a dit : « Aeham a blessé l'un de ses camarades. Vous savez que c'est mon fils. C'est pourquoi je vais le punir moi-même. »

Je me suis avancé, les larmes aux yeux. « Mais c'est lui qui a commencé », suppliai-je. « Si quelqu'un te pousse, tu viens me voir, mais tu ne le pousses pas. » Puis je dus présenter la paume de mes mains et elle me frappa avec la petite baguette. Trois coups. Aux yeux de tous.

Je suis retourné en classe en pleurant. Cela ne faisait pas très mal, mais je me sentais humilié. Comment ma propre mère pouvait-elle me faire ça ?

L'après-midi, à la maison, je lui ai demandé en sanglotant pourquoi elle avait agi ainsi. « J'étais obligée, Aeham, me dit-elle. Sinon, tout le monde aurait pensé que je te favorise. Cela aurait très mauvais pour nous deux. » Comment cela ? Je n'y comprenais rien.

Le samedi suivant, tout était comme d'habitude. Les garçons chantaient, j'étais au clavier, on hissa le drapeau. Après la dernière note, ma mère a pris le micro et dit : « Aeham nous accompagne au clavier depuis deux ans maintenant et il s'en sort très bien. Nous devons le remercier de jouer ici pour nous. » Et elle s'est mise à applaudir. Mille cinq cents garçons l'ont imitée.

Ce furent mes premiers applaudissements. Les ai-je savourés ? Je ne m'en souviens plus.

Au bout de la sixième année, je suis entré à l'école secondaire. Son directeur était un homme terrible, irascible, qui criait fort. Les professeurs redoutaient ses crises de rage, les élèves ses punitions. Cette école était financée par l'UNRWA et il n'y avait en fait aucune raison de chanter l'hymne syrien ici. Mais le directeur y tenait. C'était l'un de ces Palestiniens qui avaient mis trop de zèle à s'intégrer – il avait même rejoint le Baas, le parti du dictateur Assad. Ici aussi, les écoliers se tenaient au garde-à-vous tous les samedis matin dans la cour de récréation pour chanter l'hymne national, accompagné d'un trompettiste, d'un tambour et de moi au clavier. Le « rumtata » continuait.

Un matin, je suis arrivé en retard. J'avais acheté des bonbons devant l'école et oublié l'heure. Tout à coup, j'ai vu que la porte était fermée. N'importe quel élève aurait pu escalader discrètement le mur et se glisser dans les rangs sans que personne ne le remarque. Sauf moi. « Où est Aeham Ahmad ? », cria le directeur sur l'estrade. Il fit venir mon professeur. Celui-ci ne put que hausser les épaules en signe d'ignorance. « Comment peut-il oser arriver en retard ! », fulminait le directeur.

C'est ce que les autres m'ont raconté. J'étais encore devant la porte de l'école, à tambouriner. Le concierge apparut enfin. « Je suis le claviériste, criai-je. S'il vous plaît, laissez-moi entrer ! » Il ouvrit à contrecœur et m'accompagna jusqu'à l'estrade. Le directeur me regardait approcher, les yeux luisant de colère. Il me sauta littéralement dessus : « Qu'est-ce qui t'a pris d'arriver en retard !? Quel toupet sans nom ! Notre hymne ! Le symbole de notre pays !

— Ce n'est pas notre pays, murmurai-je.

— Quoi ? », s'étrangla le directeur. Mais il avait parfaitement entendu et, comme les micros étaient ouverts, les autres aussi avaient peut-être entendu. Seconde insolence de la matinée. Il repartit sur un long discours : « Syrie ! Patrie ! Acceptation ! Intégration ! La mè-re pa-trie ! Patati, patata. » Je n'écoutais pas. Quand il eut terminé, il ordonna de chanter l'hymne. Et lui-même entonna de toutes ses forces :

Paix sur vous, défenseurs de la patrie !
Notre noble esprit ne sera jamais soumis,
Soutien de l'arabisme, sanctuaire consacré,
Siège des étoiles, protection inviolable.

Deux heures plus tard, on fit une annonce dans les haut-parleurs : « Aeham Ahmad, dans le bureau du directeur. » J'y allai d'un pas pesant. Avais-je peur ? Non. Que pouvait-il m'arriver ? Dans le pire des cas, le directeur convoquerait mon père pour se plaindre. Les autres enfants en auraient tremblé car ils se seraient alors pris une raclée par leur père. Je savais que le mien serait de mon côté.

J'en avais déjà fait l'expérience. Un jour, en cours de musique, j'avais refusé de jouer un morceau oriental. En effet, le même après-midi, j'avais un examen à l'Institut arabe, et concilier deux systèmes si différents dans mon cerveau, cela faisait trop pour moi. Comme je l'ai expliqué, la musique occidentale divise une octave en douze demi-tons, l'orientale en dix-huit quarts de ton, ce qui explique que la musique classique arabe ne puisse se jouer au piano ou à la guitare. Cela me semblait en tout cas une raison suffisante pour ne pas jouer d'harmonies orientales ce jour-là. Mais mon refus agaça le professeur et mon père fut convoqué par le directeur.

Peu après, le voilà assis dans le bureau, donnant entièrement raison au professeur de musique. « Oui, dit-il, Aeham a fait une grosse erreur. Il ne devrait pas faire une chose comme ça. Cela ne se reproduira plus. Merci de lui enseigner la musique orientale. »

Mais, un peu plus tard, sur le chemin du retour, il me dit : « Fais ce que tu veux, mais traite bien tes professeurs, s'il te plaît. »

Ce soutien, cette certitude qu'il serait de mon côté, était un privilège incroyable : la liberté d'avoir mon propre avis sans craindre sa colère.

La porte du bureau du directeur était ouverte. J'entrai et me plaçai face à la table de travail. Bien entendu, il ne me proposa pas de m'asseoir. S'ensuivit le second laïus politique de la matinée, encore plus long que le précédent : « Hospitalité ! Gratitude ! Amitié entre les peuples ! Patati, patata ! » Je fis une nouvelle fois la sourde oreille.

Trois petits drapeaux étaient posés sur le bureau du directeur : le palestinien, le syrien et un bleu foncé avec des étoiles jaunes au milieu. Que représentait-il ?

Quand le directeur eut terminé sa tirade, je lui demandai. « C'est le drapeau européen, m'expliqua-t-il. Notre école reçoit de l'argent de l'Europe. » L'Europe ? « Super !, dis-je. Alors je joue l'hymne européen la prochaine fois. »

Je connaissais le morceau grâce à mes cours de piano : l'*Ode à la joie* de Beethoven. Je l'aimais bien, c'était joyeux, plein d'allant. Très différent de la mesure martiale en *4/4* de l'hymne syrien.

« Ou alors, je pourrais jouer un morceau de Mozart !, m'emportai-je. Le *Rondo alla Turca* ! » La sonate pour piano n° 11, troisième mouvement, la *Marche turque,* l'une des mélodies les plus célèbres de la musique classique, légère, pétillante.

« Hors de question !, rétorqua le directeur.

— Laissez-moi essayer. Vous connaissez la *Marche turque* ? C'est génial ! »

Le directeur me fusilla des yeux. Il était furieux que je le contredise. Je cherchais bien entendu à le provoquer. Mais que pouvait-il dire ? Après tout, je lui proposais gentiment de jouer un élégant morceau de Mozart. L'Europe ! Du classique ! Il pouvait difficilement me sanctionner pour cela. Il me renvoya en classe.

Je l'ai fait quelques samedis plus tard. Je n'ai pas pu m'en empêcher. Les élèves étaient au garde-à-vous, nous, les trois musiciens, entonnions l'hymne syrien – ratatata, ratatata –, le drapeau se hissait dans le ciel. Quand la marche militaire fut terminée, j'ai simplement continué à jouer le *Rondo alla Turca* de Mozart. Avec entrain et légèreté. Je voyais beaucoup d'élèves rire, comme si la discipline militaire commençait à se lézarder.

« Aeham !, siffla mon professeur de musique. Arrête tout de suite ! Maintenant ! Arrête ! »

Je me suis interrompu. Le directeur avait-il remarqué quoi que ce soit ? Je n'en étais pas certain. Il commença son sermon hebdomadaire. « Ordre ! Discipline ! Ponctualité ! » Comme si de rien n'était.

« Je déteste ces exercices ! »

« Saleté de piano ! »

« Je veux être comme les autres enfants ! »

« Je suis palestinien ! Qu'est-ce que j'en ai à faire de Mozart ? »

Cela arrivait de plus en plus souvent. Plus j'avançais en âge et moins j'avais envie de travailler le piano. Un après-midi – j'étais désormais au collège –, je me suis plaint : « J'ai besoin de plus de temps libre ! J'en ai marre ! Je déteste mes profs de musique, je déteste cette école de musique, je déteste la musique ! »

Mon père ne dit rien.

Je m'énervai : « Je ne suis pas un robot ! Tu me dis la même chose tous les jours : exercices, exercices, exercices. Tu peux pas dire autre chose, non ?

— Ne me parle pas comme ça, dit mon père.

— Tu es aveugle, l'attaquai-je. Qu'est-ce que tu en sais ? Tu peux même pas jouer au foot.

— Tu deviens blessant maintenant. Arrête !

— Maintenant, je vais dehors et je joue au foot ! », continuai-je.

Mon père réfléchit un moment et dit : « Je joue avec toi.

— Quoi ? Tu veux jouer au foot ? »

Il a insisté. Nous sommes descendus dans la rue. Quelques copains y jouaient déjà.

« Je vais dans les buts », dit mon père.

Et il y est allé. J'ai tiré en m'appliquant et, au dernier moment, il est parti dans la bonne direction et a repoussé le ballon. Un tir à ras de terre – but. À mi-hauteur, il a encore entendu arriver le ballon et l'a intercepté une nouvelle fois. Il a réussi à contrer plusieurs tirs ainsi. Je n'arrivais pas à le croire.

« Tu vois ?, me dit-il après la partie. Je suis aveugle et je peux quand même attraper le ballon. N'importe qui peut jouer au foot. » Je regardai ses lunettes, gêné. « Mais ce n'est pas donné à tout le monde de jouer du piano. Et c'est pourquoi tu vas remonter tout de suite continuer tes exercices. » Et j'y suis allé.

Quelques mois plus tard. J'étais assis au piano et je n'avais plus du tout envie de faire mes gammes. Furieux, je tapai avec le plat de ma main contre le piano : « Je ne veux pas devenir pianiste ! Je veux être un enfant normal ! Qui va à l'Institut arabe ? Les gosses de riches ! Un chauffeur les emmène à l'école. Et moi ? Personne ne fait attention à moi. J'en ai marre. Je ne fais plus les exercices. »

Mon père s'est levé, il est sorti de la chambre. Je l'ai entendu descendre dans la rue. Au bout d'un moment, il est revenu, suivi de mes copains en file indienne.

Il s'est tourné vers eux : « Je donne dix livres à celui d'entre vous qui arrive à jouer un morceau au piano. »

Le premier s'est assis au piano : « Monsieur, je sais pas jouer », dit-il. « Essaie quand même, l'encouragea mon père. Juste un tout petit peu, quelque chose de simple. » Il n'avait jamais vu un piano de sa vie et tapota quelques touches au hasard. Puis ce fut au tour du deuxième. Les autres enfants m'avaient souvent entendu jouer de loin quand je m'entraînais, mais ils ne m'avaient jamais vu au piano. Avec légèreté, je leur ai joué la *Lettre à Élise*. Mes doigts papillonnaient sur les touches.

Une fois les copains repartis, mon père me dit : « Tu devrais être fier de ce que tu sais faire. » Je restai silencieux. Encore une fois, son remède fut efficace. Pour quelques mois.

Et puis la lassitude reprit le dessus. Un après-midi, j'attaquai mon père : « À quoi ça me servira d'apprendre le piano ? Ça m'apporte quoi ? Personne ne connaît Mozart ici.

— Tu dois apprendre une langue que tout le monde comprend, me répondit-il. Nous sommes des réfugiés. On ne peut pas retourner dans notre pays. Tu dois être international.

— Mais on vit à Yarmouk ! À Yarmouk ! En Syrie ! »

J'en avais assez. « J'arrête ! », criai-je. Je me suis levé et j'ai claqué le couvercle du piano.

Mon père resta calme. Il restait toujours calme. Il réfléchit un moment, puis il me dit : « Ce soir, tu m'accompagnes. On joue ensemble à un mariage. Sois prêt vers six heures. »

C'est ça, pensai-je. Une mauvaise blague. Je ne le croyais pas et je suis sorti rejoindre les autres. Mais à six heures, il m'a vraiment dit :

« On y va.

— Je suis fatigué. J'ai mal aux jambes », commençai-je à protester.

Là, il m'a crié dessus. Ce fut l'une des rares fois dans sa vie. « Maintenant, tu viens ! », explosa-t-il. Effrayé, j'obéis. Et nous sommes partis.

Dans un mariage palestinien, les femmes et les hommes font la fête séparément. On trouve, d'un côté, le marié, ses amis et les hommes de la famille, de l'autre, la mariée, ses amies, ses tantes et ses cousines. De part et d'autre, on danse la *dabkeh*, la version arabe d'une ronde pratiquée dans toute la Méditerranée orientale. Les invités se prennent par la main ou l'épaule, se penchent vers l'avant puis vers l'arrière et traversent la pièce en farandole.

Ce soir-là, la fête avait lieu sur la terrasse d'un toit. C'était une douce nuit de mai, quelques centaines d'hommes étaient venus. J'ai monté mon clavier au milieu des autres musiciens. Par chance, Al-Chadra, celui qui m'avait donné mes premiers cours de clavier, était là. Une fois le groupe prêt, mon père prit le micro et dit en me désignant : « Nous sommes fiers de vous présenter aujourd'hui notre nouveau claviériste, Aeham Ahmad. » Quelques hommes applaudirent, d'autres crièrent : « Hé, mais il est trop petit ! Depuis quand les gamins jouent-ils dans les mariages ? » Mon père se contenta de sourire.

Je ne connaissais pas les morceaux, il n'y avait pas de partition, nous n'avions pas répété. Mon père m'avait dit :

« Ce n'est pas un problème. Quand je te fais signe, tu joues *la* mineur, *do* majeur, *la* mineur, *do* majeur, toujours en alternant. La plupart des chansons se basent sur ces deux accords. Et quand je te fais à nouveau signe, tu t'arrêtes. »

Nous avons commencé. J'ai joué *la* mineur, *do* majeur, *la* mineur, jusqu'à ce que mon père me fasse un signe de la tête. Je me suis arrêté et j'ai regardé ces hommes qui s'amusaient, qui dansaient. Mon premier concert ! J'aimais cette tension et cette concentration, le sentiment que les gens dansaient sur ma musique. Voilà le signal. *La* mineur, *do* majeur, *la* mineur.

Mon père et moi sommes rentrés vers minuit. Il m'a mis 250 livres (6 euros) dans la main : c'était mon cachet. Je rayonnais. Les hommes m'avaient applaudi – et en plus, j'avais gagné de l'argent. J'ai décidé de m'acheter un nouveau ballon de foot avec.

Je n'ai remarqué qu'à la fin de la soirée que mon père avait baissé presque au minimum le son de mon clavier, pour que personne n'entende ce que je jouais. Mais cela m'était égal. J'avais adoré être sur scène, jouer dans un groupe, faire de la musique ensemble.

Immédiatement, j'ai décidé de devenir musicien pour les mariages. Au cours des semaines et des mois qui ont suivi, j'ai supplié mon père de m'emmener à nouveau à une fête. « C'est une bonne idée, Aeham, on va le faire », disait-il. Mais il y avait encore et toujours une raison qui rendait la chose impossible. La prochaine fois, sûrement.

Finalement, il ne m'a jamais emmené à un autre mariage. Mais il m'avait réconcilié avec la musique, encore une fois. Je détestais un peu moins le piano. Et j'ai continué à travailler.

Les murs ont des oreilles

Entre-temps, mon père était devenu un accordeur de piano très demandé. Il possédait une excellente oreille, pratiquait des tarifs honnêtes et n'attendait pas six mois pour honorer ses rendez-vous. Je l'ai souvent accompagné, d'abord pour le conduire jusqu'à ses clients, ensuite pour essayer les pianos qu'il avait accordés. C'est ainsi que j'ai découvert le monde des riches Damascènes, cette étrange planète sur laquelle les classes supérieures de Syrie s'isolaient du reste du pays.

Jusqu'à ce jour où nous nous sommes retrouvés dans le salon d'un de ces hommes dont les Syriens ne prononçaient le nom qu'à voix basse. L'un de ceux qui exécutaient les basses besognes du vieil Assad et dont les mains étaient tachées du sang de milliers de gens.

Je n'en savais encore rien à l'époque. J'ai seulement remarqué que mon père était étrangement tendu cet après-midi-là, alors que nous nous mettions en route vers un carrefour situé à l'extérieur de Yarmouk. Une énorme BMW aux vitres teintées passa nous y prendre. Mon père monta à l'avant, moi à l'arrière. L'auto a démarré. Je ne m'étais encore jamais assis dans une si grosse voiture.

La voiture dépassa le quartier de l'école de musique et continua à monter. À Damas, la richesse augmente avec l'altitude. Les plus aisés habitent en hauteur, sur les flancs du mont Quassioun ; l'une des villas d'Assad se trouve tout en haut.

Je n'avais jamais mis les pieds dans ce quartier. Les maisons étaient un peu plus en retrait des rues, les terrains plus vastes, les pelouses plus vertes. La voiture freina. Un barrage routier. Cela non plus je ne l'avais jamais vu : des hommes armés nous arrêtaient. Qui était-ce ? Ils n'avaient l'air ni de soldats ni de policiers réguliers. Le chauffeur baissa la vitre.

« C'est qui ?, demanda l'un des hommes qui semblait être le chef. — Un aveugle et son fils. Ils doivent accorder le piano du patron », répondit le chauffeur. Le chef nous demanda de descendre. Il s'est d'abord occupé de mon père, qui a dû enlever sa veste, s'accroupir et ouvrir grand la bouche. Puis il a pu remonter dans la voiture.

Le chef s'est alors tourné vers moi : « Qu'est-ce que tu fais là ?

— J'accompagne mon père.

— D'où venez-vous ?

— De Yarmouk.

— Je ne comprends pas, insista-t-il, pourquoi tu l'accompagnes ?

— Je joue du piano, je dois essayer l'instrument. »

Cela l'intéressa. Il me demanda où je prenais des cours.

« Tu es palestinien ?, demanda-t-il alors.

— Si mon père l'est, moi aussi. »

Il sourit. Je pus remonter dans la voiture.

Le barrage suivant, toujours tenu par ces gens armés bizarres, se trouvait quelques centaines de mètres plus loin. Cette fois, nous avons pu rester dans la voiture. Les hommes n'ont fait descendre que le chauffeur. Ils l'ont fouillé. Il a dû ouvrir le coffre. Un soldat éclaira le dessous de la voiture avec une espèce de gros miroir de dentiste. J'étais surpris : le chauffeur n'était-il pas des leurs ?

Nous avons repris notre route. Aux coins des rues se tenaient des hommes armés de kalachnikovs, prêts à tirer. Nous nous sommes arrêtés devant une porte en fer forgé hérissée de pointes de lance dorées. Deux hommes armés nous ont ouvert de l'intérieur. La voiture s'est garée et nous en sommes descendus. Devant nous se dressait une seconde clôture en métal massif. Le chauffeur nous amena jusqu'à une porte qui s'ouvrit de l'intérieur. « Clac-clac-clac », firent les verrous. Nous sommes entrés – et nous étions en Europe.

Deux femmes nous souriaient. Elles avaient les cheveux lâchés ; l'une d'elles était blonde. La pelouse était parfaitement tondue. Au loin, derrière, j'aperçus une piscine. Plusieurs Mercedes et BMW étaient garées sur le parking. Les deux femmes marchaient devant. J'ai pris mon père par la main. Nous sommes arrivés à la maison, en passant sous des arceaux de roses.

Je ressentais son malaise. Il était comme pétrifié. Mais on ne pouvait pas faire demi-tour. Tourner les talons à mi-chemin ? Cela l'aurait rendu suspect.

L'une des femmes ouvrit la porte de la maison. Nous sommes entrés dans le hall. Le sol était en marbre blanc ; sur les murs étaient accrochées des peintures de paysages ; à gauche, un bar avec des bouteilles d'alcool multicolores, plus loin derrière, une statue aux mains cassées, qui semblait dater de plusieurs milliers d'années ; de part et d'autre, des escaliers menaient aux étages supérieurs. Et devant, au milieu du hall d'entrée, un piano.

Je n'avais encore jamais rien vu de pareil. C'était un Steinway D, un puissant piano à queue valant 150 000 euros, fabriqué à Hambourg et à New York. Voilà l'instrument que nous devions accorder. Mon père a ouvert l'abattant et placé la béquille, j'ai soulevé le couvercle et commencé à jouer une sonatine de Mozart. Le piano avait un son ferme et brillant. Rien à voir avec mes casseroles habituelles.

Puis quelque chose a changé. Je l'ai remarqué parce que les deux femmes se sont retournées. Je me suis interrompu. Un homme descendait les escaliers de droite, tenant à la main une petite fille rousse en jogging. Il portait une moustache grise tout comme ses cheveux peignés vers l'arrière, ainsi qu'un costume noir et une chemise blanche.

Il applaudit lentement. « Bravo ! Bravo !, s'exclama-t-il. Et bienvenue ! Comment allez-vous ? » Il a avancé vers moi et m'a tendu la main.

« Je m'appelle Aeham Ahmad et voici mon père », me suis-je dépêché de répondre. Cela me mettait mal à l'aise que l'homme ne regarde que moi.

« Et où as-tu appris à si bien jouer ? », m'a-t-il demandé. Et il m'a posé des questions, et encore des questions. Je lui ai parlé de l'école de musique.

« Excellent ! C'est excellent !, s'exclama-t-il. Si jeune et déjà si bon pianiste. » Enfin, il a tendu la main à mon père.

J'ai parfois l'impression que personne ne dissimule ses sentiments aussi mal que mon père. Cela tient peut-être au fait qu'il est aveugle. En tout cas, j'ai toujours pu lire ses émotions sur son visage. À ce moment précis, il avait peur. Et il faisait tout pour ne pas le montrer. Il s'était retiré comme une tortue dans sa carapace. Continuer, parler le moins possible, ne pas faire de faux pas, simplement sortir d'ici sain et sauf : voilà le mot d'ordre qu'il semblait s'être donné.

« Le piano est magnifiquement accordé », dit mon père prudemment.

Non, il ne l'était pas, déclara le maître des lieux. Il voulait le faire accorder de nouveau, merci. Par ailleurs, l'un des marteaux était défectueux. Cela aussi, il faudrait nous en occuper ensuite.

« Ces deux dames – elles se redressèrent à ces mots – s'occuperont de vous. »

Puis il se détourna et remonta les escaliers. La fille en jogging, sa petite-fille apparemment, s'était assise sur une marche et nous observait.

Mon père s'est mis au travail en silence. Je lui passais les instruments. Lentement, son malaise m'avait gagné. Je n'avais aucune idée de qui était cet homme. Mais il devait être extrêmement dangereux pour que mon père en ait une telle peur. Il répara le marteau, puis commença à accorder le piano, pinçant une corde, écoutant attentivement sa note, l'ajustant avec sa clé d'accordeur. La fille rousse nous observait toujours. Je levais parfois rapidement les yeux vers elle. Nos regards se sont croisés. Vite, j'ai détourné les yeux.

Mon père s'est échiné pendant trois heures en silence. La femme blonde nous servait du jus d'orange dans de lourds verres en cristal. Nous étions en train de remballer nos affaires quand la petite fille s'est approchée.

« C'est ton piano ? », demandai-je.

Elle hocha la tête et s'assit au piano.

« Tu prends des cours où ?

— Un professeur vient chez moi.

— Tu joues depuis combien de temps ?

— Un an et demi. » Elle commença à jouer une chanson. Cela sonnait assez maladroit.

Encore une fois, je me suis demandé : avec des cours privés et un piano si cher, pourquoi ne joue-t-elle pas mieux ?

Le maître des lieux avait dû nous entendre, car il a descendu les escaliers et s'est placé derrière la fillette. Mon père lui a expliqué ce qu'il avait fait.

« Très bien, répondit-il, combien vous dois-je ?

— Cela n'est pas nécessaire, merci de nous avoir permis de venir chez vous, dit mon père.

— Ce n'est peut-être pas nécessaire pour toi, mais ton garçon peut certainement en avoir besoin. » L'homme prit son porte-monnaie, en sortit une liasse de billets et me les tendit. Abasourdi, je les serrai dans ma main.

Nous avons pris congé et sommes repartis en silence. Je n'osais pas donner les billets à mon père, de peur que le chauffeur ne nous voie et qu'il ne le raconte ensuite à l'homme ; il aurait peut-être été furieux contre nous, car c'est à moi qu'il avait donné l'argent, pas à mon père. Je préférais attendre. Ce n'est qu'une fois dans le salon de la maison que j'ai donné à mon père les billets mouillés de sueur. L'homme nous avait donné 20 000 livres (450 euros). Une petite fortune.

Mon père commença alors à m'interroger. Il voulait tout savoir. À quoi ressemblait l'homme, comment étaient la maison, les deux femmes, les hommes au barrage, si j'avais remarqué autre chose.

« Cet homme est dangereux, me sermonna-t-il. Ne parle à personne de ce que tu as vu aujourd'hui. Tu m'entends, à personne ! Les murs ont des oreilles en Syrie, tu sais. »

C'était un adage courant. Tout le monde savait que les services secrets étaient partout. Il suffisait de mal parler du membre le plus insignifiant du gouvernement pour risquer de disparaître cinq ans dans des geôles tenues par les tortionnaires du régime. Quant à parler du président Hafez al-Assad, « même Dieu n'aurait pas osé » – un autre adage en vigueur.

J'ai demandé à mon père comment s'appelait l'homme dont nous avions accordé le piano.

« Je te le dirai un jour, mais pas maintenant », répondit-il.

Je l'ai appris quelques années plus tard. Il s'appelait Moustafa Tlas, ministre syrien de la Défense de 1972 à 2004. L'un des hommes de confiance du vieil Assad. Il a répandu des théories immondes sur les Juifs et, dit-on, fait fortune dans le trafic d'armes et d'antiquités.

Cette visite m'avait tellement impressionné que j'ai cru pendant plusieurs mois que les services secrets nous surveillaient. Après tout, nous étions allés dans la maison du chef. Peut-être avions-nous commis une faute ? Étions-nous suspects ? À chaque fois que je sortais de chez moi, je regardais par-dessus mon épaule pour voir si des hommes ne nous surveillaient pas en secret. Mais je ne les ai jamais repérés.

Que n'aurais-je pas aimé la musique ?

Pendant plus de six ans, mon père m'a conduit à l'école de musique. Le minibus quittait Yarmouk, traversait le nouveau quartier de Zahira, le gigantesque marché de Midan et les casses du quartier industriel de Senaa. On prenait une première correspondance au rond-point de Baramkeh, puis on traversait le centre de Damas, on dépassait l'université, on changeait encore une fois au pont du Président, on franchissait le Barada qui était un maigre filet d'eau en été et un fleuve mugissant en hiver, et un troisième bus nous conduisait dans les hauteurs, à travers le quartier chic des ambassades.

Nous étions habitués aux embouteillages, à rouler au pas. Mais certains jours cela n'avançait vraiment plus du tout. Il devait y avoir un accident, et les automobilistes condamnés à l'immobilité appuyaient avec fureur sur leur klaxon. Sous la chaleur, les rues miroitaient. Nous restions assis, en nage, dans notre minibus, coincés entre d'autres voyageurs transpirants qui s'impatientaient de plus en plus, car ils allaient rater leur rendez-vous. Moi, j'entendais déjà les remontrances de mon professeur de piano. Et les minutes s'écoulaient, s'écoulaient.

Jusqu'à ce que nous nous décidions : « Dehors ! Il faut sortir de cet embouteillage. » Nous faisions coulisser la porte du minibus et serpentions à travers l'océan de voitures. Nous mettions parfois une demi-heure pour atteindre le début du bouchon – l'accident. Des badauds, les voitures cabossées et, au milieu, deux hommes se disputant. Le policier chargé de la circulation prenait le parti de celui qui lui glissait un billet. Les contrevenants en venaient parfois aux poings. Vite, vite, dans le prochain minibus.

À chaque fin de semestre, on devait passer une audition. On ne pouvait la rater qu'une seule fois. Mon père et moi essayions alors d'être particulièrement ponctuels. Vraiment. Un jour pourtant, je devais avoir onze ans, la circulation fut infernale, une fois encore. On roulait au pas. J'étais très en retard. À peine étais-je sorti du bus que j'ai foncé dans l'école et grimpé l'escalier quatre à quatre.

Une dame est venue vers moi, descendant les escaliers, majestueusement. Je la connaissais : c'était l'écrivain Colette Khoury, la petite-fille d'un ancien Premier ministre, célèbre pour ses romans féministes. Elle siégeait au comité de direction de l'école.

« Eh bien, mon garçon, où cours-tu ainsi ?, m'interpella-t-elle alors que je passais en courant devant elle, écarlate.

— J'ai un examen tout de suite et le bus était beaucoup trop en retard, dis-je en haletant.

— Tu es complètement essoufflé. » Elle me dévisagea. « Tu n'es pas du tout en état de jouer. Je vais parler aux professeurs. »

Elle avança jusqu'à la salle d'examen et demanda à ce que Aeham Ahmad – « AA », j'ai toujours été le premier sur les listes alphabétiques – ne soit auditionné qu'après la lettre C. Elle me sourit et partit.

Rares sont les jours où j'ai aimé mon école de musique. Celui-là fut l'un d'eux.

À l'âge de onze ans, j'ai eu mon troisième professeur de piano. Elle venait de Russie et s'appelait également Irina, Irina Boluschuk. Depuis la proclamation de l'indépendance, en 1946, la Syrie a toujours entretenu des relations étroites aussi bien diplomatiques, militaires que culturelles avec la Russie. J'aimais bien madame Boluschuk, c'était une personne très sympathique. Son arabe était désastreux, mais elle me souriait toujours et me demandait parfois de lui écrire des phrases sur un bout de papier. Et elle me remerciait d'un bout de chocolat russe. Exactement comme Irina Ramadan autrefois.

L'un de ses premiers gestes a été d'accrocher une horloge au-dessus du piano dans sa salle de cours. Elle n'aimait pas que l'on soit en retard. Au Proche-Orient, les rendez-vous sont des concepts assez approximatifs. Quelqu'un dit qu'il va venir te voir dans l'après-midi et il arrive le soir à 18 heures. Je n'ai jamais aimé cela. Irina Boluschuk ne le tolérait pas non plus. Cependant, quand la circulation était complètement bouchée à Damas, que j'arrivais en sueur et en trombe dans sa salle, elle me disait gentiment : « Tout va bien, Aeham. Respire d'abord profondément et dis-moi comment tu te sens aujourd'hui. »

De fait, il n'était pas si facile de se concentrer après un si long trajet. Jouer du piano est une tâche difficile, même pour les musiciens les plus doués, dont je ne fais d'ailleurs pas partie. Si tu es tendu, cela ne sonne pas bien. Les notes semblent contraintes et sèches. Les doigts crispés trébuchent sur les touches, et toute tentative de forcer le morceau est vouée à l'échec.

Bon. On recommence. Depuis le début. On s'arrête. On respire. On détend les poignets. On relâche les mains, et on les laisse planer, libres et légères, sur le paysage aux touches noires et blanches. Le toucher devient délicat. On attend le bon moment et l'on se plonge dans le courant de la musique.

On laisse les notes jouer sur les battements de son propre cœur. On lance ses doigts sur les touches comme un peintre jette des couleurs sur sa toile.

Depuis le temps, je jouais déjà des partitions exigeantes. Irina Boluschuk m'avait fait répéter pendant six mois le *Prélude n° 5 en sol mineur*, op. 23, de Rachmaninov, un morceau difficile. Très exigeant sur le plan rythmique, ce morceau virevolte à travers toutes les tonalités et toute l'étendue du clavier. Les mains doivent souvent sauter d'un coup, en faisant des écarts énormes. Combien d'efforts coûte le simple fait que chaque doigt atterrisse sur la bonne touche ! C'est un peu comme sauter dans un cerceau du haut d'un plongeoir de cinq mètres.

Jour après jour, je me suis approprié ce morceau. Ligne après ligne. Je l'ai d'abord solfié. Puis joué. À la main gauche. Lentement. Un peu plus vite. Puis à la main droite. Puis avec les deux mains, très lentement. Et plus vite. Une fausse note. On recommence depuis le début. Et encore, et encore, vingt, trente, cent fois. On passe à la deuxième ligne. On a joué une page. Deux pages. Une fausse note. On recommence. On tente de le faire sonner plus harmonieusement. Semaine après semaine, pour ce morceau. Comme si l'on construisait une maison avec des galets.

Pour mes treize ans, mon père m'acheta un vélo. Un VTT bon marché, lourd à manœuvrer, avec des petites roues de vingt pouces de diamètre. La plupart du temps, je devais pédaler en danseuse. Désormais, j'allais à l'école de musique en vélo, traversant la ville sur une douzaine de kilomètres. À Damas, les déplacements à bicyclette étaient vraiment rares car beaucoup trop dangereux. Les autos se collaient au train, les minibus fonçaient. Et moi, j'étais au milieu de tout ça. C'était génial.

Car je n'étais plus obligé de rester dans le bus à transpirer sans rien faire. Je pouvais appuyer sur les pédales et je savais quand j'arrivais. J'avais besoin d'une heure quarante pour faire le trajet. Mon père continuait à me donner le prix du ticket de transport, que je pouvais garder comme argent de poche.

Je n'ai manqué qu'une seule fois le cours de musique – quand un minibus a déboîté devant moi et que je lui suis rentré dedans. Son feu arrière était foutu, mon pneu avant aussi, mais j'étais indemne. J'ai donné au chauffeur en colère tout l'argent que j'avais sur moi et je suis rentré à la maison tant bien que mal. Le cours de piano était foutu lui aussi. Sinon, j'étais toujours ponctuel.

Au cours de ma dernière année à l'école de musique, Vladimir Zaritzky m'a demandé si je voulais être son élève. Il enseignait au conservatoire. Très honoré, j'ai accepté avec enthousiasme. Ce géant blond aux yeux verts et au gabarit de lutteur avait la soixantaine. Il portait sa chemise grande ouverte ; sa croix de bois blanche de chrétien orthodoxe pendait dans ses poils de torse. Il avait un faible pour les femmes. Quand la jolie Sandybell passait avec ses talons hauts, il la suivait des yeux avec gourmandise.

Je l'aimais bien. C'était un excellent pianiste et il était toujours sincère et parlait à cœur ouvert. Il n'était pas hypocrite comme beaucoup de mes compatriotes qui te sourient un jour pour raconter pis que pendre sur toi le lendemain.

Avec lui, j'ai recommencé à jouer des classiques, des sonates de Mozart et Beethoven. Et des études de Czerny, encore et toujours des études de Czerny. Zaritzky a, encore une fois, complètement remis à plat ma technique. Nous jouions à nouveau des gammes et des arpèges, nous travaillions mon articulation. Moins de staccato à la main gauche, qui devait plutôt bouger comme si elle tenait un archet. Enfoncer plus les mains, poser les pouces et les doigts un peu plus haut, afin de laisser pendre l'avant-bras et de ne pas jouer d'en haut. Fluidifier les attaques. Le bras dirige le jeu, et les mains suivent d'elles-mêmes. Voilà. Comme ça.

Un jour, notre cours a eu lieu au conservatoire. De loin, j'entendais déjà Zaritzky marteler les touches en pleine extase dans la salle de répétition. Je frappai à la porte. Le *fortissimo* continuait ; Zaritzky ne semblait pas m'avoir entendu. Je tournai la poignée, entrai en silence et m'assis. Le professeur jouait sur un Steinway et attaquait les notes avec passion ; enivré, il semblait vouloir dévorer le piano et, quand il se penchait vers l'avant, sa croix de bois heurtait les touches. Jusqu'à ce que, soudain, une corde se rompe dans un bruit déchirant.

Il a marqué un temps d'arrêt. Puis il s'est tourné vers moi et m'a dit, comme s'il sortait à peine d'un rêve : « Bonjour, Aeham. » Et nous avons commencé la leçon.

Une autre fois, Solhi al-Wadi, le directeur tout-puissant, a annoncé au haut-parleur que tous les élèves devaient se rendre immédiatement au foyer.

J'y suis allé et me suis mis en rang parmi la foule des étudiants. Al-Wadi était debout devant un mur marqué d'une empreinte de pied. Quelqu'un avait dû s'adosser là et appuyer la semelle de sa chaussure.

« Qui a fait ça ?, rugit Al-Wadi. Vous n'êtes pas chez vous ici. Je ne suis pas non plus chez moi ici. C'est le conservatoire de Damas. Vous n'avez pas le droit de salir les murs. Vous n'avez pas le droit de vous appuyer à la cool contre les murs et de les dégrader. Qui a fait ça ? »

Personne n'a répondu.

Tous les étudiants, l'un après l'autre, durent alors s'avancer et lever le pied. Al-Wadi comparait les semelles avec l'empreinte du mur. Et il trouva finalement le coupable : un jeune violoniste, qui se tenait à côté de lui, blafard, mort de peur.

Al-Wadi fit un long discours – et renvoya le garçon du conservatoire. Définitivement.

Au bout de la dixième année à l'école de musique, j'ai dû passer mon examen de fin d'études. Tout est allé de travers.

Vraiment tout. Mais cela s'est bien terminé. Si bien que cela m'a servi de leçon.

Le désastre a commencé quelques jours avant l'examen, quand deux de mes oncles ont eu une énorme dispute. J'entendais de ma chambre leur colère et leurs chicanes sans fin. Tante Ibtihal ne supportait plus que je répète pendant des heures. Elle ne frappait plus le sol avec un balai, mais elle descendait les escaliers en tapant très fort des pieds, claquait la grande porte si violemment que tout tremblait dans la maison, puis remontait les escaliers tout aussi bruyamment.

C'était l'été. Les examens avaient toujours lieu en été. Souvent, le midi, l'électricité lâchait car tout le monde utilisait la climatisation en même temps. Dans ma chambre, la lumière s'éteignait et le ventilateur s'arrêtait après quelques derniers tours. Les chauffeurs de minibus de Damas se tamponnaient le cou avec des serviettes trempées d'eau glacée pour se rafraîchir. Mon père m'avait interdit de les imiter, de peur que j'abîme le piano en l'éclaboussant.

Puis, Abou Fathi, le vieux menuisier qui habitait à quelques maisons de chez nous, est mort. La cérémonie de deuil dura trois jours. Le premier jour, on a disposé des centaines de chaises en plastique dans la grande rue en face de chez nous et on les a placées autour du corps enveloppé d'un linceul blanc. On a installé des haut-parleurs, un cheikh lisait les paroles de deuil, toute la journée les amis et voisins venaient prier. Les deuxième et troisième jours, des musiciens jouèrent des sourates du Coran. Elles résonnaient à travers tout le quartier. Il était impensable de perturber cette cérémonie avec de la musique. On en fait pour la naissance d'un enfant par exemple. Jouer du piano à ce moment-là aurait été inconvenant.

Le quatrième jour, mon père est allé voir le fils d'Abou Fathi et lui a expliqué la situation. J'avais mon examen de fin d'études quelques jours plus tard ; pourrais-je exceptionnellement répéter mon piano ? Il accepta. Mon père ferma alors toutes les fenêtres et bloqua la pédale droite. J'ai donc joué dans un sauna avec la sourdine. Impossible de travailler l'articulation des morceaux. Et cela comptait pour une bonne partie de la note finale.

Autrement dit : ma préparation était lamentable.

Le jour de l'examen, je suis parti exprès une heure plus tôt. Je ne voulais pas arriver à l'école en nage et essoufflé.

Mais sur le trajet ma chaîne a déraillé. Que faire ? J'ai dû la remettre à la main. Elle a sauté encore. Et encore. Quand je suis arrivé à l'école de musique, non seulement j'avais perdu beaucoup de temps, mais j'avais aussi les mains pleines de cambouis.

J'ai garé mon vélo quelques rues plus loin, comme d'habitude. Je ne voulais pas qu'on me voie. J'ai couru jusqu'à l'école – et je suis tombé nez à nez avec Vladimir Zaritzky, mon professeur. Il m'a salué et demandé si je m'étais bien préparé. J'ai haussé les épaules. Son regard est tombé sur mes doigts.

« Aeham ! Tu ne peux pas te présenter comme ça à l'examen ! Va vite te laver les mains ! », me cria-t-il en me donnant un mouchoir en papier.

Mais c'était bien ce que j'avais l'intention de faire ! Je devais jouer dix minutes plus tard. J'étais le premier à passer, comme toujours. J'ai traversé l'école en courant jusqu'aux toilettes les plus proches. J'ai ouvert le robinet – rien.

L'eau aussi était souvent coupée pour quelques heures l'été. Cela pouvait arriver n'importe quand. Et ça arrivait justement à ce moment-là ! Désespéré, j'ai pris le mouchoir de Zaritzky et je me suis essuyé les doigts. Encore et encore. Le cambouis ne partait pas. Comme on ne peut pas jouer avec des doigts graisseux et que cela aurait gêné les candidats suivants, je me suis essuyé les mains sur mon pantalon.

Les autres enfants se présentaient à l'examen fraîchement douchés et en costume noir. Je suis entré dans la salle, tout crotté et en nage. Six examinateurs attendaient les élèves. Je me suis approché du piano.

« Aeham, qu'est-ce qui t'est arrivé ? », me demanda le directeur. Solhi al-Wadi était mort d'une crise cardiaque quelques années auparavant. Le nouveau directeur ne se contentait pas de lui ressembler physiquement, il était tout aussi sévère.

« Rien, dis-je.

— Si, s'énerva-t-il. Tu es mécanicien maintenant ? »

Je ne répondis rien.

« Alors, qu'est-ce qu'il se passe ? »

J'ai avoué. Je lui ai dit que j'étais venu à vélo, que la chaîne avait sauté, que cela faisait trois ans que je venais à vélo.

Il est resté silencieux un instant. Puis il s'est levé et approché de moi. J'ai aussi avancé vers lui. Je ne savais pas ce qui allait m'arriver. Je m'attendais à tout, mais pas à ce qu'il a fait : le directeur m'a pris dans ses bras.

Le fait que je traverse toute la ville depuis des années pour aller en cours l'avait certainement touché. Il avait compris à quel point je me démenais pour être là. Je n'étais sûrement pas le pianiste le plus talentueux de l'école, mais je n'abandonnais pas. Pour les autres enfants, les cours de musique allaient de soi. Mon père et moi avions lutté pour les obtenir. Il a dû le comprendre à ce moment-là.

Et moi aussi j'étais touché. Combien de fois avais-je eu l'impression de ne pas être le bienvenu dans cette école ! Combien de fois m'avait-on fait sentir que je n'appartenais pas à ce milieu ! Pourquoi personne ne m'avait pris dans ses bras plus tôt ? Que n'aurais-je pas aimé cette école ! Que n'aurais-je pas aimé la musique !

Le directeur m'a tendu un paquet de mouchoirs. J'ai fini de me nettoyer les doigts. Puis j'ai joué mes morceaux.

Czerny, Beethoven, Mozart. Non, je n'ai pas été bon. Mais je l'ai fait. Quelques jours plus tard, j'ai reçu ma note : 80. J'étais stupéfait. D'autres, qui avaient beaucoup mieux joué que moi, n'avaient eu que 65. Cette note était-elle un signe de bienvenue *a posteriori* ?

Sur le chemin du retour, j'ai traversé la ville à vélo et d'humeur resplendissante. J'avais le sentiment qu'une page était tournée et qu'un nouveau chapitre commençait. J'appuyais sur les pédales avec entrain et me faufilais entre les voitures. Je me sentais libre.

« Aeham : magasin de musique »

Quelques années avant l'examen de fin d'études, alors que j'étais toujours plus récalcitrant et que j'avais toujours moins envie de faire mes exercices, mon père eut encore une de ses idées géniales : il se mit à me payer pour jouer du piano.

À cette époque, mes amis recevaient environ 75 livres (1,50 euro) d'argent de poche par semaine, de quoi aller manger trois fois des falafels. Mon père m'en donnait autant pour une heure de piano. Comme pour un vrai boulot. Si je travaillais beaucoup, je pouvais facilement gagner 1 000 livres (20 euros) par semaine. Voire plus. J'avais tout à coup autant d'argent de poche qu'un fils de riches. L'argent me titillait. Je m'asseyais de plus en plus au piano.

Mais devenir musicien ? À cette époque-là, je n'y avais pas pensé un seul instant. Je voulais construire une maison, me marier, fonder une famille. Pour je ne sais quelle raison, je m'étais mis en tête d'acheter un terrain à Dili, dans le sud de la Syrie. Là où mon père était né, où mon grand-père avait loué son premier terrain après avoir fui la Palestine. Retour à mes racines, même si nous étions déracinés.

« J'aimerais acheter un terrain avec mes économies », ai-je déclaré un soir à mon père stupéfait. Il n'a pas ri cependant. Il m'a demandé ce que je voulais dire, il a réfléchi un instant, puis m'a répondu très sérieusement : « D'accord. Allons à Dili chercher un terrain. »

J'avais économisé 25 000 livres (500 euros) et rassemblé tous les billets dans une cassette. Je l'ai prise avec moi l'un des week-ends suivants. Nous avons pris le bus en direction du sud et nous sommes arrivés deux heures plus tard à Dili, aux portes de Deraa. Nous avons marché une demi-heure sur des chemins de campagne, en longeant des oliveraies et des fourrés de ronces. Mon père avait convenu d'un rendez-vous avec un homme qui avait un terrain à vendre.

Nous l'avons salué. Heureusement, mon père ne lui avait pas dit que j'étais l'acheteur. Autrement, il aurait éclaté de rire. Non, mon père se renseigna sur tout et négocia âprement le prix. Il réussit à le faire baisser à 150 000 livres (3 000 euros).

J'étais sans voix. Autant d'argent ! Pour ce minable petit bout de terrain perdu ! Au mieux, mes économies auraient suffi pour quelques oliviers. Sur le chemin du retour, je regardais par la vitre du bus en silence. La campagne aride se déroulait devant moi. Mais mon père me remonta le moral : « Continue à travailler ton piano, à avoir de bonnes notes. J'ai l'intention d'acheter un magasin de musique bientôt. On travaillera ensemble et je t'achèterai un logement. »

De quoi parlait-il ? Nous n'avions pas d'argent !

Quelques mois plus tard, il me demanda de l'accompagner. Il voulait visiter des locaux commerciaux. Autrefois il avait postulé chez un menuisier dénommé Abou Nisar. Ce dernier n'avait cependant pas voulu d'un aveugle dans son atelier et l'avait renvoyé. Abou Nisar était mort maintenant, sa menuiserie fermée, et ses fils se disputaient l'héritage. Les locaux étaient à vendre pour une bouchée de pain par rapport à leur valeur réelle.

Le prix de l'immobilier à Yarmouk avait flambé entre-temps. Ce qui était jadis un camp de réfugiés s'était métamorphosé en un quartier commercial prisé, et même les Syriens se battaient pour y ouvrir un commerce. Près de six cent cinquante mille personnes vivaient là et des centaines de milliers venaient chaque jour y faire leurs courses. Dans la rue de Yarmouk et la rue de la Palestine, les magasins tape-à-l'œil s'alignaient. Il fallait débourser pas moins de 30 millions de livres (615 000 euros) pour acheter des locaux de taille moyenne ou un million de livres (20 500 euros) ne serait-ce que pour les louer à l'année. On louait même les entrées d'immeubles tellement c'était rentable.

Les magasins de textile fermaient à minuit, ceux d'électronique à quatre heures du matin, les gigantesques boutiques de DVD et les nombreux restaurants étaient même ouverts vingt-quatre heures sur vingt-quatre. Le souk était La Mecque des épices du monde entier. Plus d'une centaine de négociants en or se faisaient concurrence. Et sur la cohue de la foule planait l'odeur des grillades vendues dans la rue. C'était Yarmouk. Ce quartier vibrait, respirait, riait et battait au rythme du futur qui s'ouvrait à lui.

Le magasin que nous avons visité ce jour-là était situé à l'autre bout de la rue de Yarmouk, dans un quartier d'artisans où travaillaient des menuisiers, des forgerons et des serruriers. Nous avons retrouvé Nisar, le fils d'Abou Nisar, devant un rideau métallique poussiéreux, qui n'avait pas dû être levé depuis des années. Il avait un gros trousseau de clés et il prit un certain temps à trouver la bonne. Il se baissa, la glissa dans l'énorme cadenas du rideau – et rien ne se passa. Encore une fois. En vain. Le cadenas était complètement rouillé.

« Aeham, va chercher un peu d'huile », me demanda mon père.

Je suis allé dans l'atelier d'à côté, où l'on fabriquait des fenêtres en aluminium, emprunter une petite bouteille d'huile que j'ai apportée à l'homme. Il en mit quelques gouttes dans la serrure, essaya à nouveau – et clic, le cadenas s'ouvrit. Le rideau métallique se leva dans un fracas.

Mon père sourit sans rien dire. Il voyait avec les oreilles et jugeait les locaux en fonction de ce qu'il en entendait. Et ce qu'il entendait là semblait lui plaire.

Il faisait sombre dans le magasin. J'entrai – et trébuchai. Je n'avais pas vu les deux marches qui descendaient. Nisar me précéda et alluma la lumière. Je fus stupéfait. La salle était gigantesque.

« Mais Papa ! C'est beaucoup trop grand pour mes 25 000... », ai-je commencé à bafouiller.

Je ne pus en dire plus. « Chuuuttt », me souffla mon père. J'ai compris. Cela ne regardait pas Nisar.

Nous avons inspecté le vieil atelier. Les fils avaient vendu toutes les machines. À certains endroits, les copeaux de bois nous arrivaient aux chevilles, les murs étaient noirs de suie. Quand il avait froid, Abou Nisar faisait du feu dans un tonneau en fer. Pas étonnant qu'il soit mort à cinquante ans.

Mon père traversa la pièce jusqu'au mur de droite.

« Attention, lui criai-je. Le mur est sale ! »

Il continua cependant, toucha le mur du doigt, posa l'oreille, écouta. Puis il alla de l'autre côté et fit la même chose. À nouveau, il sourit d'un air entendu. Puis nous prîmes congé.

Sur le chemin du retour, il m'expliqua son comportement : il voulait vérifier s'il pouvait entendre les voisins. Si oui, c'est que les murs étaient fins et que nous risquions de déranger en faisant de la musique. Mais il n'avait rien entendu.

Quelques jours plus tard, Nisar est venu chez nous pour signer le contrat de vente. La moitié de la somme était payable immédiatement. J'appris alors que mes parents avaient épargné, et ce, depuis longtemps. Ils avaient déposé leur argent dans un coffre en bois que mon père avait vissé dans l'énorme armoire de la chambre. Et le voilà maintenant qui déposait sur la table, sous mes yeux ébahis, 750 000 livres (15 000 euros). Puis il me pria de signer le contrat.

Mon père emprunta le montant du second versement à son beau-frère qui, comme la plupart des gens en Syrie, n'avait pas non plus de compte en banque. Il avait placé ses économies dans l'or, c'est-à-dire les bijoux de sa femme, et donna ainsi à mon père une chaîne valant 30 000 euros. Il réclamerait exactement la même dans un an.

Nous avons donc commencé la rénovation. Mon père n'ayant plus un sou vaillant en poche, nous avons dû tout faire nous-mêmes. Le sol était inutilisable et, comme mon père ne voulait pas perdre de hauteur sous plafond, il décida de l'enlever avec mon oncle Sadik, aidé de l'oncle Mohammed tous les vendredis. Avec leurs pelles, ils mettaient les gravats dans une charrette à bras, que mon père et moi conduisions ensuite en dehors de la ville, à un endroit où l'on pouvait les déverser gratuitement. Une navette durait une heure. Au bout de deux, nous étions épuisés.

Nous y avons travaillé chaque week-end pendant un an. Mon frère ne nous a quasiment pas aidés. Il nous accompagnait de temps à autre, donnait un coup de main bon gré mal gré, puis se disputait avec mes parents et s'en allait. Un jour, quelques-uns de mes amis sont venus nous aider. Assis à l'écart, mon frère jouait sur son téléphone portable. Je lui ai fait une remarque. Il a bondi, furieux et m'a fait tomber.

« Comment peux-tu faire ça ?!, criai-je. Devant mes propres amis !

— Tu n'as rien à me dire ! », grogna-t-il. Et il partit.

Comme je regrette ces querelles aujourd'hui.

Une fois tous les gravats enlevés, mon père installa l'électricité. Un professionnel aurait réglé l'affaire en deux jours. Cela lui prit plusieurs semaines. Après tout, c'était la première fois qu'il le faisait. Nous avons peint les murs en trois couleurs, avec des fonds de pots que nous avait offerts une de nos connaissances. Oncle Mohammed posa un carrelage en granit clair, on livra la grande vitrine et, enfin, l'enseigne du magasin : « Aeham : magasin de musique ». J'étais tellement fier, lorsque deux hommes la vissèrent au-dessus de l'entrée. Puis, solennellement, mon père me remit les clés.

Le premier article que nous avons vendu quelques jours plus tard fut une *rischa*. Pour 5 livres (10 cents). Un plectre dont on se sert pour frapper les cordes des luths arabes. Des années plus tard, alors que le magasin Aeham prospérait, que nous avions des centaines d'écoliers comme clients et que mon père coordonnait dans un autre atelier la fabrication de quatre cent cinquante luths par mois, dont les plus belles pièces étaient expédiées à Dubaï et, de là, à travers le monde entier, à ce moment-là, nous nous souviendrions que tout avait commencé avec une *rischa*.

Une chambre à soi

C'est alors que j'ai découvert la musique. Durant toutes ces années, le piano m'était resté étranger. C'est surtout mon père qui voulait que j'en joue. Je lui avais obéi en bon fils. Bien évidemment, il y a eu des moments où, saisi par l'ambition, j'ai voulu devenir pianiste virtuose. Mais je n'ai jamais eu cela chevillé au corps.

Et puis, à seize ans, je me suis réveillé. J'ai enfin compris : je maîtrisais là un merveilleux langage. Et j'ai commencé à l'explorer.

Ça a vraiment été une année fatidique pour moi. J'allais désormais au collège, le pire lieu que j'aie connu à l'époque. Les profs étaient des incapables, la plupart des élèves des brutes épaisses, ne pensant qu'au sexe et à fumer des joints. Je séchais les cours dès que je le pouvais. J'escaladais les murs, enfourchais mon vélo et m'enfuyais – dans notre magasin. Le matin, il était officiellement fermé. J'avais un endroit où rester en toute quiétude. C'était un luxe inouï.

À Yarmouk, ce quartier surpeuplé et bruyant entre tous, personne n'était jamais seul. Notre appartement était petit, je dormais dans un lit superposé, avec mon frère en haut. Quand je jouais du piano, mon père était derrière moi pour m'écouter. Sitôt que je jouais autre chose que Beethoven ou

Bach, il me rappelait à l'ordre : « Aeham, cela ne t'avance à rien. Je t'en prie, tiens-t'en aux classiques. » Selon sa vision des choses, je ne devais pas jouer pour le plaisir. Chaque morceau devait être un exercice projeté vers le futur, vers le concours d'entrée au conservatoire – même si celui-ci n'aurait lieu que des années plus tard. Il fallait donc que je joue du Beethoven et du Bach, encore et toujours Bach et Beethoven. Jouer du jazz ? de la musique orientale ? C'était gâcher un temps précieux. « Apprends d'abord pour le concours, mon fils. Le plaisir peut attendre », disait-il.

Mais là, dans notre magasin, je pouvais jouer tout ce que je voulais. De la pop à la musique orientale en passant par le jazz. Ou tout ensemble : de la pop jazz orientalisante. Ou quel que soit le nom de ce que je découvrais alors.

Mon père m'avait forcé à répéter et désormais je n'en avais jamais assez. Je jouais parfois cinq heures par jour.

À cette époque, mon idole se nommait Ziad Rahbani : libanais, libre penseur, satiriste, compositeur de talent et pianiste de jazz virtuose. À seize ans, il écrivait déjà des chansons pour sa mère Fairouz, l'étoile de l'Orient, la grande diva de Beyrouth. Je voulais lui ressembler. Je commençais à rêver : et si je devenais musicien ? Si je me tenais sur une grande scène sous un tonnerre d'applaudissements ?

L'atroce collège, mon nouvel amour pour la musique – et puis s'ajoutait à cela le fait que la Syrie évoluait à toute vitesse. En 2000, le vieil Assad mourut. Son fils Bachar arriva au pouvoir. Cela ne changea rien à la brutalité de la dictature. Les geôles et les salles de torture étaient toujours remplies. Mais le régime lâcha la bride sur quelques points. Avant, le simple fait d'installer une antenne sur votre toit pour capter les émissions des pays voisins pouvait suffire à vous faire jeter en prison. Bachar était moins strict : il permettait à ses sujets de regarder la télévision par satellite, d'acheter des téléphones portables et de surfer sur Internet – même si beaucoup de sites étaient bloqués.

En 2003, j'avais alors quinze ans, la première saison de la *Star Academy* passa sur la télévision par satellite. Une émission de télécrochet, produite à Beyrouth et diffusée dans tout le monde arabe, de la Mauritanie à l'Irak. Pour beaucoup de Syriens, la musique était un loisir, un peu frivole et bohème – sûrement pas un métier. Avec la *Star Academy* puis, plus tard, *Arabian Superstar*, c'est toute une génération qui a découvert le glamour. Je ne sais combien de jeunes voulaient maintenant apprendre à jouer d'un instrument – et faisaient tout à coup attention à moi, le pianiste.

À l'école, mes notes plongeaient à toute vitesse. Jusque-là, j'étais plutôt bon élève. Ma mère veillait au grain. Mes deux premières écoles étaient administrées par l'ONU. Les professeurs percevaient un salaire correct et, en conséquence, se donnaient du mal pour préparer leurs cours. Ceux du collège que je fréquentais désormais étaient payés une misère, comme dans toutes les écoles publiques en Syrie. Ils gagnaient autour de 5 000 livres (80 euros) par mois, ce qui leur suffisait à peine pour vivre. Rien d'étonnant à ce que beaucoup d'entre eux n'en aient pas eu grand-chose à faire. Certains semblaient ne venir que pour recruter des élèves pour les cours privés qu'ils donnaient l'après-midi pour arrondir leurs fins de mois.

Le collège, situé un peu à l'écart de Yarmouk, était fréquenté aussi bien par des Syriens que par des Palestiniens. Il ressemblait à une prison. Les récréations, c'était la promenade, où régnait la loi du plus fort. Les uns fumaient du haschisch, les autres buvaient en douce des flasques de gin arménien ou du sirop contre la toux Simo – la variante syrienne de la codéine. Les murs du préau étaient recouverts d'insanités et de dessins obscènes. En trois ans, je ne me suis risqué qu'une seule fois dans ce paradis des drogues qu'étaient devenues les toilettes.

Un panier de basket trônait au milieu du préau. C'était là que le chef des brutes de ma classe procédait aux exécutions. Ses sbires vous soulevaient par les bras et les pieds pour vous écraser, les jambes écartées, contre le poteau de basket. Je me tenais le plus loin possible de ces types. J'évitais ne serait-ce que de les regarder, je les fuyais autant que je le pouvais. Malgré tout, un jour, j'y ai aussi eu droit.

« Hé, Aeham, qu'est-ce que tu regardes, abruti ?! », me cria l'un d'eux. Puis, se tournant vers le chef : « Je crois qu'il veut sa raclée !

— Ouais, clairement ! », répondit l'autre avec joie. Deux d'entre eux m'attrapèrent alors par les jambes et me traînèrent jusqu'au poteau. Par chance, on ne me tint pas les bras, de sorte que j'ai pu amortir le choc avec les mains. Elles m'ont fait souffrir pendant des jours.

Pour eux, ce n'était qu'un jeu. Cela devenait vraiment sérieux lorsqu'on sortait les couteaux – et qu'on balafrait son ennemi pour lui apprendre à vivre. Un professeur qui surveillait la récréation ? Un directeur qui punissait les coupables ? On n'en voyait pas l'ombre.

C'est aussi la brute épaisse de la classe qui me surnomma *Raifort*, le « Radis », parce que j'étais petit et malingre. Ils m'appelaient tous ainsi. Je détestais ça.

Heureusement, quelqu'un avait creusé des marches dans le mur de l'école. C'était la sortie de l'enfer. Dès que la situation devenait trop tendue et que personne ne regardait, j'escaladais l'enceinte, sautais sur mon vélo et rentrais à Yarmouk. Je remontais en silence le rideau du magasin, ouvrais la porte vitrée et la refermais tout de suite derrière moi. Je n'allumais la lumière qu'à l'arrière de la boutique pour que personne ne me remarque et ne vienne me déranger. Je faisais bouillir de l'eau et me préparais le premier café instantané de la journée, un « trois-en-un » : café, sucre et lait en poudre. J'ouvrais le pupitre du piano – et je partais en voyage.

J'ignore pourquoi mon père ne s'était jamais douté de rien. Un jour cependant, il est venu me surveiller à l'école avec Mohammed, le plus sévère de mes oncles. Le directeur les conduisit à ma salle de classe et me demanda auprès du professeur. Il se contenta de hausser les épaules : « Non, Aeham Ahmad, je ne l'ai pas vu. »

Et comment ! J'étais dans le magasin en train de jouer du piano. Tout à coup, mon téléphone sonna.

« Aeham, où es-tu ?

— Euh… à l'école ?

— Et où ça à l'école ? On est devant ta salle de cours avec le directeur.

— Euh… je suis aux toilettes. Je ne me sens pas bien.

— Qu'est-ce qui se passe ? Viens ici tout de suite, s'il te plaît. »

Mes pensées fusaient. Je devais tout de suite retourner à l'école. Il fallait que je protège mon secret.

« Je me sens pas bien !, dis-je en gémissant dans mon téléphone pendant que je fermais le magasin.

— Et pourquoi n'as-tu pas dit au professeur que tu sortais ?

— J'arrive le plus vite possible. »

Je fonçai, grillant dangereusement les feux rouges et coupant la route aux voitures. Sept minutes, huit minutes. Au bout de dix minutes, mon père me rappela.

Il écumait : « Aeham ! Où es-tu ?

— Aux toilettes. Je n'arrive pas à ouvrir la porte !

— Mais ce n'est pas possible !

— Ah, elle est ouverte maintenant. Je suis là dans deux minutes. »

J'attachai mon vélo, je courus jusqu'au mur, l'escaladai, basculai dans la cour – et tombai nez à nez avec le directeur. Il était tout aussi stupéfait que moi. Il s'était mis à ma recherche et se rendait dans le préau quand je suis apparu derrière l'enceinte. Il s'est dirigé vers moi, en faisant taper dans ses mains sa petite baguette en bois.

« Alors, comme ça, tu ne te sens pas bien ? », grogna-t-il. Il m'attrapa par l'oreille et me traîna jusqu'à son bureau. J'avais les larmes aux yeux. Terminé le rêve, pensai-je. Ils m'ont découvert. Maintenant, je ne pourrai plus m'échapper de cet enfer.

« Votre fils Aeham est un menteur, cria le directeur en entrant dans son bureau, où mon oncle et mon père étaient déjà assis. Il n'était pas du tout aux toilettes. Je l'ai attrapé alors qu'il escaladait le mur. »

Mon père s'est mis en colère : « Pourquoi tu nous mens ? Où étais-tu ? »

Au comble du désespoir, j'ai tout avoué. J'ai reconnu que j'étais dans le magasin. « Vous ne pouvez pas imaginer comment c'est ici. Je n'en peux plus. Ils n'arrêtent pas de se battre et de fumer du haschich. Je ne sais pas ce que je fais ici.

— Et au magasin, qu'as-tu fait ?, demanda mon père.

— Du piano.

— Tu fais ça souvent ?

— Oui. »

C'est à ce moment-là que le directeur est intervenu. Mais pas au sujet de mes aveux. Lui, c'était la musique qui l'intéressait. « C'est quel genre de magasin ? », demanda-t-il à mon père qui le lui expliqua. Et il ne leur fallut pas longtemps pour qu'ils parlent de l'orchestre de mariage et se rendent compte, à leur grand étonnement, qu'ils n'avaient pas seulement un ami de fac en commun mais qu'ils allaient aussi participer au même mariage deux jours plus tard.

Le directeur décrocha le téléphone et appela le concierge : « Apporte du thé ! Du thé pour ces messieurs ! » Peu après, nous étions tous assis dans son bureau à boire du thé sucré, signe que les hostilités étaient terminées.

« Tu es un salopiaud, me murmura mon oncle alors que le directeur et mon père discutaient ensemble.

— Pourquoi ?

— On ne sèche pas l'école. Tu dois apprendre.

— Mais on n'apprend rien ici. »

Mon père et le directeur prirent congé en se donnant de chaleureuses accolades. Il était presque midi. Les cours étaient terminés. Nous sommes rentrés tous les trois à la maison.

« Pourquoi fais-tu ça ? », demanda encore mon père.

Je lui expliquai encore une fois : les brutes épaisses, les drogues, les professeurs incapables. Je détestais tellement cette école !

« Je ne te punirai pas, dit-il. Mais tu dois continuer d'aller à l'école. Arrête tout de suite de sécher les cours. »

J'ai réfléchi un moment. Et j'ai dit, le plus diplomatiquement possible : « Je ne peux rien te promettre, mais je vais essayer. »

Laisser infuser

Je menais désormais une double vie. Au collège, j'étais le pauvre petit Radis, celui que les voyous laissaient tranquilles parce qu'il les évitait ou parce qu'il leur souriait si niaisement qu'ils l'ignoraient. Mais quand je tournais la clé dans la serrure du magasin, j'entrais dans un autre univers. Mon univers. Dans lequel je pouvais me découvrir moi-même.

Je continuais à faire le mur, évidemment. Le seul changement, c'est que je devais faire plus attention. En effet, le directeur vérifiait régulièrement si j'étais bien en classe. Heureusement, il était lui-même absent la plupart du temps. Où pouvait-il bien aller ? Je n'en ai aucune idée. En tout cas, je n'avais qu'à me faufiler discrètement jusqu'à son bureau pour voir si sa porte était fermée. Si oui, le champ était libre. Je pouvais commencer, mine de rien, tout doucement, à me rapprocher du mur. Puis j'escaladais dare-dare, je sautais sur mon vélo, fonçais au magasin, préparais un instantané. Et là, je pouvais respirer un grand coup.

Je jouais parfois des heures entières, tout seul, pour moi-même. Comment se nomme cet accord ? Que se passe-t-il si je change cet intervalle ? Où se trouvent la septième, la neuvième et la onzième sur ce ton dominant ? Comment va sonner cet accord si je le décompose et le recompose autrement ?

Parfois, je restais tout bonnement assis, perdu dans mes pensées. Je m'imaginais ce qui se passerait si je devenais comme les autres garçons de l'école, si je cédais à la pression sociale, si je me mettais à fumer du haschich et à courir après les filles. Parfois, je me suis demandé comment ce serait de fonder une famille, d'avoir une femme et des enfants. Serais-je un bon père ? Parfois, je m'imaginais aussi en musicien adulé. Les hommes me taperaient sur l'épaule, les femmes me lanceraient des œillades, même les grosses brutes de mon école m'admireraient. Terminé, le petit Radis !

J'écoutais de la musique pendant des heures. Le Taksim Trio, trois musiciens surdoués d'Istanbul qui mélangeaient jazz, musique tzigane et classique oriental. J'écoutais aussi Marcel Khalife, joueur de luth virtuose et compositeur venu du Liban, qui avait bouleversé la pratique de son instrument et dénonçait les injustices dans ses chansons. Et puis j'écoutais mon héros, encore et toujours Ziad Rahbani.

Il faut se l'imaginer comme un mélange de Léo Ferré et de Serge Gainsbourg : engagé, poète et sans gêne. Rahbani venait d'une des plus célèbres familles d'artistes libanais. Son père et son oncle avaient fondé les Rahbani Brothers, dont les films et les comédies musicales étaient très appréciés du public. Les chansons à succès de sa mère Fairouz symbolisent encore aujourd'hui toute la joie de vivre de la génération de mes parents. Ziad Rahbani a commencé à écrire ses premiers poèmes à l'âge de dix ans. En 1975, quand la guerre du Liban a éclaté, il avait déjà sorti trois albums solo. À dix-neuf ans.

J'étais sous le charme. C'était un homme libre, un excentrique capable d'annuler un concert à la dernière minute parce qu'il ne se sentait pas d'humeur à monter sur scène. Il dénonçait les prêches rageurs dans les églises et les mosquées, il clouait au pilori les injustices sociales. L'une de ses chansons s'intitule *Shou Hal Ayyam*, « Quelle époque ! ». On la trouve sur Spotify :

> *On raconte bien que les riches donnent leur argent aux pauvres. Mais l'argent se répartit de telle sorte que les uns reçoivent le pouvoir et les autres n'ont qu'un pet.*
> *Ils disent de cet homme qu'il a gagné son argent à la sueur de son front. Mais comment s'est-il fait des millions quand nous ne l'avons jamais vu transpirer ? C'est bien dans la nature des riches de distribuer leurs biffetons. Ils ne sont pas avares pour deux sous, bien au contraire. Ils pensent bien à vous, mes bonnes gens.*

Et la chanson s'achève sur ces mots :

> *Tout cet argent caché, qu'on ne peut compter ni mesurer, cet argent a été pris jadis dans les poches des petites gens. Et il faut qu'il y retourne : dans les poches des petites gens.*

Pour avoir une idée de mes sentiments à l'époque, de ma profonde mélancolie, de la manière dont j'étais pénétré par la musique, il vous suffit de taper *Bala Wala Chi* sur Spotify, le titre d'une célèbre chanson d'amour de Rahbani. En français : *Sans tout*, avec pour sous-titre, *Hubb Yasari*, « L'amour gauche ».

> *Dans notre amour, il n'y a pas d'argent, et encore moins de monnaie, il n'y a pas non plus de terrains ou de bijou quelconque. Viens, asseyons-nous à l'ombre. L'ombre n'appartient à personne. Aime-moi et penses-y.*

Et plus loin :

> *Je t'aime, seulement toi, sans tout. Sans toutes tes fringues, sans tout, tous ces accoutrements, sans les amis de tes amis,*

> *les gentils et les agaçants, sans les prêches de tes parents, sans faux cils, sans mascara, sans les ragots de tes tantes, sans toutes ces bêtises ! Viens, asseyons-nous à l'ombre. L'ombre n'appartient à personne.*

Qu'est-ce que j'ai pu aimer cette chanson ! J'étais subjugué par la manière dont Rahbani combinait la musique populaire arabe avec le jazz et la pop pour en faire quelque chose de complètement neuf. C'était aussi ce que je voulais faire, là où je voulais arriver.

Et quand, un jour, une de mes connaissances m'a donné un poème qu'elle avait écrit en me demandant si je voulais le mettre en musique, j'ai sauté le pas – et c'était incroyable.

On m'avait inculqué à l'école que la musique était une chose sacrée, que je devais me sentir minuscule face aux génies immortels, que l'on ne pouvait pas écrire une ligne sans avoir étudié au moins cinq ans la composition au conservatoire ! C'est ce que j'avais appris. Et Ziad Rahbani m'a aidé à balancer ces idioties aux orties.

Ma première chanson s'intitulait *Meen illi allak*, « Qui t'a dit ça ? », une chanson d'amour. J'ai réfléchi plusieurs jours à la tonalité que je devais lui donner, j'ai imaginé une mélodie et j'ai composé les accords : *sol* mineur, *do* mineur, *ré* mineur. Un mode mineur harmonique, dirait le spécialiste, cette harmonique occidentale qui se rapproche le plus de l'orientale.

Si quelqu'un entrait dans le magasin, je refermais soudain le piano, comme si on m'avait pris en flagrant délit. Il n'y avait pourtant rien à voir.

Quand ce petit morceau fut terminé, je l'ai joué devant quelques amis. Mais pas à mon père. Je craignais ses critiques. Je me doutais de ce qu'il allait dire. Que cela ne servait à rien. Que cela ne faisait que me détourner de la musique classique.

Peut-être se serait-il même moqué de mon morceau. Je ne le voulais pas. Cela m'aurait complètement découragé.

Je n'ai écrit que deux autres morceaux à cette époque. C'est plus tard, durant la guerre, quand les chansons coulaient d'elles-mêmes, que j'ai compris : sans toutes ces heures passées en silence dans le magasin, sans toute cette période de gestation, je n'aurais jamais été aussi productif ensuite. Je me suis imprégné de sons et d'idées. Il a fallu quelques années pour qu'ils reviennent à la surface, transformés. Et c'était déjà la guerre.

On dit en Syrie : il faut laisser le thé infuser. Cela prend du temps. Le breuvage n'est parfait que lorsqu'on a la patience de laisser un petit moment les feuilles dans la théière. Ça a été la même chose pour moi. Aujourd'hui, certains musiciens louent la vivacité de mes mélodies, l'originalité de mes accords. Mais ils trouvent leur source dans ce temps passé au magasin, lorsque j'étais au calme et que je pouvais me trouver moi-même.

Je ne chantais pas à l'époque. Je n'aimais pas ma voix. Pas assez bonne, pensais-je. Je demandais à d'autres d'interpréter la chanson et je les accompagnais au piano. Quand les bombes tombaient et que je composais une chanson après l'autre, je me suis encore entêté à ne pas vouloir chanter. Je préférais accompagner des gens qui ne connaissaient rien à la musique plutôt que d'élever la voix.

C'est seulement lorsque la ville fut assiégée, que ces hommes restaient chez eux, trop accablés pour chanter, lorsque je n'ai vraiment plus trouvé personne, que je m'en suis cru capable. J'ai alors tiré le piano dans les ruines, j'ai fermé les yeux et je me suis mis à chanter.

Mes résultats au bac furent malheureusement plus que médiocres. En Syrie, l'examen s'appelle le baccalauréat, comme en France. Après que la Turquie se fut retirée du pays, la Syrie a été placée sous mandat français. Et les Français ont, entre autres choses, complètement refondé le système scolaire.

Le baccalauréat était noté sur 230 points. J'en ai obtenu 118, soit trois de plus que la note minimale d'admission. J'avais réussi l'examen d'un cheveu.

Mais comment aurais-je pu avoir une meilleure note ? J'allais à peine en cours. Dieu merci, j'avais d'autres projets en tête.

La société syrienne était en pleine ébullition, et les émissions de télécrochet fournissaient la bande-son de ce changement. *Arabian Superstar* avait ouvert la danse en 2003, bientôt suivi par la *Star Academy* et *Arab Idol*. L'élégance, les vêtements, les muscles, les coiffures excentriques – d'un coup, la pop culture multicolore venue du Liban a débarqué dans les salons syriens. Cela tournait la tête aux gens, minait les coutumes austères, nourrissait l'illusion que tout le monde pouvait y arriver. Toi aussi ! Toi qui pars de rien et qui es complètement inconnu. Tout ce dont tu as besoin, c'est le talent. « On se retrouve à Beyrouth », le slogan d'un des animateurs télé, était devenu une expression à la mode.

« Tu as vu ce type qui venait de Gaza, se chuchotaient mes élèves le lendemain – je travaillais déjà comme professeur de musique. Il était génial ! Il est en finale maintenant !

— Et pourquoi es-tu tellement excité ?, demandai-je.

— Parce que aucun Gazaoui n'a jamais atteint la finale.

— Et la prochaine fois, ce sera un Algérien. Je ne téléphonerai jamais pour payer 10 livres et voter dans cette émission. »

Non, décidément, les télécrochets ne m'intéressaient pas le moins du monde. La musique était simpliste et les textes plats. Mais notre magasin profitait de cette mode. Ceux qui s'enthousiasmaient pour *Arabian Superstar* venaient nous voir le lendemain pour des cours de musique. Après tout, même les superstars doivent commencer dans leur jeunesse. Avec le solfège, les premières tablatures, les premiers accords. Quel heureux hasard que nous ayons justement ouvert notre boutique à ce moment-là !

Un jour – notre magasin n'existait que depuis quelques semaines –, un homme est venu demander des cours de piano pour sa fille.

« Vous avez de la chance, lui répondit mon père. Un pianiste professionnel travaille chez nous. » Il me pointa du doigt : « Je vous présente Aeham, notre professeur de piano.

— Ce garçon ?

— Oui. Il a fait l'Institut arabe. C'est un élève de Vladimir Zaritzky. » Ça en imposait pas mal.

« Et combien coûte une heure ?

— 200 livres [4 euros].

— Combien ? Mais c'est trop cher !

— Normalement, une heure coûte 300 livres [6 euros] », commença-t-il à négocier. Mon père a le marchandage dans le sang, comme nous tous. « C'est un très bon prix. Vous savez combien coûte une heure de cours privé à l'école de musique ? 500 livres [10 euros]. »

Ils ont discuté un bon moment. Je me demandais ce que fabriquait mon père. Je n'avais aucune expérience en tant que prof. Pourquoi me survendait-il ?

« D'accord, 200 livres, concéda l'homme. Mais les cours devront avoir lieu chez nous.

— Non, ce n'est pas possible, dit mon père. J'ai besoin de lui au magasin. » C'était vrai. Comment voulez-vous qu'un aveugle surveille tout seul un magasin ? Aussi habile fût-il, mon père ne savait pas compter l'argent. Les billets syriens n'étaient pas lisibles pour les non-voyants. On l'avait assez souvent berné.

Mais comme l'homme insistait pour que les cours aient lieu chez lui, mon père céda. Nous sommes allés trois fois chez eux ; ils vivaient à plus d'une demi-heure à pied. Puis mon père a réussi à le convaincre qu'il vaudrait mieux que la fille s'entraîne sur un vrai piano, comme celui du magasin, et non sur un simple clavier.

Ensuite, cela fonctionna tout seul. Par le seul intermédiaire de cet homme, nous avons eu six élèves supplémentaires. Je prenais beaucoup de plaisir à enseigner. Au bout de trois mois, nous comptions déjà plusieurs douzaines d'élèves.

Mon père donnait des cours de luth, d'accordéon et de violon. J'enseignais le solfège et le piano. C'était du jamais-vu à Yarmouk. Il y avait certes quelques magasins qui vendaient des violons et des guitares, mais aucun ne proposait des cours de musique ou ne réparait les instruments.

Rapidement, j'ai eu l'idée de faire des petits groupes d'élèves. La musique était encore quelque chose d'élitiste en Syrie. Les cours étaient chers, inabordables pour la plupart des gens, sans parler des instruments. J'ai donc commencé à enseigner à des groupes de dix personnes. Chaque élève payait 500 livres par mois (10 euros) et avait le droit de prendre jusqu'à huit heures de cours. En plus – et c'était la seconde innovation –, il recevait un instrument à crédit. La musique pour tous, c'était mon idée.

Mon père y était formellement opposé. Apprendre en groupe, ça ne servait à rien, selon lui. Le niveau allait en pâtir : « La musique classique, ce n'est pas de la ratatouille. »

Et ce n'était pas fini : « Ils vont disparaître avec les instruments. Et tu resteras planté là avec les mains vides. » D'accord, il est déjà arrivé que six ou sept élèves s'inscrivent au cours, reçoivent un instrument et qu'on ne les revoie plus. J'ai insisté malgré tout. Et ça a fonctionné. Ça a même été un carton. Nous avons bientôt eu plus de deux cents élèves. Et tous avaient besoin d'un instrument. Nous ne savions plus où donner de la tête.

Je buvais toujours autant d'instantanés « trois-en-un » et je me suis un jour rendu compte que c'était aussi mon modèle commercial, le *business plan* que je n'avais jamais écrit.

Primo, les cours collectifs m'économisaient pas mal d'énergie ; *secundo*, nous vendions beaucoup d'instruments ; *tertio*, le nombre d'élèves augmentait rapidement. C'était rentable. Nous gagnions bien notre vie.

La musique pour tous ! Cette idée peut sembler banale en Europe, mais nous vivions dans une société où la musique classique était un signe extérieur de richesse. Jouer autre chose que de la musique folklorique, c'était réservé aux deux pour cent les plus riches. Non ! Musique pour tous ! Sans arrogance ni mépris de classe ! Mon père m'avait donné accès à la musique. Je voulais partager ce privilège avec le plus grand nombre. C'était ma révolution à moi.

J'ai adoré cette période. Les élèves m'aimaient bien. J'avais bien l'intention de ne pas faire comme mes profs rabat-joie. Je riais avec les élèves, je leur transmettais mon enthousiasme, je les motivais par des compliments ou en encourageant leurs efforts.

Je leur disais : « Tu es bon ! Mais si tu t'entraînais ne serait-ce qu'une demi-heure de plus chaque jour, tu pourrais encore t'améliorer. Alors, là, tu serais vraiment bon ! »

Mon père connaissait un musicien de studio, aveugle lui aussi et très demandé. De toute la Syrie, c'était sans doute l'homme qui s'y connaissait le mieux en matière de claviers. Dès qu'un nouveau modèle arrivait sur le marché, il l'achetait et en explorait toutes les particularités. Il jouait dans une foule de groupes. Il avait une fille de cinq ans, Sarah, qu'il m'envoya un jour : je devais l'aider à réussir le concours d'entrée à l'école de musique.

Sarah était petite, mignonne et potelée. Ce qu'elle aimait le plus, sa passion, c'était danser. Jouer du piano ? Elle trouvait ça très ennuyeux.

« Pourquoi on fait du piano ? Pourquoi on ne danse pas ?, demanda-t-elle.

— Regarde comment mes doigts sautillent sur les touches. Tu sais ce que l'on fait ici ? On danse avec nos doigts. Jouer du piano est aussi une sorte de danse. Une danse des doigts. » Ça l'a convaincue.

Un jour, nous avons regardé *Amadeus* ensemble, ce film américain sur Mozart. Lors des scènes de bal, je lui ai dit : « Tu vois, Mozart aussi a écrit des pièces à danser. » Cela l'a aussi motivée.

Quand elle n'avait aucune envie de travailler, je ne la forçais pas. Je la libérais et j'allais m'asseoir dans la cuisine avec sa mère. Je conseillais à ses parents de la récompenser avec du chocolat et de l'argent de poche. Et ça marchait aussi. À longueur de temps, je souriais en la regardant : son père aveugle, aux ambitions sans bornes, son manque d'intérêt – tout en elle me rappelait ce que j'avais été.

Et Sarah a tenu bon. Elle a réussi le concours d'entrée, appris le solfège et s'est fait remarquer lors des auditions semestrielles. Tout cela parce que ses parents n'ont pas cédé et l'ont amadouée en trouvant le juste équilibre entre la carotte et le bâton, la récompense et l'obligation.

Les enfants veulent devenir astronautes un jour et danseurs étoiles le lendemain. Il ne faut pas suivre leurs quatre volontés. Bien souvent, ils ne savent pas ce qui est bon pour eux. C'est aux parents de fixer le cap. S'il ne tenait qu'à eux, les enfants n'apprendraient rien. Il est utile de les obliger à pratiquer d'un instrument. Combien de fois n'ai-je pas pesté contre la sévérité de mon père ? Et comme je lui en suis reconnaissant aujourd'hui !

La dernière fois que j'ai entendu parler de Sarah, elle préparait le concours d'entrée au conservatoire de Damas. Je serais très fier qu'elle réussisse.

Il n'y avait pas plus doué qu'elle – hormis Mohammed Munaf. Il se présenta un jour à notre magasin, grand, replet, sympathique. Il disait vouloir apprendre à jouer du luth.

« Volontiers. Commençons par le solfège, ai-je répondu.

— Mais je veux jouer du luth, pas chanter des notes.

— Écoute plutôt ton professeur, s'il te plaît. » Il a accepté et pris sa première leçon de solfège.

Quelques jours plus tard, il est venu prendre son deuxième cours. Il n'avait pas fait ses devoirs.

« Ne te mets pas en colère, s'il te plaît. Je préférerais vraiment jouer du luth », me dit-il.

Cette fois, c'est moi qui ai cédé. Je l'aimais bien. « Si tu veux. Tu as un luth au moins ?

— Non.

— Eh bien, achètes-en un d'occasion. C'est plus avantageux. » Je lui ai montré quelques modèles. « Je peux savoir où tu travailles ?

— Dans un magasin de sport. »

Je savais qu'il avait un salaire de misère. En Syrie, un vendeur gagnait environ 4 000 livres par mois (80 euros). Nous avons commencé à discuter et il m'a raconté qu'il rêvait de devenir musicien et de former un groupe. Voilà ce qu'il désirait depuis toujours. Mais comme ses parents étaient pauvres, il avait dû arrêter l'école et végétait désormais dans un magasin de chaussures de sport.

Je lui ai tendu un luth bon marché. « Tiens, prends ça. Je te le prête. Mais ne dis rien à mon père. »

Il est sorti, rayonnant. Et à partir de là, Mohammed Munaf ne s'est plus jamais arrêté. Il a certainement dû s'entraîner jour et nuit. Il a fait sien cet instrument qui semblait être l'élixir qui avait manqué à sa vie.

Le luth à manche court, comme le violon, ne possède pas de cases. Il est d'autant plus difficile de trouver la note juste. Un après-midi, j'ai donné à Mohammed un morceau exigeant de Riad al-Sunbati. D'emblée, il a posé ses doigts correctement. Il a joué la première série de notes, puis la suivante, presque sans fautes.

« Excellent. Continue. »

Au bout d'une demi-heure, il avait terminé le morceau, ce qui m'a pris au dépourvu. Il nous restait encore du temps. Nous nous sommes donc assis devant l'ordinateur et je lui ai montré des vidéos de classiques du luth joués par Riad al-Sunbati, datant des années 1960-1970. Munaf était ravi. C'était clairement son genre de musique. Je lui ai expliqué les tenants et les aboutissants de chaque morceau.

« Montre-moi plus de morceaux de Riad al-Sunbati, maître Aeham », me demanda-t-il. Les élèves m'appelaient maître Aeham.

« Volontiers, mais ne m'appelle plus comme ça, s'il te plaît. Je suis ton ami. »

Au bout d'un an, il surclassait tous les autres élèves en luth, malgré ses doigts qui, à son âge, s'adaptent beaucoup plus difficilement que ceux des enfants aux mouvements lestes exigés par le luth. Mon père avait lui aussi adopté Munaf depuis longtemps.

J'ai eu une idée. « Si tu veux le faire sérieusement, je peux t'envoyer quelques élèves pour des cours privés. Comme ça, tu lâches ton travail et tu as plus de temps pour répéter. »

C'est à peine s'il ne m'a pas sauté au cou. Je lui ai envoyé trois élèves. Avec ça, il pouvait gagner autant qu'en travaillant comme vendeur – et il avait toute la journée de libre pour s'exercer. Il a démissionné du magasin de sport.

Son rêve est devenu réalité. Aujourd'hui, Mohammed Munaf dirige son propre orchestre. Il joue de la musique traditionnelle syrienne, avec deux douzaines de chanteurs et une douzaine de musiciens. On le voit sans cesse à la télévision d'État. Son orchestre est une sorte de vitrine pour le régime qui montre ainsi à quel point la vie est belle, bonne et joyeuse en Syrie.

Un jour, nous avons coupé les ponts. En 2012, pour être exact. Quand la guerre a éclaté. Jusque-là c'était mon meilleur ami. Par moments, il était presque tous les jours au magasin. Et puis notre monde s'est écroulé. Il passait à la télé, j'étais à Yarmouk et je n'avais rien à manger. Il était en costume noir sous les feux de la rampe à diriger son orchestre. Je brûlais des bouteilles en plastique pour faire bouillir une soupe aux herbes et nourrir ma famille. Nous ne nous sommes revus qu'une seule fois – et ça n'a pas été très chaleureux.

Nous n'avions jamais parlé de politique avant la guerre. Personne ne le faisait. C'était interdit. Lors de notre rencontre, il s'est avéré que Munaf était bel et bien du côté du régime. Il ne m'a plus jamais donné de nouvelles.

De Damas à Homs

À dix-sept ans, j'ai postulé au conservatoire de Damas. À vrai dire, je pensais laisser tomber la musique classique après l'école et, pendant un bout de temps, j'ai vraiment pensé le faire. Ciao Beethoven. Le monde ne verrait pas de concert du grand pianiste Aeham Ahmad.

Et puis, j'ai eu envie de continuer. C'était mon choix, pas celui de mon père. Parce que j'avais découvert mon amour du piano. Parce que je rêvais d'une carrière de pianiste. Parce que je voulais poursuivre ma formation. Et parce que j'avais eu une note lamentable au bac : la plupart des autres filières étaient désormais hors de portée.

Je me suis donc inscrit en classe préparatoire avec Vladimir Zaritzky. Après tout, je le connaissais déjà. Nous avons simplement repris là où nous nous étions arrêtés.

Le jour de l'examen, le conservatoire tout entier bourdonnait comme une ruche. Dans les couloirs, les candidats, nerveux, étaient plongés dans leurs rituels de préparation. Les ténors se chauffaient la voix, les violonistes s'entraînaient et je me suis placé dans la file des pianistes qui attendaient, leur partition sous le bras, de pouvoir s'échauffer les mains.

J'ai fait un signe de tête aux autres. J'en connaissais beaucoup de vue, même si je ne leur avais pas vraiment parlé. La jolie Sandybell était là, toujours aussi pimpante et soignée. J'ai remarqué une femme qui portait un foulard. C'était inhabituel. Les enfants qui fréquentaient l'école de musique de Damas venaient surtout de familles chrétiennes ou druzes. Même les filles issues de familles sunnites ne portaient pas le voile.

Ça a été mon tour. J'entrai dans la salle et m'assis devant le Steinway D placé sur la scène, du même modèle que le piano que nous avions vu, des années auparavant, chez le ministre de la Défense. Un instrument puissant, capricieux comme un cheval de course et difficile à prendre en main quand on est habitué à un petit Ukraina. Je me suis échauffé dix minutes.

J'étais le dernier de la file et je devais être le premier auditionné. AA, comme toujours. Je suis donc resté au piano et j'ai attendu.

L'un des examinateurs entra et stoppa net : « Qu'est-ce que tu fais déjà là ? », demanda-t-il, irrité.

Je lui expliquai. Il me répondit brutalement : « Non, tu sors, on t'appelle et, là, tu pourras entrer. »

D'un coup, tout est revenu. La condescendance de l'école de musique. Ce monde où il faut obéir, se sentir tout petit, ce monde du je-vaux-mieux-que-toi. J'entendais à nouveau Ziad Rahbani. Et voilà que je devais m'aplatir, devant les examinateurs cette fois. Je détestais ça. J'insistai : « Pourquoi ? Je suis le premier à passer. Pourquoi je ne pourrais pas rester ?

— C'est le règlement.

— Je l'emmerde le règlement, murmurai-je en me levant.

— Pardon ?

— Rien », dis-je et je sortis.

J'étais furieux. Je n'aimais pas ce type. Je me sentais aussi minuscule que devant mon premier professeur de piano. Qu'est-ce que je fichais ici ? J'ai attendu dans le couloir, silencieux, en évitant de regarder qui que ce soit. Puis on m'appela.

Devant, les six examinateurs étaient assis au premier rang du public. Je montai sur scène et balançai ma partition sur le pupitre. L'homme avec lequel je m'étais disputé sursauta :

« Qu'est-ce que cela signifie ?

— Je suis comme ça, moi.

— Montre-moi plutôt comment tu es au piano. »

J'avais préparé des morceaux de Beethoven et Rachmaninov, une mazurka de Chopin et trois études de Czerny. Je commençai par Czerny. Et je passai mes nerfs dessus, jouant vite, de manière forcée, avançant lourdement, comme au pas cadencé, à travers la partition...

Puis je me suis interrompu. Je n'en pouvais plus. Ma colère était plus forte que ma volonté.

« C'est tout », dis-je. Je me suis levé et j'ai pris ma partition. Tout ce que je désirais à présent, c'était quitter cet endroit. Les membres du jury me regardaient avec de grands yeux.

« Pourquoi ?, me demanda l'homme.

— Je suis furieux.

— Vous devriez pourtant être content d'auditionner ici.

— C'est vrai, dis-je. Je devrais être content. Mais je ne le suis pas.

— Vous pouvez y aller maintenant. »

Je rentrai chez moi furieux.

Préparer cet examen qui vira au fiasco a pourtant eu un avantage : je me suis fait un nouvel ami. J'attendais dans un couloir du conservatoire, quand un homme chauve a descendu les escaliers en me souriant. Me sourire ? Juste comme ça ? Ici ? Au milieu de toute cette fatuité ? Cela ne m'était encore jamais arrivé. Je regardai mieux. Oui, c'était bien à moi qu'il souriait. Je lui rendis donc son sourire. Nous nous serrâmes la main en nous présentant : il s'appelait Feisal Jammal.

Nous nous sommes revus deux semaines plus tard. Cette fois, nous sommes allés boire un café. Il venait d'Alep, portait des lunettes d'écaille noires et avait les yeux verts. Ce qu'on remarquait le plus chez lui, c'était son sourire, juvénile, joyeux, insouciant, généreux.

J'ai appris qu'il avait étudié le piano en Italie, qu'il enseignait depuis peu au conservatoire et devait bientôt monter sur scène avec l'orchestre symphonique syrien. C'était l'un des meilleurs pianistes du pays. Il me confia que lui aussi trouvait bizarres ces snobs du conservatoire. La manière qu'ils avaient d'afficher leur morgue l'amusait. J'ai ri. Nous étions du même avis. Apparemment, nous pouvions devenir amis. Nous avons échangé nos numéros de téléphone.

Jusqu'à présent, mes amis ne connaissaient rien à la musique, et les musiciens que je connaissais n'étaient pas des amis. Avec Feisal, les deux mondes se rencontraient enfin. Il ne fallut pas longtemps pour que nous passions des heures dans son appartement à écouter des disques qu'il avait rapportés de ses voyages, des concerts de piano magnifiquement enregistrés, des fugues de Bach jouées au clavicorde. Il m'a fait découvrir Jean Sibelius, un compositeur finnois dont les morceaux confinent aux limites de la musique atonale. Il m'a expliqué les rapports qui liaient la peinture contemporaine et la musique moderne. Il m'a montré des choses dont je n'avais jamais entendu parler.

Il me donnait parfois des cours de piano, me montrait comment être plus expressif, m'encourageait à jouer avec davantage d'émotion. Je devais me faire confiance, me livrer. Je devais faire ce que je tenais pour juste. Feisal fit vibrer de nouvelles cordes en moi. Je lui dois beaucoup. Et en guise de remerciement, j'accordais parfois son piano.

Un homme de plus de trente ans sans femme ni enfants ? C'était louche. Les rumeurs circulaient. Feisal aimait les hommes, me prévint un jour une vague connaissance du conservatoire. Prends tes distances ! Peut-être a-t-il une idée derrière la tête !

Et alors ? Qu'est-ce que j'en avais à faire ? Cela ne regardait que Feisal. Juif ou chrétien, croyant ou athée, homo ou non – je ne me suis jamais soucié de ce genre de choses. Tout ce que je savais, c'était que Feisal était une personne formidable.

Parfois, nous nous retrouvions à trois, avec Flavio, qui enseignait aussi au conservatoire. Nous allions boire un verre ensemble, de la bière pour eux et du coca pour moi, ou alors nous cuisinions des pâtes, *al dente* comme disait Feisal, une expression que je n'avais jamais entendue. Ou nous partions à la maison de campagne de Flavio, dans les montagnes de Sahnaya, pour profiter du panorama.

Un jour, Feisal acheta une nouvelle voiture. Nous avons pris la voie express direction Homs. J'avais mon permis, mais je n'avais encore jamais conduit en dehors du terrain de l'auto-école. Il faut dire que je ne possédais pas de voiture et que je n'avais jamais osé demander à quelqu'un de me prêter la sienne. Avec Feisal, c'était différent. Après un moment d'hésitation, je lui demandai : « Je pourrais essayer ? »

Il a d'abord hésité. Puis, il s'est garé et est descendu de la voiture. Je me suis glissé à la place du conducteur et j'ai mis les gaz. C'était une voiture à boîte automatique. J'ai pris sans peine ma place dans le trafic, conduit quelques kilomètres et, un peu plus tard, je me suis garé, rayonnant de bonheur.

Un jour, Feisal est revenu d'une tournée de concerts en Ukraine avec l'orchestre symphonique syrien. Il avait acheté de nouveaux CD que nous avons écoutés dans son appartement. Est-ce qu'il pouvait me les prêter pour que j'en fasse une copie ? Il secoua la tête. C'étaient des enregistrements très rares. Si je rayais l'un des CD, comment pourrait-il à nouveau se les procurer ? Désolé, pas cette fois.

Je ne parvenais pas à me sortir cette musique de la tête. Quelques semaines plus tard, je lui demandai à nouveau de me prêter les CD, j'y ferais extrêmement attention, je les copierais très vite et lui rendrais tout de suite après. Encore une fois, il secoua la tête.

Bon, d'accord. N'y pensons plus.

Peu de temps après, il dut partir à Alep pour quelques semaines. Il m'appela : est-ce que je ne pourrais pas garder son appartement et arroser les plantes ?

J'étais surpris. Une telle demande n'est pas courante en Syrie. Personne d'autre ne pouvait s'en charger ?

« Ma maison est ta maison, dit-il avec emphase. J'aimerais que cela soit toi qui le fasses. »

J'ai accepté et je suis passé à l'appartement pour arroser les plantes. Bien entendu, je n'ai pas pu résister à la tentation : j'ai copié les CD et je les ai replacés sans anicroche.

Mais sitôt fait, j'ai été rongé par les remords. Comment as-tu pu faire ça dans son dos ?, me reprochais-je. C'est ton ami, il te fait confiance, il t'a dit non. Comment peux-tu faire une telle chose ?

Dès lors, je fus tourmenté par ma mauvaise conscience. À chaque rencontre avec Feysal, je me disais : tu dois lui avouer. Plusieurs fois, j'ouvris la bouche – mais la phrase ne voulait pas sortir.

Je ne pouvais pas le lui dire. Je ne pouvais pas me taire. En mon for intérieur, les deux camps se sont livré bataille pendant des semaines – jusqu'à ce que l'honnêteté triomphe.

« Feisal, je dois t'avouer quelque chose.

— Que tu as copié les CD ?

— Oui ! Mais tu le savais ?

— C'est même pour cela que je t'avais passé les clés. J'étais désolé de t'avoir dit non. Je voulais trouver un moyen pour que tu puisses avoir la musique. »

Il était comme ça. Et notre amitié était aussi belle que cela.

Puis la guerre nous a également séparés. Elle nous a catapultés sur des planètes à des années-lumière l'une de l'autre. Pendant que Feisal Jammal était à l'Opéra, accompagnant au piano d'illustres sopranos invitées en Syrie, je croupissais à Yarmouk, poussant mon piano entre les cratères des bombes. Sa vie quotidienne suivait son cours. Mon univers s'était écroulé.

Mais il ne m'a pas oublié. Il a continué à m'appeler pour savoir comment j'allais. Qui sait si cela n'était pas dangereux pour lui ? Qui sait si son téléphone n'était pas sur écoute ? Il avait beaucoup à perdre. Mais il s'en fichait. J'étais plus important à ses yeux. Je m'en souviendrai toujours.

Croyez-le ou non, j'ai passé une seconde fois le concours d'entrée au conservatoire. J'avais dix-huit ans. Quelle étrange impression de déjà-vu ! Je le faisais pour les mêmes raisons que la première fois : mes mauvais résultats au bac, mon père qui rêvait toujours de me voir devenir concertiste. Et puis mon amitié avec Feisal Jammal.

J'ai ravalé ma colère et je me suis motivé. Je me suis inscrit une seconde fois aux cours préparatoires de Vladimir Zaritzky et je répétais autant que possible en dehors du travail.

Le jour de l'examen, nous nous sommes levés à 5 heures, mon père et moi, pour prendre le minibus à 7 heures. Nous sommes arrivés beaucoup trop tôt au conservatoire. Nous sommes donc allés prendre un café italien et des croissants dans un bistrot chic des environs. Mon père m'encourageait, me complimentait. Quel chemin j'avais fait ! Comme il était fier de moi ! Un dernier petit pas et j'aurais réussi. J'acquiesçais.

À l'heure dite, j'allai au conservatoire, me mis dans la file devant la grande salle, entrai et m'échauffai assis devant l'énorme piano. Je suis ensuite ressorti et j'ai attendu qu'on m'appelle, dans le couloir.

« Aeham Ahmad ! »

J'entrai. À la place du public, encore un jury de six personnes, dont l'homme avec lequel je m'étais accroché l'année précédente.

« Ah, te revoilà ?, me demanda-t-il.

— Oui, dis-je aussi poliment que possible. On peut repasser le concours.

— Effectivement. Tu connais le règlement », dit-il en faisant allusion à ma réflexion grossière de l'année précédente. Il ne l'avait pas oubliée.

« Oui », répondis-je. Je ne m'énerverais pas cette fois. J'en avais fait la promesse à mon père.

« Qu'est-ce que tu vas jouer ?

— Deux morceaux de Chopin, une sonate de Beethoven, le *Prélude n° 5* de Rachmaninov et deux études de Czerny.

— Je t'en prie. »

Je commençai. En me donnant du mal. Et ce fut sans doute mon erreur. Je jouais les bonnes notes mais avec trop d'émotion. Mon jeu était trop affecté et exagéré.

À la fin, je repris ma partition, saluai le jury et quittai la salle.

Cinq jours plus tard, mon père et moi traversâmes la ville encore une fois pour connaître les résultats. Je cherchai mon nom sur la liste et lus à haute voix : « Aeham Ahmad – 60 pour cent. Recalé. »

Nous sommes rentrés à la maison sans parler. J'étais fatigué, abattu. Mon père était encore plus déprimé. Il n'a pas dit un mot. Des jours durant. Le rêve qu'il avait nourri pendant deux décennies venait de s'évanouir. Son fils ne serait jamais concertiste. Je souffrais de sentir sa peine.

Heureusement, il y avait un plan B : à l'automne 2007, je me suis inscrit à l'université de Homs. On y avait ouvert un nouveau cursus en éducation musicale, dont le diplôme permettait d'enseigner dans toutes les écoles en Syrie. Au concours d'entrée, j'ai eu la surprise de retrouver une vieille connaissance : Cosette Bakir, mon ancien professeur à l'école de musique. Elle dirigeait désormais la section piano. Je l'entendais encore me traiter de « perroquet ». Et maintenant, elle faisait comme si nous étions de vieux amis.

Je passai facilement le concours d'entrée. « J'ai formé Aeham à l'école de musique de Damas, expliqua Cosette Bakir aux autres examinateurs. Il sera mon élève assistant. » Je riais sous cape. Elle n'était même pas capable de jouer correctement la *Marche turque* de Mozart à l'époque. Qu'est-ce qu'elle voulait m'apprendre maintenant ?

Je ne voulais pas déménager à Homs. Notre magasin prospérait et réclamait toute mon attention. Je ne voulais pas perdre mes élèves, sans compter que je souhaitais rester près de mes parents. Et, honnêtement, la vie étudiante ne me faisait pas du tout envie. Beaucoup de mes condisciples jouaient dans des groupes et se prenaient pour de futures pop stars : ils s'entraînaient déjà à faire la fête toute la nuit.

Cette vie n'était pas la mienne. Le haschich, c'était pas mon truc, l'alcool encore moins, je n'ai pas tiré une seule fois sur une cigarette. Qu'est-ce que j'aurais fait à Homs ? Je préférais rester à Yarmouk et, en période de cours, faire la navette entre les deux villes distantes de deux heures de route.

C'était quand même usant. Le réveil sonnait à cinq heures, à six heures je montais dans l'autocar. Enfoui dans mon blouson, les écouteurs dans les oreilles, de préférence avec le Taksim Trio, je me rendormais. La voie rapide quittait Damas, menait à la montagne de Kassioun et, de là, sur les hauts plateaux de Syrie. En longs virages, l'autoroute se déroulait le long des côtes, des rochers de couleur claire, les pins des montagnes, les cyprès et les vallées en contre-jour. Je me retournais et me rendormais.

On arrivait à Homs vers huit heures. J'allais à l'université, j'entrais dans le bâtiment principal et, aussitôt, j'étais entouré par mes condisciples. « Aeham, viens ! », criaient-ils dès qu'ils me voyaient. Tout le monde levait la tête. Il n'y avait pas de magasin de musique à Homs. C'était donc moi qui fournissais les étudiants en archets, papier à musique, instruments. Et en cordes surtout. Quiconque joue du luth ou du violon a besoin d'un réapprovisionnement fréquent. Tous les matins, j'étais donc très attendu par des étudiants qui n'avaient pas pu jouer pendant des jours car ils avaient cassé une corde.

Un jour, le directeur de l'université entra dans le bâtiment juste devant moi. Personne n'y fit attention. J'entrai. « Voilà Aeham ! », cria quelqu'un, et toutes les têtes se retournèrent. Y compris celle du directeur qui voulait voir qui recueillait plus d'attention que lui-même.

Les cours commençaient à 9 heures : histoire de la musique, musicothérapie, pédagogie, philosophie, contrepoint et harmonie. J'avais choisi le tambour en instrument secondaire. Les cours de piano avec Cosette Bakir se déroulaient comme autrefois à l'école de musique : elle n'avait aucune connaissance mais un caractère de cochon. Elle me donnait des morceaux difficiles, je n'avais pas le temps de les travailler et elle me houspillait ensuite en me traitant de crétin.

Et alors ? Elle ne pouvait rien me dire de plus. À l'école de musique, elle aurait pu me virer à n'importe quel moment. À l'université, seul comptait l'examen final. J'avais le temps jusque-là.

Au bout d'un an, j'ai appris qu'on créait un second poste de professeur de piano. J'en parlai à Feisal Jammal. « Si tu veux, je me porte candidat », dit-il. Et comment ! On lui donna le poste.

J'allai voir Cosette Bakir. « Je change de classe de piano. Je vais dans celle de Feisal Jammal.

— Ce n'est pas permis.

— Si, c'est permis. Il suffit que le nouveau professeur m'accepte comme élève. » Je lui montrai le règlement scolaire.

« Et pourquoi veux-tu changer de cours ?

— Je ne me sens pas bien avec vous. »

Au grand plaisir de l'autre professeur, elle dut céder, furieuse. Un jour, en passant dans les couloirs, je l'entendis discuter avec un de ses collègues qui lui disait, narquois :

« Il paraît que ton élève assistant t'a quittée ?

— Oui, c'est parce qu'il est ami avec Feisal. »

Dès lors, j'avais cours de piano avec mon meilleur ami.

À l'université, les cours se terminaient à 14 heures. J'allais à la gare routière et je rentrais à Damas. À 17 heures, j'étais dans notre magasin à Yarmouk.

En 2009, mon père ouvrit une fabrique de luths. Il avait acheté un second atelier, encore plus grand. Là aussi, les locaux étaient vides depuis longtemps et avaient été négociés pour une bouchée de pain. Lorsque nous avons remonté le rideau de fer pour la première fois, des rats sont sortis en courant.

« Qu'est-ce que c'était ? » demanda mon père. Il avait entendu le couinement, mais ne pouvait pas mettre un nom dessus. Nous avons laissé quelques kilos de mort-aux-rats dans le magasin, puis nous avons refermé le rideau.

Cette fois, mon père voulait tout faire dans les règles. Cela devait être du sérieux. Pas comme dans notre premier magasin, où nous avions déblayé les gravats à coups de pelle. Mon père savait déjà fabriquer à la main des luths qui sonnent bien. Maintenant, il voulait en produire en série. Il réfléchit avec un ami aux étapes à prévoir pour rationaliser la production. Puis ils partirent à Daraya, la plus grosse ville industrielle de Syrie, pour y acheter des scies et des ponceuses.

Mon père ouvrit également les portes de sa manufacture à mon frère. Ce dernier avait quitté l'école après la troisième et suivi un apprentissage de menuisier. Il pourrait construire des portes et des fenêtres dans notre nouvel atelier. Il avait presque dix-huit ans, c'était un type baraqué qui portait les cheveux ras, des T-shirts serrés à la mode et un collier de perles en bois. Il menait comme toujours une vie de patachon. Il pouvait parfois disparaître pendant des jours. Il avait sans doute une copine. Que dis-je ? Certainement plusieurs.

La production commença. Les ouvriers taillaient le bois, découpaient le manche du luth, assemblaient la coque, le corps en forme de poire, puis collaient le manche et la table d'harmonie. C'est à ce moment-là que mon père entrait en scène. Assis dans une pièce insonorisée, il testait les luths. Il frappait la table d'harmonie avec les trois ouïes et écoutait attentivement. Il frappait encore, et écoutait à nouveau. Je ne sais pas trop ce qu'il entendait. Mais il pouvait déterminer avec certitude comment un luth allait sonner et à quelle catégorie il appartenait.

Nous ne confectionnions les meilleurs luths que sur commande. Leur corps était en acajou, la touche en palissandre, les chevilles et leur chevillier en ébène. Les rosaces étaient richement ornées d'arabesques sculptées, et la table d'harmonie enceinte d'une bordure assortie aux motifs des rosaces. Le corps recevait un poli de gomme-laque, la table d'harmonie une couche de cire avant que l'oud ne soit cordé en double, avec six paires de cordes en nylon.

Chaque mois, nous produisions jusqu'à cinquante luths haut de gamme que nous vendions ensuite 20 000 livres (400 euros) pièce à un grossiste au Liban. Il les revendait ensuite dans le monde entier, à Berlin, Amsterdam et Los Angeles. Aujourd'hui encore, en Allemagne, je vois des luths qui proviennent de notre fabrique.

Les luths bon marché – valant environ 50 euros – étaient peu décorés. Il s'agissait d'instruments d'apprentissage, destinés aux débutants ou aux joueurs occasionnels, commandés par de nombreuses écoles de musique. Très prisé de ceux qui pratiquaient depuis un moment, le modèle standard coûtait une centaine d'euros. Il avait un meilleur son et était richement décoré. On trouvait nos luths dans les magasins de l'aéroport de Damas et dans les meilleures boutiques de souvenirs.

Nous pouvions produire jusqu'à quatre cent cinquante luths certains mois. Ils étaient commercialisés sous le simple nom de « luths de Damas ». Nous étions pourtant palestiniens, nous n'avions pas de passeport syrien. Mon père décida de se passer d'un site Internet et d'un nom de marque. Quand on nous connaissait, on commandait simplement les luths, on virait l'argent par Western Union et l'on recevait la marchandise peu après.

Les apprentis musiciens défilaient dans notre magasin. Nous vendions douze sortes de cordes d'oud, six de violon. Nous avions des guitares Fender, de gros claviers Korg, des douzaines de violons et de guitares, plusieurs pianos.

Un mois, nous avons gagné environ 500 000 livres (10 000 euros). Un compte en banque ? Nous n'en avions toujours pas. Ma mère a caché l'argent comme d'habitude dans un oreiller qui était rangé sous les vrais coussins. Puis mon père a investi dans des appartements qu'il a mis en location. Les réfugiés aspirent toujours à la sécurité. C'est pourquoi ils succombent facilement à l'illusion qu'ils pourront s'implanter grâce à des biens immobiliers.

Mon père acheta un appartement à Yalda, le quartier qui jouxtait le sud-est de Yarmouk. Il était spacieux avec ses deux cents mètres carrés. Nous avions enfin, mon frère et moi, notre propre chambre. On pouvait recevoir du monde en soirée dans le vaste salon. L'appartement coûta 7 millions de livres (140 000 euros). Puis mon père acheta deux autres appartements, plus petits et moitié moins chers, pour ses deux fils.

Cela aurait pu continuer ainsi. Je serais aujourd'hui ce qu'on appelle un homme arrivé. Je posséderais plusieurs magasins de musique, une belle maison et je partirais tous les week-ends à la mer avec mes enfants. Mais non. La guerre a éclaté. Et elle nous a tout pris.

Nous étions encore propriétaires de la maison de Douma, aux portes de Damas, près des vignobles, là où nous avions passé tant de week-ends autrefois. Douma fut l'une des premières villes à se soulever contre le régime d'Assad. Une unité de la FSA, l'Armée syrienne libre, s'est retranchée dans notre appartement. Un hélicoptère de l'armée a lâché un baril d'explosifs sur la maison. Un voisin nous a envoyé une photo. Il n'en restait plus qu'un tas de gravats.

Le nouvel appartement de mes parents fut aussi bombardé. Deux chambres étaient encore intactes, mais inhabitables. Le bâtiment risquait de s'écrouler. Mes parents ont alors trouvé refuge dans mon ancien appartement. Il fut pris sous le feu des combattants, un éclat creusa un trou dans le mur. Nous l'avons rebouché avec du ciment.

Nous avons également muré les deux magasins de Yarmouk, tentant désespérément de protéger ce qui se trouvait derrière : les machines, et les instruments que nous avons jusqu'à présent sauvés de la guerre. Douze cents luths, six cents guitares, trois cents violons, deux douzaines de claviers, cinq pianos.

Aujourd'hui encore, les combattants de Daech sont retranchés dans Yarmouk[1]. J'espère qu'ils ne trouveront jamais le dépôt. Ils ont la musique en horreur.

---

1 Aeham Ahmad écrit ces lignes en mai 2017. La situation en Syrie évolue rapidement et est parfois difficile à établir [NdT].

Submergé par l'amour

Au collège, chaque jour qui passait nous trouvait toujours moins concentrés. Toutes nos pensées tournaient plus obstinément autour d'un seul sujet : les filles. Qui étaient-elles ? Que voulaient-elles ? Comment les approcher ? Leur plaire ? Les impressionner ? Tu as vu celle-là ? Que dois-je lui dire ? Et ensuite ?

Avant les cours, après les cours, durant la pause : on ne parlait bientôt plus que de ça entre garçons. Les filles ! Et tous, nous attendions fiévreusement l'année de quatrième : les cours d'éducation sexuelle étaient au programme, les professeurs devaient nous expliquer comment on fait les enfants.

Je n'étais pas en reste, naturellement. Je me laissais contaminer par toute cette excitation. Toutefois, je ne la comprenais pas complètement. Les filles n'étaient pas si mystérieuses à mes yeux. J'en rencontrais tout le temps à l'école de musique, je chantais avec elles à la chorale, j'étais dans la même file d'attente qu'elles au moment des examens.

L'école de filles était située dans la même rue que celle des garçons. Sitôt les cours terminés à midi, notre vie commençait. Nous sortions de l'école en flots bavards. Bientôt tombaient les premières chemises bleu foncé de l'uniforme scolaire et apparaissaient des T-shirts imprimés aux slogans comiques. Certains se mettaient du gel dans les cheveux. Et alors débutait la grande parade devant les portes de l'école de filles.

Les filles sortaient tout aussi émoustillées de leur établissement, certaines portant un foulard, selon la fille, selon la famille. Elles dégainaient de leur côté le miroir de poche, se poudraient, se pomponnaient, se mettaient du rouge à lèvres. Le gel pour les cheveux et le rouge à lèvres étaient strictement interdits à l'école.

Les garçons sifflaient les filles, les filles gloussaient. Les plus courageux allaient les voir pour leur parler, et les plus courageux parmi les plus courageux avaient déjà une copine. Cela signifiait qu'ils la raccompagnaient un bout de chemin tout en discutant. Il arrivait parfois qu'une fille change d'avis, qu'elle aille d'abord avec un garçon puis avec un autre. Il se pouvait alors que les deux garçons se battent. Et la belle de se repaître de son succès.

J'admirais les autres garçons, mais je n'aurais jamais pu les imiter. Des tee-shirts imprimés ? Du gel dans les cheveux ? C'était pas pour moi. Mes pantalons et mes chemises étaient aussi banals que ma coiffure. Mon père me coupait les cheveux, tous à la même longueur. J'étais comme un âne dans une rue pleine de chevaux.

Et pourtant… Un jour, en rentrant chez moi, je vis une fille qui me plut au premier regard. Elle n'était peut-être pas la plus jolie, elle n'était pas aussi apprêtée que les autres, elle ne cherchait pas à plaire à tout prix. Et cela me plut en retour. Elle marchait toute seule, perdue dans ses pensées. Nos yeux se rencontrèrent. Elle détourna rapidement le regard. Mon cœur tambourina. Oserais-je ? Était-ce le bon moment pour lui parler ? Je rassemblai tout mon courage et j'allai la voir.

« *Marhaba* », lui dis-je, bonjour. Intimidée, elle regarda ses chaussures mais ne s'enfuit pas. « *Marhaba*, répétai-je en lui tendant la main.

— Je ne dois pas serrer la main des garçons, dit mon père.

— Tu sais, je vais à l'école de musique, les garçons et les filles sont dans la même classe. On se serre tout le temps la main. Ça ne veut rien dire.

— Non, ça ne va pas. » Elle tourna les talons et partit.

Je rentrai chez moi les joues rouges, en traînant des pieds. J'avais osé parler à une fille et je m'étais pris un râteau. C'était comme si on m'avait claqué la porte au nez. Je me suis dit que je n'essaierais plus jamais.

Plus tard, quand je rêvassais assis au piano, des filles apparaissaient. Évidemment. Mais des enfants me venaient aussi tout de suite à l'esprit. C'était comme ça avec moi : si je pensais à une femme, il fallait aussi que je pense à une famille. L'une n'allait pas sans l'autre. Je me voyais déjà jouer avec nos enfants.

Les filles de mon cours de musique ? Je ne les ai jamais approchées. Les femmes qui faisaient la fête toute la nuit avec les autres étudiants de l'université ? Elles ne me plaisaient pas. Je voulais fonder une famille.

Un soir, peu de temps après mon vingt-troisième anni versaire, je suis allé voir ma mère pour lui dire que je voulais me marier.

« Mais pourquoi donc ?, demanda-t-elle, ébahie. Tu es bien trop jeune.

— Je ne trouve pas, non. Il serait temps que je vole de mes propres ailes. J'aimerais partir de la maison et fonder une famille.

— Aeham, tu n'as que vingt-trois ans. C'est beaucoup trop tôt pour devenir père.

— Je crois que j'ai justement le bon âge. J'en ai envie. »

Elle souleva des objections, je les repoussai, et cela continua ainsi un bon moment. Alors, elle dit sagement : « Discutons de tout cela avec ton père demain. »

Le lendemain matin, alors que nous étions attablés tous les trois, je leur ai à nouveau exposé mes projets.

« Sais-tu au moins tout ce dont tu as besoin pour pouvoir te marier ? », me demanda mon père et il embraya sur un exposé encore plus long que le mien : une source de revenus fixe, ton propre logement, avoir la tête sur les épaules, ne pas sortir du droit chemin, toujours être une personne respectable.

« Je ne le suis pas, peut-être ?

— Si, bien sûr que tu l'es, mais...

— Et ce n'est pas seulement une question d'argent, intervint ma mère. Se marier, c'est une affaire sérieuse. Tu dois bien t'entendre avec ta femme, subvenir à ses besoins, tu dois aussi t'entendre avec sa famille et il faut encore que tu sois un bon père, que tu t'occupes tous les jours de tes enfants. »

Pendant des heures, ils essayèrent de me dissuader. Sans succès, encore une fois. On ajourna la discussion jusqu'au soir. Ma mère proposa que nous parlions à nouveau tous les deux.

Le soir venu, elle s'assit avec moi dans la cuisine : « Se marier signifie être toute sa vie avec quelqu'un. Il est hors de question de se séparer. Et quand un homme se marie trop tôt, sans avoir d'expérience, il peut lui arriver de faire des erreurs qu'il ne pourra pas réparer par la suite.

— Je suis certain que je serai un bon mari.

— Il ne faut pas se disputer dans un couple.

— Dans ce cas, tu n'as pas vraiment donné le bon exemple.

— Comment ça ?

— Tu as oublié quand Père a pris tous les verres et les tasses du placard de la cuisine ? Et qu'il les a jetés par terre parce qu'il était furieux que tu veuilles te faire muter dans une école plus éloignée ?

— Oh… tu t'en souviens ?

— Ou alors comment vous vous êtes disputés parce qu'il avait oublié la poêle avec l'huile sur le feu et qu'il avait manqué de cramer toute la cuisine ?

— Cela n'a plus d'importance maintenant, Aeham. Ce dont il est question, c'est que tu puisses comprendre ta femme. Les femmes sont différentes des hommes, tu sais. Elles… »

Ce discours aussi dura un bon moment. Tu dois, tu dois, tu dois. Mes pensées dérivaient. À la fin, ma mère dit : « Je vais y réfléchir. »

Trois jours plus tard, elle est venue me voir au magasin avec mon père et mon oncle Mohammed. Nous avons bu un café.

« Nous avons bien réfléchi, commença ma mère. Tu as raison. Tu es suffisamment âgé et tu es quelqu'un de responsable. Nous sommes d'accord. Tu peux te marier. »

Je lui sautai au cou. Mon père prit alors la parole et se lança dans un long discours sur ce qui faisait un bon père. Oncle Mohammed était là, assis, à opiner et à ajouter de temps à autre : « Voilà, comme ton père. » Je hochais bien sagement la tête. Puis nous nous sommes séparés.

Ma mère passa à l'action et se renseigna auprès de ses amies : où y avait-il une jeune femme qui pourrait convenir à Aeham ? Elle rendit visite à plusieurs familles. Elle rencontra les parents, discuta avec les jeunes femmes, les vit sans foulard. Puis son choix fut fait.

« J'ai trouvé la bonne pour toi, m'annonça-t-elle un matin avant d'aller au travail.

— Laisse-nous d'abord rendre visite à son père. On verra ensuite. »

Quand ils sont revenus, mon père rayonnait de joie : « Tu vas avoir une femme merveilleuse, s'extasiait-il.

— Comment s'appelle-t-elle ?

— Tahani, dit ma mère. Sa famille vient de Palestine, comme nous. Elle rêve aussi d'avoir des enfants. »

Je rayonnais à présent : « Que fait-elle ?

— Elle enseigne les arts plastiques dans une école primaire.

— Elle est jolie ?

— Là-dessus, tu peux avoir confiance, exultait ma mère. Après tout, j'ai aussi envie d'avoir de beaux petits-enfants, avec de grands yeux et de beaux cheveux noirs. » De toute évidence, elle était très fière de son choix.

« Où habite-t-elle ?

— Ça, nous ne pouvons pas te le dire.

— J'aimerais la rencontrer.

— Tu sais bien que ce n'est pas permis. Vous vous fiancez d'abord et ensuite vous pourrez faire connaissance. »

Effectivement, c'était l'usage. Ce n'est qu'une fois passé les fiançailles que le couple pouvait se rencontrer – dans le salon de la femme. J'aurais alors le droit de venir une ou deux fois par semaine pour lui faire la conversation en présence de son père. Si je ne m'entendais pas avec Tahani, on pourrait alors rompre les fiançailles de manière à peu près honorable pour les deux partis. Mais se rencontrer seuls ? avant les fiançailles ? C'était *haram*, interdit.

Je voulais suivre la tradition, me comporter selon l'usage dans notre famille. Mais, bon sang, cette curiosité ! J'avais chaque jour de plus en plus de mal à la refréner. Plus les fiançailles se rapprochaient et plus je devenais nerveux. Qui était Tahani ? Comment était-elle ? Allait-elle me plaire ? Allais-je lui plaire ?

Un jour que je travaillais seul dans le magasin, je remarquai dehors une jeune femme assise devant la vitrine. Elle jetait des regards curieux à l'intérieur. Je la regardai en retour – elle détourna la tête, se leva et partit. Je n'y réfléchis pas plus que ça. Peut-être qu'un instrument lui avait plu. Beaucoup de monde jetait chaque jour des regards à l'intérieur.

Le lendemain, je travaillais encore au magasin, quand je vis à nouveau la jeune femme. Elle passa la porte en verre et vint vers moi.

« Je suis Tahani. »

Rien de plus. Ces simples mots. J'eus chaud et froid. Tahani ! Ma future épouse ! Elle me plut au premier regard.

« Oh, bafouillai-je, mais assieds-toi, je t'en prie.

— Non, je ne peux pas.

— C'est génial que tu sois venue. Je suis tellement heureux que tu aies fait ça. »

Et je l'étais, en effet. C'était tellement courageux. Elle non plus n'avait pas pu résister à la curiosité – et elle avait passé outre les conventions. Il fallait avoir de la force de caractère. Cela m'impressionnait. La situation n'en restait pas moins délicate. Quelqu'un pouvait entrer et la reconnaître à tout moment.

« Tu veux qu'on se donne rendez-vous ?, lui demandai-je. Je pourrais passer te prendre demain après l'école par exemple.

D'accord. Mais ne m'attends pas juste devant la sortie. Au coin de la rue d'après. »

Nous nous sommes dit au revoir. Je l'ai regardée partir. Comme elle était belle. Et courageuse !

Je l'attendis le lendemain à une rue de l'école. Elle était splendide. Elle portait un foulard bleu autour de la tête, une veste blanche à manches longues et un jean. Quand nous nous sommes pris la main, une bouffée de son parfum m'a assailli : du jasmin, l'odeur de mon enfance.

Nous avons pris un minibus et nous sommes allés dans un café un peu à l'écart de Yarmouk. Pendant que nous nous jetions des regards timides, je lui ai raconté ce que je faisais et elle aussi. Je lui ai dit que je rêvais de fonder une famille. Que devenir père était mon souhait le plus ardent. Sûr et certain : je serais très souvent à la maison pour m'occuper des enfants.

« Ma mère m'a toujours dit de ne pas croire les hommes », répondit-elle en riant.

Elle me raconta ensuite la séparation de ses parents, que cela lui faisait de la peine d'en parler. Sa mère vivait désormais à Dubaï, où elle s'était remariée. Elle ne l'avait pas vue depuis des années. C'était sa tante qui avait pris contact avec ma mère.

Je lui ai dit qu'elle était ravissante. Quant à elle, elle aimait que je sois venu simplement comme ça, sans gel dans les cheveux ou les vêtements parfaitement repassés. Le flot des voitures se déversait autour de nous, les gens passaient, nous étions assis à discuter, oubliant tout le reste.

Tout à coup son téléphone sonna. « C'est mon père ! », s'écria-t-elle effrayée.

Elle décrocha. Il bondit littéralement du téléphone : « Tu es où ?

— J'ai dû remplacer une collègue.

— Je t'attends à la maison ! »

Nous avons foncé au minibus. Je suis descendu quelques stations plus tôt pour que personne ne nous remarque. Une fois chez moi, je suis allé directement voir ma mère.

« J'aimerais épouser Tahani, annonçai-je fermement.

— Qu'est-ce qui te fait dire ça ?, me demanda-t-elle étonnée.

— J'ai bien réfléchi à ce que tu m'as dit sur elle. Je crois que c'est la bonne.

— Heureusement que tu es obligé de patienter encore quelques jours. »

Mais j'avais tellement les nerfs à vif que je suis allé voir ma mère au moins deux fois encore pour lui dire que je voulais épouser Tahani. S'est-elle doutée de quelque chose ?

Le jour de nos fiançailles, une soixantaine de proches se sont retrouvés dans l'appartement du père de Tahani. La salle à manger était réservée aux femmes, les hommes étaient assis dans le salon. Les anciens devant, les enfants derrière. Mon grand-père souffrait de la maladie d'Alzheimer depuis quelques années et se balançait sur sa chaise d'avant en arrière, le regard vide. Je voyais mes oncles Mohammed et Sadik, et là, mes cousins Mayad et Tamer avec lesquels j'avais si souvent joué au *tobbeh* et au *dahhal*. J'avais des fourmis dans le ventre. J'étais à la fois heureux, curieux et nerveux. Je n'avais jamais encore pris de décision qui allait décider de toute ma vie.

Le cheikh de la mosquée était venu lui aussi. Il était vieux et enveloppé, portait une longue barbe ainsi qu'une djellaba blanche, il sentait l'encens. J'étais assis à ses côtés sur le sofa. Il salua l'assemblée.

Le grand-père de Tahani, qui était borgne, prit alors la parole : « Nous avons convenu de 125 000 livres [2 500 euros] pour la dot. »

Une somme tout à fait raisonnable, avec laquelle Tahani paierait son trousseau.

Mais la voix du père de Tahani s'éleva alors : « Nous étions convenus d'une somme de 75 000 livres [1 500 euros]. »

Saisi, tout le monde retint son souffle. Le cheikh était stupéfait.

« Nous nous sommes mis d'accord sur la somme, dit prudemment mon père. N'en parlons plus.

— Non. 75 000 livres. *Challas*. Assez », dit brutalement le père de Tahani.

Aujourd'hui encore, je ne sais toujours pas pourquoi il a fait ça. C'était un affront. Le genre de phrases qui peuvent faire voler en éclats des familles entières. Il avait tout de même floué son père en le contredisant en public. Les mauvaises langues auraient pu penser qu'il sous-entendait que nous n'étions pas assez riches. Quelle phrase inconsidérée ! Heureusement, personne n'a renchéri là-dessus.

« C'est d'accord », dit sèchement mon père.

La cérémonie commença. Le cheikh fit un petit prêche, lut un passage du Coran, cita la parole du Prophète et nous récitâmes la sourate *Fatiha*.

Puis il demanda au père de Tahani : « Donnes-tu à Aeham ta fille pour épouse ?

— Oui, je lui donne ma fille. »

Le cheikh lut le contrat de mariage à voix haute : ce mariage avait été conclu devant Dieu et toutes les personnes présentes, il vaudrait pour toujours. En cas de séparation, Tahani recevrait 200 000 livres (4 000 euros). Puis il demanda : « Avez-vous tout entendu et approuvez-vous tout ce que je viens de dire ?

— Oui », murmura l'assemblée.

Le cheikh se leva et se dirigea vers la porte entrebâillée de la salle à manger derrière laquelle attendait Tahani.

« Consens-tu également ?, lui demanda-t-il.

— Oui, j'y consens », dit Tahani d'une voix blanche d'excitation.

Puis trois oncles qui ne faisaient pas partie de la famille proche signèrent le contrat. Et nous étions désormais fiancés. Tout le monde se leva, en poussant des cris de joie, frappant des mains. Ils me tapaient sur l'épaule et me disaient : « *Mabruk, mabruk* », félicitations ! Je riais.

Un garçon passa dans les rangs avec un plateau rempli de verres de jus d'orange. Le grand-père de Tahani, le borgne, renversa malencontreusement tout le plateau. Les verres se fracassèrent sur le sol en marbre. Pendant que tout le monde se baissait pour ramasser les morceaux, je me faufilai à côté, dans la salle à manger. C'était la coutume.

Les femmes m'attendaient. Elles avaient remis en vrac leur foulard sur leurs cheveux. Et Tahani était assise là, dans une robe bleu foncé à manches courtes. Elle ne portait pas de foulard. Pour la première fois, je vis ses merveilleux cheveux. Je m'assis à ses côtés, osant à peine la regarder. Elle non plus. Nous levions la tête de temps à autre en nous jetant des sourires gênés.

Une femme me tendit un darbuka, un tambour à main en argile.

« Aeham, tu es musicien quand même !, s'écria-t-elle. Chante-nous quelque chose. »

J'ai pris le tambour et entonné une chanson, sans trop réfléchir : *« Tu es bien mieux tout seul, mon cœur, pourquoi ne t'ai-je pas fait aveugle. Je pensais être heureux, mais j'ai regardé en moi et j'ai senti à quel point tu étais sec. Tu me rebutes, tu es tellement médiocre, ah comme je suis heureux sans toi.* » Et j'ai chanté cela sans aucune gêne.

Tahani me fit les gros yeux. Ce n'est qu'à cet instant que j'ai pris conscience de ma gaffe. Bon sang ! Vite, j'ai rendu le tambour. Ma mère n'avait rien remarqué, trop occupée qu'elle était à prendre des nouvelles de la famille auprès des tantes et des cousins. Bientôt, une femme s'est mise à jouer du tambour, quelques-unes se sont mises à danser, les autres restaient assis, souriant et dégustant des cuillerées de glace.

Au bout d'une demi-heure, les femmes se préparèrent à partir. Je restai dans la salle à manger. J'avais maintenant le droit d'être seul avec Tahani un court moment. Nous sommes passés au salon et nous nous sommes assis sur le sofa.

Mais que dire dans un moment pareil ? Nous étions beaucoup trop nerveux. Nous nous sommes d'abord tus. Et puis je lui ai redemandé ce que je savais depuis longtemps : ce qu'elle faisait, où elle travaillait, ce qui l'intéressait dans l'art. Au bout d'un quart d'heure, son père est arrivé, nous nous sommes dit au revoir et je suis rentré chez moi, déboussolé, piqué, heureux. J'étais fiancé désormais.

J'ai rendu une première visite à Tahani quelques jours plus tard. Sa tante nous a apporté du jus d'orange, son père s'est assis dans un fauteuil et a ouvert son journal bien grand pour faire semblant de lire. Tahani et moi avons bien essayé de discuter, mais cela ne marchait pas. Nous avions tant à nous dire, mais pas à la portée des oreilles paternelles aux aguets !

Non, pas comme ça. Lors de ma visite suivante, je lui ai discrètement glissé un papier avec mon numéro de portable. Elle m'a envoyé un SMS le lendemain et nous sommes convenus que je passerais la chercher après l'école. Nous avons souvent fait cela les semaines suivantes. Elle se faisait remplacer en fin de journée par une de ses collègues, nous prenions un minibus vers la vieille ville où nous nous promenions.

Je lui parlais de Vladimir Zaritzky le passionné, de la boîte à outils que j'avais prise dans la rue quand j'étais enfant, de Feisal Jammal et des filles bizarres de mon université, de Sarah, mon élève de piano, et des escapades de mon frère. Nous discutions de tout. Je lui ai dit que je ne lui imposerais rien. C'était à elle de décider combien d'enfants elle voulait et si elle souhaitait continuer à travailler ensuite. Elle m'a répondu qu'elle serait heureuse de rester à la maison avec les enfants. Son travail était trop mal payé.

Et chaque soir, avant d'aller dormir, nous nous appelions en secret pour nous raconter des histoires et nous faire des confidences. Ma mère avait raison : Tahani était la bonne.

Les préparatifs du mariage commencèrent bientôt. J'allai avec mon père dans une imprimerie afin de commander les deux cents faire-part. L'homme chargé de composer le texte me montra un brouillon. Parmi toutes les jolies phrases, on pouvait lire ces mots : « La famille Ahmad se réjouit de vous annoncer le mariage d'Aeham et du trésor de la famille Munawwar. »

« Pourquoi y a-t-il mon nom sur la carte et pas le sien ?, demandai-je.

— Eh bien, en fait, nous faisons toujours comme ça, dit l'homme.

— Cela ne me plaît pas. Si mon nom figure sur la carte, alors le sien doit aussi y être.

— D'accord mais, dans ce cas, tous les garçons du quartier vont savoir qu'elle va bientôt se marier.

— Et alors ?

— C'est plutôt inhabituel.

— J'aimerais mieux quand même. »

Il s'adressa à mon père : « Vous seriez d'accord pour écrire le nom de la mariée sur la carte ?

— Je n'ai rien contre. »

L'homme demanda le numéro de téléphone du père de Tahani et l'appela. Serait-il également d'accord pour que le nom de la mariée apparaisse sur le faire-part ?

« Non », répondit le père de Tahani.

Bon, il n'y avait donc rien à faire.

L'imprimeur ajouta cette mention au bas du carton : « Le foyer est le paradis des enfants. » Autrement dit : laissez les gamins à la maison. C'était la formule d'usage pour éviter que des douzaines de diablotins ne bondissent à travers toute la salle.

Une fois les deux cents faire-part imprimés, mon oncle Mohammed est parti les distribuer dans le quartier, tandis que ma mère et moi sommes allés acheter un costume noir et une chemise blanche. Avec l'aide de mon frère et de mon cousin, j'ai aménagé l'appartement dans lequel j'allais bientôt vivre avec Tahani. Nous avons apporté du mobilier de salon et le lit conjugal, un écran géant et une chaîne stéréo, un four à gaz et un énorme frigo. Mon frère construisit la cuisine. Quelques jours plus tard, une tante de Tahani vint avec quelques coffres, vérifia que tout était prêt et rangea les robes de Tahani dans la penderie.

Les noces ? Ce fut un énorme concert. J'étais assis dans un fauteuil gigantesque posé sur la scène et je regardais en bas, dans la salle simplement éclairée par des boules disco et des projecteurs multicolores. Les serveurs distribuaient du riz au lait avec de la poudre de pistache et du miel, ainsi que du jus d'orange et du thé. À ma droite, les groupes se relayaient sur scène : cela allait des Fleurs, avec leurs chansons pop sirupeuses, au groupe Espoir, qui entonnait des chants révolutionnaires palestiniens. Mohammed Munaf jouait du luth, mon père du violon et j'accompagnais le chant avec mon clavier.

Les hommes dansèrent toute la soirée. Ils se prenaient la main en chantant, avançaient et reculaient en grandes files à travers la salle.

Un parent de mon oncle jouait les animateurs. Il était rôdé à l'exercice, c'était un vrai moulin à paroles. Dès qu'un invité arrivait et donnait son cadeau, il l'assaillait de compliments : « Que Dieu te protège, Abou Ibrahim, tu aides le jeune couple avec 1 000 livres ! Loué soit le Prophète ! »

Plus la somme était importante et plus les éloges se faisaient recherchés : « 3 000 livres, Abou Saïd, puisse Dieu te protéger éternellement ainsi que toute ta famille, que Sa main s'étende sur toi et sur ton commerce, puissiez-vous, toi et les tiens, toujours vivre dans la paix et la prospérité, prions Dieu ! »

Et un homme notait discrètement la somme ainsi que le nom du donateur, afin que je sache un jour combien je devrais offrir si cet homme se mariait. Mon père a encore la liste chez lui.

Vers minuit, alors que je commençais à avoir la tête qui tournait, nous sommes montés, mon père, mon beau-père, deux oncles et moi, dans une voiture décorée de fleurs et nous sommes partis en klaxonnant à la noce réservée aux femmes. Les lumières de la ville défilaient sous mes yeux, les passants nous acclamaient. Nous sommes entrés dans la salle. C'était comme dans une boîte de nuit, avec des fumigènes et des lumières de toutes les couleurs. Sur la scène, trônant sur un grand fauteuil, Tahani était en robe de mariée. À notre arrivée, les femmes sautèrent de joie et nous saluèrent. Leur foulard était défait, simplement posé sur leurs cheveux. Elles étaient maquillées et portaient des robes de soirée. Je n'avais jamais vu mes tantes ainsi. Ce fut un choc pour moi.

Je me suis dirigé vers Tahani. Je lui ai tendu la main et me suis assis sur le grand fauteuil à côté d'elle. Je lui ai chuchoté qu'elle était ravissante. Peu après, nous avons dansé la danse des mariés, tandis que tout le monde battait des mains autour de nous.

« Je suis fière de toi, me dit ma mère à l'oreille. Vous aurez une belle vie. » Puis elle serra Tahani dans ses bras et dit : « Tu es ma fille à présent. »

Plus tard, nous sommes repartis avec cinq voitures ornées de fleurs. Nous étions dans la première. Je murmurai à Tahani : « Quelle merveille que tout cela ! Je suis tellement heureux. » Elle souriait. Lorsque nous sommes arrivés devant notre appartement, un groupe de percussionnistes nous accueillit à grand fracas, comme le veut la coutume. Ils signalaient à tous les voisins : un jeune couple emménage ici. Puis nous montâmes les escaliers, je portais la traîne de Tahani. Ma mère et ma tante nous préparèrent quelque chose à manger, du pain, de l'houmous, quelques grillades, puis elles prirent congé et s'en allèrent.

Et moi ? Je n'en pouvais plus. J'étais fatigué. Tout simplement fatigué. J'avais serré trop de mains, souri à trop de gens, reçu trop de cadeaux et de félicitations. La tension retombait maintenant. Mes paupières devenaient lourdes.

« Je m'allonge un instant », dis-je à Tahani. Elle me regarda étonnée.

« Vraiment, juste un moment. J'ai besoin d'une petite pause, là. Je n'en peux vraiment plus. »

Je m'allongeai par terre devant la télévision, les pieds sur un fauteuil pour faire circuler le sang, je pris la télécommande et allumai. On passait un épisode de *Tom et Jerry*. Parfait. J'ai toujours aimé regarder ça.

Tahani allait et venait en faisant tinter la vaisselle. Plus bruyamment à présent. Je sentais monter sa déception. Quel genre de type avait-elle pêché ?, devait-elle penser. C'est notre nuit de noces et il se met devant la télé pour regarder *Tom et Jerry*.

Je me détestais de me laisser aller à ce point, d'être allongé sur le sol, complètement épuisé. Ma mère m'avait expliqué ce qu'on devait faire maintenant : allumer des bougies, mettre de la musique douce, se regarder dans les yeux. Et je pouvais à peine ouvrir les yeux, je souriais dans un état second aux histoires de cet idiot de chat et de cette souris agile. Les minutes passaient. Tahani faisait toujours plus de bruit avec la vaisselle, je riais aux gags faciles, j'étais à deux doigts de m'endormir...

Et pourtant, mon corps trouva je ne sais où une dernière once d'énergie. D'un bond, j'allai dans la cuisine, me passai de l'eau froide sur le visage, bus un verre de coca et revins dans le salon. Et je souris à Tahani.

Le lendemain matin, mes parents et sa tante sont venus prendre le petit-déjeuner chez nous. Quelques jours plus tard, je suis retourné au travail. Je rentrais le midi pour manger avec Tahani qui était encore en vacances. Elle venait parfois me rendre visite au magasin, pour vérifier aussi que je ne flirtais pas avec quelque jolie élève. Mais cela ne me serait jamais venu à l'esprit, pas même en rêve.

Quelques mois plus tard, nous avions rendez-vous chez sa gynécologue. Elle posa la sonde de l'appareil échographique sur le ventre de Tahani. Nous avons regardé le moniteur. Quelque chose bougeait. Pour la première fois, nous voyions la silhouette de notre bébé. Nous étions ravis. À ce moment, l'amour me submergea.

Dès lors, je ne cessai de prendre soin de Tahani. J'ai passé chaque moment de mon temps libre avec elle. « As-tu pris tes vitamines ? As-tu bu ton *ayran* aujourd'hui ? » Je rêvais depuis si longtemps de fonder une famille. Et maintenant, ce rêve devenait réalité.

Ahmad est venu au monde le 27 juin 2012 – et ce monde était horrible. La guerre syrienne battait son plein. Il ne fallut pas longtemps avant que les soldats ne bloquent les routes et bouclent le quartier. La faim et la mort régnaient sur Yarmouk. J'ai supplié Tahani de quitter le quartier, de se mettre en sécurité avec le bébé. Les femmes avaient le droit de passer les postes de contrôle. En quelques heures, elle aurait pu se rendre dans un quartier encore en paix. De nombreuses femmes l'avaient fait. Elles s'étaient réfugiées dans la normalité, laissant leur mari à Yarmouk.

Tahani ne voulut rien savoir : « J'ai été avec toi quand ça allait bien. Je serai avec toi si ça va mal. Nous vivrons et nous mourrons ensemble. »

Un cri de liberté

Sans doute devrais-je l'appeler ainsi : une révolution. Car au-delà de toute cette violence bestiale, au-delà des extrémismes, c'est bien un soulèvement populaire qui a lieu et qui a eu lieu en Syrie, une désobéissance civile de masse, une indignation collective contre l'arbitraire, la torture, l'injustice et la corruption. Un chant lumineux et clair de liberté s'est élevé parmi les professeurs et les soignants, les médecins et les journalistes, les artistes et les défenseurs des droits civiques. Celui qui l'entonne est cerné de toutes parts. Qu'on ne l'entende pas à l'Ouest était prévisible. Le tonnerre de la guerre recouvre tout.

La plupart du temps, en Allemagne, j'entends parler de « guerre civile » quand il est question du conflit syrien. Les Syriens, surtout ceux qui se disent neutres, la nomment « crise ». Dans les deux cas, cela ne convient pas : c'était une révolution.

Accessoirement, ceux qui se disent « neutres » sont en réalité du côté d'Assad. Comme autrefois, en Allemagne, où beaucoup ont fait semblant d'ignorer ce qu'il se passait. Pourtant, tout le monde savait. En Allemagne comme en Syrie.

Lorsque tout a commencé, à la fin de l'année 2010, je passais le plus clair de mon temps à travailler. Les magasins tournaient bien, j'étais ambitieux, j'étudiais encore et je voulais me marier. Je donnais une heure de cours après l'autre. J'avais deux cent cinquante élèves certains mois. Le soir, je rentrais éreinté à la maison, je dînais avec mes parents et mon frère dans notre bel appartement de Yalda.

À cette époque, mon père restait des heures devant la télé à écouter Al-Jazeera, la chaîne d'information du Qatar qu'Assad avait désormais en horreur. Il suivait, fasciné, comment les régimes des pays alentour vacillaient, ces gouvernements qui se donnaient des allures « démocratiques » aux yeux de l'Occident, mais qui inculquaient au peuple qu'ils étaient « éternels ». Il n'a pas fallu longtemps pour qu'une réaction en chaîne secoue tout le monde arabe, faisant tomber les régimes l'un après l'autre, comme des dominos.

Le 17 décembre 2010, le vendeur de fruits et légumes tunisien Mohamed Bouazizi s'aspergea d'essence et s'immola. Sa mort fut l'étincelle qui enflamma toute la Tunisie : en quelques semaines, des manifestations monstres balayèrent le président Ben Ali qui régnait sans partage depuis deux décennies – et qui, à près de quatre-vingts ans, prenait toujours des airs de fringant jeune homme.

« Ce besoin de liberté va saisir tout le monde arabe », murmura mon père un jour qu'il écoutait la retransmission d'une manifestation à Tunis. Fallait-il entendre de l'espoir dans sa voix ?

Je ne me suis pas beaucoup intéressé à la Tunisie à l'époque. Mais, au début de l'année 2011, quand la vague de protestation a touché l'Égypte, j'ai commencé à suivre sur Al-Jazeera les émissions en direct de la place Tahir. Je suivais surtout les artistes qui participaient aux sit-in pendant des jours. Ensuite, quand nous repassions sur la télévision d'État, il nous fallait supporter la rhétorique conspirationniste du régime d'Assad qui sonnait de plus en plus désespérée.

On a d'abord entendu : « La Syrie n'est pas la Tunisie. » Puis : « La Syrie n'est ni la Tunisie ni l'Égypte. » Et enfin : « Le peuple syrien est tout entier derrière son gouvernement – le gouvernement de M. le président Al-Assad, le seul homme à pouvoir sauver la Syrie face à cette conspiration mondiale. »

Le président égyptien Moubarak abdiqua, le Yémen fut également contaminé et, enfin, quand les foules se mirent à scander des slogans en défilant dans les rues de Libye et du Bahreïn, nous nous sommes demandé s'il y aurait aussi des protestations en Syrie, le « royaume du silence ».

Bientôt, la télévision satellite diffusa des vidéos floues, prises par des téléphones portables, de protestations sporadiques à Damas. Une manifestation étudiante devant l'ambassade libyenne, en solidarité avec le soulèvement contre le régime de Kadhafi. Une autre devant le palais de justice : des familles réclamaient la libération de prisonniers politiques. Une manifestation spontanée sur le marché Hariqa, où des policiers avaient frappé un marchand.

Le 15 mars 2011, un groupe de cent cinquante personnes manifesta en rangs serrés à travers le marché historique d'Al-Hamidiya aux cris de « Dieu, Syrie, liberté et rien d'autre ! », en référence aux marches régulièrement organisées par le régime et dont le mot d'ordre imposé était : « Dieu, Syrie, Bachar et rien d'autre. »

Les manifestants appartenaient à la bourgeoisie intellectuelle ; ce n'était certainement pas des islamistes barbares, l'étiquette infamante dont le régime n'a cessé d'affubler toute forme de révolte. En soi, le lieu de la manifestation était déjà assez éloquent : c'est au marché d'Al-Hamidiya qu'avait commencé le soulèvement contre l'occupation française. Quiconque manifestait à cet endroit en connaissait l'arrière-plan historique.

Le soulèvement syrien a-t-il débuté ce jour-là ? Ou était-ce trois jours plus tard, le 18 mars, à Deraa, au sud du pays, lorsque des parents ont défilé devant un commissariat pour réclamer la libération de leurs fils ? On avait arrêté les adolescents un mois auparavant parce que l'un d'eux avait tagué « Le peuple veut la chute du régime » sur le mur de leur école. Une phrase que l'on entendait tous les jours à la télévision par satellite, criée par des milliers de bouches – et pour laquelle ces jeunes étaient maintenant torturés, leurs ongles arrachés.

Les parents étaient furieux. Des centaines d'habitants se joignirent à eux et, quand les forces de sécurité tirèrent à balles réelles sur les manifestants, faisant quatre morts, les gens se révoltèrent dans bien d'autres villes. Les troupes firent feu à nouveau. Plus d'une centaine de personnes moururent pendant le premier mois de la contestation. Dès lors, plus rien ne pouvait arrêter la foule.

Les émissaires du régime d'Assad nièrent tout en bloc. Ils contestèrent d'abord qu'il y ait même eu des manifestations. Puis ils contestèrent qu'on y ait fait usage de la violence. Enfin, ils prétendirent que les manifestants n'étaient pas syriens. Dès que la télévision d'État montrait une manifestation, les responsables en étaient des « agents étrangers à la solde du sionisme et de l'impérialisme américain ». Ou des Kurdes irakiens. Ou des Palestiniens. À moins qu'Al-Jazeera, *alias* « télé mensonges », n'ait drogué des milliers de personnes avec des champignons hallucinogènes afin de les inciter à manifester.

En juin, alors que des centaines de milliers de personnes descendaient dans les rues de Hama pour protester contre le régime d'Assad, la propagande officielle prétendit que les vidéos des milliers de téléphones portables provenaient tout bonnement d'un studio du Qatar où l'on avait reconstitué à l'identique la place de l'Oronte. Al-Jazeera, la BBC, France 24, CNN : que des *fake news* ! Les agents d'une conspiration mondiale contre la Syrie !

Tout nous arrivait avec un peu de retard à Yarmouk. Après tout, nous étions des Palestiniens. Il fallait rester neutres. Comme mes parents me l'avaient enseigné, on continuait à éviter bien gentiment tout ce qui avait un lien avec la politique syrienne. Mes élèves parlaient de ces événements comme s'ils avaient lieu non pas à leur porte mais dans un autre pays.

« Tu as entendu ce qui se passe à Deraa ?, demandait l'un d'eux.

— Ouais, c'est ouf », répondait l'autre.

Et c'était tout. Ils sortaient ensuite leur luth et c'était parti pour *do-ré-mi-fa-sol*.

Beaucoup de Palestiniens se sentaient en porte-à-faux. D'un côté, nous devions être reconnaissants à l'État syrien de nous avoir généreusement accueillis, plus généreusement que les autres pays de la région. La propagande officielle abondait dans ce sens. De l'autre, beaucoup d'entre nous avaient de la sympathie pour les manifestants.

Les hommes politiques de Yarmouk nous enjoignaient à rester neutres : « Nous nous tenons à l'écart du conflit intérieur syrien », tel était le mot d'ordre qui prévalait, à droite comme à gauche, du Fatah jusqu'aux djihadistes en passant par le Hamas. Le « conflit intérieur syrien » : une expression pour le moins comique quand on pense que nous vivions là depuis près de soixante ans.

Pour beaucoup, il était évident que nous, les réfugiés, pouvions facilement devenir des boucs émissaires. Et ce n'était pas une petite paranoïa propre aux minorités. Dès mars, la conseillère en communication d'Assad nous avait accusés d'être des « éléments étrangers » cherchant à fomenter une guerre civile en Syrie. Le consensus dominait donc ici : Yarmouk ne pouvait se permettre de prendre parti contre le régime.

Mais Yarmouk se devait d'être plus sûr pour les réfugiés. Des Palestiniens s'étaient joints aux manifestants à Deraa et

Homs. Ils en avaient payé le prix fort. Les forces de sécurité avaient attaqué leur camp et l'avaient « passé à la moulinette », comme disaient les rescapés. Rien ni personne ne les avaient arrêtés. On me racontait sans cesse l'histoire du cheikh Ahmad Sayasina, l'imam aveugle d'une mosquée historique de Deraa. Il avait offert l'asile à des manifestants, et les forces de sécurité avaient pris d'assaut la mosquée, incendiant tout autour d'eux et abattant – « au cœur même de la maison de Dieu » – plusieurs jeunes hommes.

Des dizaines de milliers de personnes avaient trouvé refuge chez nous. Elles étaient hébergées dans les écoles des Nations unies. Beaucoup d'habitants de Yarmouk aidaient comme ils pouvaient. Certains apportaient des couvertures et des vêtements, d'autres accueillaient toute une famille chez eux.

Il était grand temps que je termine mes études. Je prenais encore le bus pour Homs afin de passer mes examens. Les derniers avaient lieu en juillet 2011. Or, un matin que nous approchions de la ville, nous nous sommes retrouvés, sur l'autoroute, face à la moitié de l'armée syrienne avec ses engins de guerre. Le bus a slalomé entre les semi-remorques transportant les tanks qui se tenaient prêts à écraser l'insurrection.

Nous approchions d'un point de contrôle. Je retenais mon souffle. Les soldats allaient-ils stopper le bus, contrôler mes papiers et me retenir ici parce que je n'avais pas fait mon service militaire ? Ou allaient-ils m'arrêter parce qu'un jeune Palestinien qui circulait entre Yarmouk et Homs étaient en soi suspect désormais ? Les soldats nous firent signe. Le bus traversa le barrage sans s'arrêter. Je respirai. C'est la dernière fois que j'ai pris la route pour Homs.

Mon ami Mikhaïl, un futur chanteur d'opéra qui m'avait prêté son sofa quelques nuits au début de mes études, m'appela une semaine plus tard et me raconta le massacre qui avait eu lieu devant la grande horloge. Il s'exprimait avec prudence, car il craignait d'être sur écoute. « Nous avons perdu beaucoup d'amis » : tels furent ses mots.

Un autre camarade d'études, flûtiste celui-là, fut plus clair. Il m'écrivit sur Facebook que les soldats avaient tiré sur les manifestants « jusqu'à ce que les murs des maisons soient éclaboussés de sang ». Puis les pompiers étaient venus, avaient déroulé leurs lances à incendie et nettoyé les rues et les murs. Deux heures plus tard, tout était propre.

Chaque année, le 15 mai, nous commémorons la *nakba*, la « catastrophe », l'exode de plus de sept cent mille Palestiniens en 1948. Mais cette année, comme l'annonçait une page Facebook, on ne se contenterait pas des habituels discours et défilés. Cette fois, on irait jusqu'à la ligne de cessez-le-feu sur les hauteurs du Golan. Point de rendez-vous : la mosquée au milieu de la rue Yarmouk. Le lieu de rassemblement habituel des cérémonies officielles et des manifestations pro-Assad. Des bus seraient à disposition pour emmener tout le monde à la frontière.

Des bus ? Cela signifiait que la chose avait été convenue en haut lieu. L'État syrien voulait-il une nouvelle fois détourner la colère du peuple sur Israël ? Ce serait bien son genre. Le régime a toujours justifié sa politique répressive par la situation de guerre froide avec Israël qui vaut depuis 1963. Après tout, on était en guerre, il fallait rester aux aguets contre le sournois ennemi sioniste. D'où les interdictions de regroupement, d'où les lois d'état d'urgence.

Les Palestiniens jouaient apparemment le rôle de boule de billard. À l'étranger, le régime syrien proclamait qu'il ne pouvait y avoir de stabilité en Israël sans stabilité en Syrie. En d'autres termes : nous veillons à la sécurité d'Israël. Mais sur place il enflammait les foules contre la conjuration sioniste. Quel cynisme ! Quelle hypocrisie !

Des centaines de jeunes hommes ont pris le bus. Quand ils ont atteint la frontière à Kuneitra, les soldats syriens les ont laissés passer. Les manifestants ont coupé les fils barbelés et se sont mis à courir, drapeaux palestiniens au vent, à travers la ligne de démarcation. Certains ont réussi à entrer dans Madschal al-Scham, une petite ville frontalière. Là, les soldats israéliens ont ouvert le feu.

Les bus ramenèrent les survivants. Treize manifestants avaient été abattus, plusieurs douzaines avaient les jambes en charpie, blessés par des balles à pointe creuse, ces munitions qui n'explosent qu'une fois entrées dans la chair. Les blessés furent fêtés comme des héros et reçurent un traitement de premier ordre dans l'hôpital d'État Mudschtahed.

Et ce n'était que le début. Trois semaines plus tard, le 6 juin, c'était la *naksa*, le « jour de la Défaite », commémorant la guerre des Six-Jours. Encore une fois, on appela la foule à se rendre à la frontière israélienne. Et cette fois, c'était officiel : le « commandement général » était derrière cet appel.

Cette milice radicale, dont le véritable nom est « Front populaire de libération de la Palestine – commandement général », avait un programme simple : la « lutte contre l'ennemi sioniste » par tous les moyens. Alors que l'OLP (Organisation de libération de la Palestine) négociait depuis longtemps avec Israël, le commandement général réclamait toujours sa destruction. Son quartier général se trouvait à Yarmouk, d'où il organisait ses attentats.

Les Assad, père et fils, toléraient le commandement général. La haine d'Israël leur était très utile. Ils l'attisaient autant qu'ils le pouvaient, aussi bien chez les Syriens que chez les Palestiniens. Tant qu'il s'en prenait à Tel Aviv, le commandement général avait les coudées franches. Et, de toute manière, cette milice était truffée de mouchards aux ordres des services secrets.

Une nouvelle fois, des centaines de Syriens et de Palestiniens se retrouvèrent pour prendre le bus pour le plateau du Golan. Une nouvelle fois, ils passèrent les fils barbelés et traversèrent la ligne de démarcation vers Israël. Mais, cette fois, le prix du sang fut plus élevé : trois cent cinquante manifestants furent blessés, vingt-trois furent tués – dont une femme. Une nouvelle fois, les bus partirent directement à l'hôpital Mudschtahed, où les blessés furent soignés et les cadavres examinés par des médecins légistes.

Le cortège funèbre se rassembla le lendemain matin vers 11 heures à Yarmouk. Les corps étaient couverts de linceuls blancs dans des cercueils ouverts, portés à l'épaule jusqu'au cimetière. Mais il n'y eut pas, cette fois, l'habituelle déploration des héros. Le deuil se transforma en révolte. Les habitants de Yarmouk se posaient depuis longtemps des questions lancinantes : pourquoi avait-on envoyé ces jeunes gens comme des moutons à l'abattoir ? N'étaient-ils donc que de la chair à canon pour le régime d'Assad qui cherchait à détourner l'attention sur Israël ?

Bientôt, la foule se mit à scander non plus « Palestine, Palestine, des millions de martyrs ! » mais « Liberté ! », comme dans les manifestations de Deraa et Damas. Ce fut la plus grande manifestation que j'aie jamais vue à Yarmouk. Des dizaines de milliers de personnes étaient dans la rue. La colère était encore attisée par ceux qui, venus d'autres camps palestiniens, s'étaient réfugiés chez nous, apportant avec eux des rêves de révolution. Vieux, jeunes, commerçants, ouvriers, étudiants et, bien entendu, gens de gauche – tout particulièrement cette génération qui avait grandi dans les années 1980 et 1990 avec les chansons de Ziad Rahbani. Une génération à laquelle j'appartiens.

Justement, Rahbani, la figure tutélaire qui nous avait enseigné la justice sociale et qui – à coups de jazz ! – nous avait incités à poser un regard critique sur l'État et le clergé, cet homme était devenu de plus en plus cynique au fil des ans. Tout à coup, nous l'avons retrouvé dans l'autre camp :

après un long silence médiatique, il annonça dans une interview télévisée, au grand dam de ses héritiers spirituels, qu'il était du côté du régime d'Assad et du Hezbollah. Aujourd'hui encore, je ne peux m'empêcher de penser à cette trahison quand j'entends ses chansons.

Ce matin-là, j'étais assis devant mon magasin quand j'ai vu mon voisin de la fabrique d'aluminium enfourcher son vélo. Il m'a crié qu'il allait à la manifestation. Piqué par la curiosité, j'ai fermé le magasin et l'ai suivi. Lorsque je suis arrivé dans l'artère principale, j'ai vu le cortège sans fin des manifestants qui agitaient leurs drapeaux, entendu le chœur de la foule, couvert par le cliquetis des rideaux de fer que les commerçants se dépêchaient d'abaisser. Et puis, au loin, venant du cimetière, retentirent trois coups de feu.

On me raconta plus tard que des manifestants en colère avaient commencé à insulter Ahmad Jibril, le dirigeant du commandement général. Ils avaient jeté des ordures sur ses hommes. Il y avait eu une bousculade avec ses gardes du corps. Finalement, l'un d'eux avait tiré en l'air – ce qui avait encore plus attisé la colère de la foule.

« Qu'est-ce qui lui donne le droit de jouer les cowboys ici ?, criaient les gens. On va lui montrer ! »

Jibril et ses hommes ne s'attardèrent pas et s'enfuirent à travers les ruelles jusqu'à leur quartier général, bientôt encerclé par les manifestants.

Toute la soif de vengeance se concentrait désormais sur le garde du corps indiscipliné. « Donnez-nous ce type, criaient les hommes furieux. Il n'a pas à tirer comme ça au-dessus de nos têtes ! Il ne doit pas s'en sortir. » Des pierres, d'abord, volèrent sur le bâtiment, puis des cocktails Molotov contre les fenêtres. De la fumée sortit bientôt de l'immeuble. Enfin, munis d'une benne à ordures, les manifestants tentèrent de prendre d'assaut le quartier général. On tira à nouveau.

J'étais peut-être à cent cinquante mètres de là, devant l'hôpital de Palestine. J'ai vu les blessés qu'on traînait hors de la ligne de tir, qu'on portait sur des couvertures vers les urgences. Très peu avaient été visés dans les jambes. La plupart étaient touchés à la poitrine, à la tête.

Je ne pouvais pas en supporter davantage. Écœuré, j'ai pris mon vélo et suis rentré chez moi. C'était la première fois que j'étais témoin de violence, que je voyais à quel point les gens étaient exaspérés chez nous aussi.

Dans les mois qui ont suivi, les groupes palestiniens se sont divisés. Les milices les plus importantes se sont plus ou moins rangées du côté de la révolte syrienne et sont toutes restées à Yarmouk. Ahmad Jibril s'était, disait-on, échappé par le toit de l'immeuble en feu grâce à un hélicoptère de l'armée syrienne. Il ne commandait plus ses troupes que de l'extérieur du camp. Elles restaient certes présentes à Yarmouk mais lui obéissaient de moins en moins. Les désertions étaient nombreuses également. En outre, les milices avaient de plus en plus souvent maille à partir avec les habitants. Ces derniers ne voyaient pas pourquoi quelqu'un aurait son mot à dire sous prétexte qu'il portait une arme : « Regarde, en voilà encore un qui fait joujou avec son bâton », se moquait-on.

Quoi qu'il en soit, nos cadets avaient depuis longtemps d'autres idoles que les chefs du Fatah, du Hamas ou du commandement général. Leurs modèles étaient ces jeunes venus d'Italie, d'Allemagne, de France ou de Suède pour étudier l'arabe ou pour soutenir la cause palestinienne. Ils s'en inspiraient beaucoup. Le « on ne s'en mêle pas » du commandement général sonnait à leurs oreilles comme un vieux disque rayé.

Pourtant, Yarmouk se calma. Nous avons eu droit à un sursis. Il a fallu encore six mois avant que la guerre n'arrive dans le quartier. Six mois durant lesquels la révolution syrienne se faisait toujours plus sanglante ; six mois durant lesquels la vie suivait son cours à Yarmouk.

Cet été 2011 fut pour moi une période heureuse. Le 7 juillet, soit un mois après la grande manifestation, je me suis fiancé avec Tahani. Nous nous retrouvions en douce dans la vieille ville pour nous raconter des secrets. Je n'avais d'yeux que pour elle.

Nous nous sommes mariés deux mois plus tard, le 7 septembre. À Yarmouk, le monde tenait encore debout. Les noces furent célébrées en toute sérénité et, quand notre cortège de voitures traversa Yarmouk jusqu'à Yalda au beau milieu de la nuit, aucun barrage ne nous arrêta.

Tahani tomba enceinte peu après. J'étais ivre d'amour. J'avais beaucoup de choses en tête à cette époque, mais certainement pas de la politique. J'étais en train de fonder une famille, je voulais que mes enfants aient une meilleure vie que la mienne. En outre, nos affaires étaient florissantes. Beaucoup de gens qui s'étaient enfuis des quartiers alentour vivaient désormais à Yarmouk. Les premiers checkpoints apparurent aux entrées de la ville. Désormais, les réfugiés ne pouvaient plus sortir librement de Yarmouk. Ils s'ennuyaient. J'avais encore plus d'élèves.

Il y avait parmi eux trois étudiantes que j'aimais beaucoup. Elles soutenaient la révolution bec et ongles. Deux d'entre elles étaient chrétiennes, la troisième était ismaélite, une toute petite communauté religieuse musulmane. Je ne sais pas comment je l'ai appris. Cela a dû sortir tout seul dans la conversation. Ce qui est sûr, c'est que je ne le lui ai pas demandé. La question de la confession religieuse est un sujet tabou en Syrie.

Tout au long des années 2011 et 2012, elles ont continué à prendre le chemin toujours plus dangereux de Yarmouk pour suivre mes cours de piano. La première venait de Bab Sharqi, au cœur de la vieille ville, la deuxième du quartier voisin de Zahira, qui a été épargné jusqu'à aujourd'hui, et la troisième de Taqaddum, au sud de Yarmouk, qui allait bientôt connaître ses premiers combats. Bien entendu, aucune des trois ne portait le voile, mais des jeans et des hauts moulants. Bon sang, comme les garçons de Yarmouk ont pu se retourner sur leur passage ! Et Tahani était tellement jalouse !

Je ne parlais jamais de politique avec mes élèves. C'était trop dangereux. Après tout, on ne savait jamais dans quel camp était l'autre. J'aurais pu dévoiler mes opinions à la mauvaise personne. Dans une dictature comme la Syrie, cela peut vous coûter la tête. « Entre deux personnes, il y a toujours un mouchard », avait-on l'habitude de dire à voix basse.

Un jour, j'ai demandé à celle qui venait de la vieille ville – appelons-la Rania : « Pourquoi fais-tu ce trajet, qui est long et dangereux ? Je suis sûr qu'il y a quand même d'autres profs de piano dans ton quartier.

— C'est justement que tu es un bon prof, et pas cher en plus. »

Ça, c'était une réponse franche ! J'ai pris mon courage à deux mains et je lui ai demandé : « Tu penses quoi de la protestation à Damas ? »

Ses yeux brillèrent comme si elle s'apprêtait à tenir un grand discours. « Nous avons besoin d'un grand changement, et vite !, s'écria-t-elle. Si on ne le fait pas maintenant, quand alors ? De toute façon, ça ne peut plus continuer ainsi ! »

C'était si bon à entendre. Les deux autres élèves me confièrent elles aussi à quel point elles souhaitaient un changement en Syrie. La démocratie ! Ne plus avoir peur ! Terminé, la délation et cette corruption qui rongeait tout ! Libres enfin !

Quand je repense aujourd'hui aux premiers mois, porteurs d'espoir, de la révolution syrienne, je ne peux m'empêcher de revoir ces trois jeunes filles. Elles incarnaient pour moi le chemin que nous aurions dû prendre, loin de la dictature et du fondamentalisme.

Mais il en fut autrement.

Peu après, le quartier de Tadamon, au sud de Yarmouk, a été bombardé. Les rockets venaient du mont Quassioun, mais aussi parfois de l'aéroport de Damas ou de la base militaire de Mezzeh. Elles tombaient dans un souffle assourdissant sur les maisons de Tadamon, et une colonne de fumée noire s'élevait dans le ciel.

D'emblée, ce fut une révolte armée. Peut-être parce que de nombreux soldats vivaient à Tadamon et qu'ils avaient déserté pour défendre la population contre les attaques des forces de sécurité. Ainsi se créa la FSA, l'Armée syrienne libre. De plus en plus de riches Damascènes achetaient des quantités d'armes au nouveau régime et les donnaient à la FSA.

Tadamon était un nouveau quartier résidentiel où sunnites, alaouites, chrétiens, chiites, mourchidis, orthodoxes et ismaélites vivaient ensemble. Lorsque les troubles l'ont gagné, les lignes de front n'étaient pas du tout confessionnelles. Je le répète : au début, la révolution syrienne n'avait rien d'une guerre de religion. C'est venu plus tard.

Le commandement général commença à ériger des barrages aux entrées de Yarmouk, faisant ainsi le travail du régime d'Assad. Mais la FSA gagnait du terrain. Il y avait de plus en plus souvent des échanges de tirs entre ses soldats et les miliciens du commandement général. Et puis Ahmad Jibril, le secrétaire général et moustachu du commandement, l'ami d'Assad, franchit le point de non-retour : il appela l'armée syrienne à la rescousse.

Je revois encore le premier char qui, le 15 juillet 2012, entra dans Yarmouk. Il venait du « Melon d'eau », comme nous appelions la fontaine ronde du rond-point en direction de Damas. Il tourna dans la principale rue commerçante et roula en un cliquetis de chaînes vers l'hôpital de Palestine.

Et revint. C'était son trajet de patrouille. Moi, je roulais cahin-caha avec mon vélo le long de la rue, dans les ornières qu'il avait creusées dans l'asphalte.

J'étais alors le plus heureux des pères. Ahmad, notre premier fils, venait d'avoir trois semaines. Il était venu au monde par césarienne le 27 juin 2012 dans la clinique Al-Bassel. Nous avions dépensé beaucoup d'argent pour que Tahani reçoive les meilleurs soins. Un matin, nous avions pris un taxi pour la clinique et nous étions repartis le lendemain, notre bébé dans les bras.

Commença alors la merveilleuse vie des jeunes parents. Je ne faisais que le strict nécessaire au magasin afin d'être le plus souvent présent à la maison. Tout simplement pour être tous les trois dans le même lit. Mes parents étaient aux anges. Leur premier petit-enfant ! Il ne fallut pas longtemps à mon père pour prendre son violon et donner un concert privé au petit Ahmad. Il s'imaginait déjà avoir un deuxième Aeham sous les yeux.

Tout resta calme jusqu'à la mi-août. On pouvait se promener avec le bébé dans la poussette. Je traversais encore Yarmouk à vélo. Et puis, tout est allé très vite.

Des soldats sont apparus d'un coup dans les rues. Du jour au lendemain, on les a vus foncer en voiture dans le quartier, faisant crisser les pneus et hurler le moteur pour bien montrer qui étaient les maîtres. Ils se sont mis à fouiller les maisons à la recherche de combattants, d'armes, de gens filmés pendant les manifestations. Un soir, ils ont ratissé l'appartement de l'étage du dessous. Je n'étais pas là, Tahani tremblait dans le lit avec le petit dans les bras. Une nuit d'horreur. Le lendemain, nous avons entendu dire qu'il y avait eu des exécutions en masse. De plus en plus d'habitants prenaient quelques affaires et quittaient Yalda à toute vitesse.

Nous avions besoin d'un plan B. J'ai demandé de l'aide à mes élèves et, un après-midi, nous avons transporté les centaines d'instruments accrochés dans le magasin jusqu'à la grande fabrique de luths. Ce n'était l'affaire que de quelques minutes à pied. Nous avons fait je ne sais combien d'allers-retours. La fabrique nous tiendrait lieu de magasin désormais et, si nécessaire, nous pouvions y dormir.

En parallèle, nous avons transporté sur une remorque toutes les grosses machines, les scies et les ponceuses dans la petite boutique. Mon frère continuerait de s'en servir comme atelier de menuiserie pour construire des portes et des fenêtres. Le commerce de luths se portait mal. Qui aurait besoin d'un nouvel instrument par les temps qui couraient ?

J'avais commis une erreur. Dans l'euphorie du mariage, fin 2011, j'avais accepté un contrat avec notre meilleur client, un grossiste libanais. Il nous avait commandé mille deux cents luths et, comme c'était vraiment un bon client, nous ne lui demandions jamais de payer à l'avance. En revanche, nous achetions avec diligence les meilleurs bois. Nous avons dû débourser au moins 40 000 euros.

Seconde erreur peu après : nous avons acheté une fin de série de guitares Yamaha – de bonne qualité, 600 euros pièce. Une belle affaire. Ce fut un désastre. Nous n'avons jamais réussi à vendre les guitares – pour une valeur de 60 000 euros ! Nous les avons sur les bras aujourd'hui encore. Tout comme les douze cents luths : quand ils furent prêts à être livrés, le grossiste fit machine arrière, nous laissant mariner avant d'annuler la commande. Quand la guerre éclata, nous possédions des milliers d'instruments, mais très peu d'argent.

Le déménagement se fit à la dernière seconde. Mon cousin Mayad, qui vivait dans l'appartement juste au-dessus du nôtre, fêtait son anniversaire le 4 septembre. Tahani s'était faite belle et s'apprêtait à monter. J'étais dehors avec mon oncle, qui possédait un minibus, pour acheter des chevilles de luth. C'est à ce moment-là que l'artillerie de l'armée attaqua Yalda.

Lorsque les premières maisons voisines furent touchées, Tahani prit le petit Ahmad et, on ne sait pourquoi, un sac de figues de cactus dans la cuisine, mon père embarqua le petit sac à dos avec toutes nos économies, ma mère un sac rempli de vivres, et tous trois, le bébé dans les bras, se mirent à courir en direction de Yarmouk pour échapper au déluge de bombes.

J'étais toujours en voiture. Autour de nous également une pluie de tirs de mortier se faisait entendre : un sifflement et – boum – ils tombaient quelques centaines de mètres derrière nous. Des débris s'écroulaient dans la rue.

« Dans quoi tu nous as embarqués ?!, criait mon oncle. Qu'est-ce que je fais là ?!

— Que Dieu nous protège ! Fonce, plus vite ! »

J'ai rapidement appelé Tahani, qui m'a dit où elle se trouvait. Dans le rétroviseur, j'ai vu une maison s'écrouler. Mon oncle a foncé vers Yarmouk à grands coups de klaxon. J'ai lancé au ciel une prière express.

Enfin, je les ai retrouvés tous les quatre. J'ai bondi hors du minibus et j'ai pris Tahani dans mes bras. Les tirs de mortier passaient en hurlant au-dessus de nos têtes, direction Yalda. Nous sommes partis dans l'ancienne fabrique de luths.

C'était le début de la soirée. Nous avions sauvé nos vies, et rien d'autre. Nous n'avions même pas de matelas. Un voisin, le gentil Abou Abed, qui nous avait vus entrer dans l'atelier en courant, est passé prendre de nos nouvelles. Il nous a apporté deux gros matelas et des couvertures. Nous avons dormi tout habillés.

Le lendemain matin, lorsque nous nous sommes réveillés, le petit Ahmad avait la main rouge et enflée : une araignée l'avait mordu.

Nous sommes ensuite sortis nous acheter le nécessaire : sous-vêtements, brosses à dents, tétines, couches. La tante de Tahani nous a prêté une casserole. La pièce où nous vivions désormais devait bien faire six mètres de haut, les murs étaient nus, le sol en béton. Nous avons installé deux cloisons. Dorénavant, le magasin et son comptoir se trouvaient devant ; là se tenaient les claviers, les pianos et des centaines de luths, accrochés telles des grappes de raisin. Tout au fond, nous avions placé dans des coins séparés la cuisine provisoire et les toilettes de fortune.

Chaque jour, nous espérions pouvoir passer dans nos appartements de Yalda pour y prendre quelques affaires. Mais la situation ne semblait jamais s'apaiser. Il a fallu attendre un an avant de pouvoir y pénétrer. Il n'y avait plus aucune fenêtre et seule une moitié de l'appartement de mes parents avait subsisté.

Cela a marqué le début de temps difficiles. Nous ne nous entendions pas. À peine avais-je déménagé qu'il me fallait vivre dans la même pièce que mes parents. Nous dormions serrés comme des sardines sur des matelas posés à même le sol. J'étais exaspéré. C'était pire pour Tahani. Elle venait d'accoucher, ses nuits étaient courtes, elle allaitait. Et durant la journée, il lui fallait en plus supporter les élèves qui jouaient comme des casseroles. La vie privée ? Pas avant un bon moment.

Autour de nous, les gens continuaient à vivre dans leurs appartements tandis que nous étions déjà des réfugiés. Nous tentions désespérément de retrouver un peu de normalité. Le matin, comme elle l'avait toujours fait, ma mère mettait un disque de Fairouz, dont la musique redonnait confiance et éclaircissait les idées. Mais, cette fois, ma mère n'osait plus l'accompagner au chant.

L'exode

Le 16 décembre 2012, alors que je jouais du piano dans le magasin, j'entendis tout à coup une forte explosion aux alentours. Puis une autre. Le magasin se mit à trembler, l'une des vitrines craqua – et explosa. Je courus à la porte. Nous nous étions habitués au bruit de l'artillerie ; ces derniers mois, l'aviation avait noyé les quartiers voisins sous un déluge de bombes. Yarmouk était encore épargné. Mais cette explosion semblait plus proche que les autres. Au loin, j'entendais un avion de chasse.

J'enfourchai mon vélo, cherchant des yeux une colonne de fumée dans le ciel, mais ce signe pouvait être trompeur car il y en avait souvent partout, en provenance de Tadamon. Des gens me crièrent qu'un MiG avait tiré un missile sur l'école Mansoura. Mon ancien collège ! J'y allai – et me retrouvai en pleine scène de guerre. Des autos brûlaient, une fumée noire flottait dans l'air. Le missile avait frappé le jardin à côté de la cour de récréation. Toutes les fenêtres de l'école et des maisons voisines avaient sauté. Les éclats de verre avaient percé les murs.

À peine étais-je arrivé qu'un autre missile frappa la maternité de Bassel – la clinique où notre fils venait de naître. J'y suis allé également, poussé par ma maudite curiosité. On avait allongé les morts et les blessés sur des couvertures à même le sol. Certains étaient estropiés. Un médecin accourait déjà pour déterminer qui pouvait être encore sauvé.

« Emmenez-le à l'intérieur », cria-t-il, et quatre hommes soulevèrent une couverture sur laquelle gisait un homme dont le visage était tellement abîmé qu'on le distinguait à peine sous le sang.

Un homme arriva en courant, éperdu, et chercha à retirer la couverture que l'on venait d'étendre sur une femme.

« Elle est morte !, cria quelqu'un.

— Je cherche ma mère ! », rétorqua l'homme. Il souleva la couverture, envoya une prière vers le ciel – « *Al-hamdu lillah !* » – et poursuivit sa course.

Je voyais mon ami le cinéaste Thaer courir ici et là, tremblant, avec une caméra. De ces images, il fera ensuite un court-métrage intitulé *MiG*.

La mosquée Husseini avait aussi été touchée. Les gens criaient, les survivants erraient à la recherche de leurs proches dans le rideau de fumée, des ambulances arrivaient à toute vitesse, il y avait du sang partout.

Je ne pouvais pas en supporter davantage. Je ne pouvais pas aider. Je rentrai chez moi.

Le soir, nous sommes restés longtemps assis à discuter. J'ai raconté à mon père ce que j'avais vu.

« Pourquoi Yarmouk ?, a-t-il demandé, soucieux. Nous nous sommes tenus à l'écart et voilà qu'ils nous bombardent. »

Et pourquoi avoir pris pour cibles une école, une mosquée, un hôpital – et le bureau d'état civil ? Des réfugiés y vivaient, à la rigueur, mais certainement pas des rebelles. La bombe avait foré le sous-sol de la mosquée, où des dizaines de familles avaient trouvé refuge. Plus de quarante personnes étaient mortes. Accablés, nous nous sommes mis au lit, couchés les uns à côté des autres sur les matelas posés à terre. Et nous sommes restés éveillés, longtemps.

Le lendemain, nous nous sommes levés à six heures. Je voulais me rendre avec mon père au centre-ville. Pour cela, il fallait franchir de nombreux barrages. Mieux valait donc partir tôt. Car, à midi, le soleil brûlant rendait les soldats nerveux. Alors tout pouvait arriver.

Une semaine auparavant, l'UNRWA avait retiré ses employés de Yarmouk. Elle ne pouvait plus garantir leur sécurité, les écoles gérées par l'office des Nations unies étaient remplies de réfugiés et il n'était de toute façon plus question de faire cours. En compensation, l'UNRWA avait annoncé que de l'argent liquide nous serait versé, à nous, Palestiniens. Chacun devait recevoir 3 000 livres (30 euros) par mois. Le paiement se ferait dans une banque du centre-ville de Damas. C'était là que je voulais aller ce jour-là. Mon père devait m'y accompagner.

Il était encore tôt mais, par la fenêtre, nous avons vu nos voisins transporter des coffres et des sacs dans le hall de l'immeuble.

« Vous allez où ?, leur demandai je.

— Rendre visite à de la famille pour quelques jours. »

De la literie et des matelas étaient étendus dans le vestibule. Cela ne ressemblait pas vraiment à une visite de quelques jours. Mon père et moi sommes sortis de l'immeuble, nous nous sommes pris par la main, comme d'habitude, puis nous sommes partis.

Lorsque je tournai dans la rue de Yarmouk, je fus saisi par une vision qui me glaça les veines : un flot ininterrompu de personnes, chargées de tout ce qu'elles pouvaient porter, s'étirait à travers un embouteillage monstre en direction de Damas. Il était encore tôt, et des dizaines de milliers de gens étaient déjà en route. Ils portaient des sacs, des coffres, poussaient des chariots et des poussettes, ils avaient chargé des caisses sur leurs vélos et des matelas sur les galeries de leurs voitures. C'est un peu à cela qu'avait dû ressembler le flot humain de la Nabka, le grand exode des Palestiniens en 1948.

Je questionnai quelques passants qui se hâtaient. Où allaient-ils donc tous ?

« Rendre visite à notre famille, répondit l'un deux.

— Mais pourquoi ?

— Tu ne connais pas la nouvelle ? Dans le *Yarmouk-News* d'aujourd'hui, il est écrit que le gouvernement invite tous les habitants à quitter Yarmouk immédiatement. Que Dieu nous garde. Qui sait ce qu'ils nous préparent. »

Non, je ne l'avais pas lu. *Yarmouk-News* était l'une de ces nombreuses pages d'informations tenues par des journalistes-citoyens qui fleurissaient sur Facebook depuis le début du soulèvement. Il y en avait pour tous les goûts, toutes les tendances politiques. Certaines étaient aussi inutiles que les médias officiels, d'autres proposaient un travail journalistique précis et offraient une précieuse alternative aux journaux classiques. Facebook permettait, du moins virtuellement, de passer outre l'interdiction de se réunir en vigueur depuis les années 1960. Bien entendu, le régime déconnectait régulièrement le réseau social, mais tout le monde savait comment contourner la censure.

Hier les bombardements, aujourd'hui l'ultimatum de l'armée. Et voilà qu'un des fugitifs me glisse à l'oreille : « Mon oncle travaille dans les services de sécurité de l'État. Il m'a dit qu'ils allaient instaurer un embargo sur Yarmouk. » Je m'inquiétais de plus en plus.

Nous avons rejoint le flot humain. Normalement, remonter la rue de Yarmouk ne prenait même pas dix minutes. Ce jour-là, nous avons mis trois quarts d'heure.

Mon portable sonna. C'était l'oncle Mohammed : Où étions-nous ? Avions-nous déjà quitté Yarmouk ? Devait-il passer nous chercher ?

« Non, dit mon père. On va encore attendre. On verra ce qui se passera. »

Après une brève discussion, nous avons décidé de considérer cette journée comme un test pour une fuite éventuelle. Pour voir ce qui se passerait au cas où… Si l'ensemble se révélait faisable, nous quitterions également Yarmouk. Avant d'être broyés par la guerre, comme on nous le prédisait.

Je regardais tous ces gens qui se dépêchaient. Pour une bonne part, ils étaient arrivés quelques mois plus tôt, fuyant leur quartier – quand les fusillades avaient commencé, quand leurs maisons avaient été bombardées. Rien d'étonnant à ce qu'ils se soient mis tout de suite en route. Ils n'avaient déjà plus rien à perdre.

Nous avons dépassé le « Melon d'eau », le rond-point à l'entrée de Yarmouk, et traversé peu après le pont en direction de la nouvelle Zahira, un quartier récent, avec des rues en bon état, des maisons qui n'étaient pas simplement faites de blocs de béton, mais décorées de granit clair. Des voitures étaient garées le long des rues, les magasins étaient ouverts et le flot des réfugiés se déversait au milieu de tout cela. Les premiers avaient été recueillis dans des écoles et des mosquées. Mais Zahira croulait maintenant sous l'afflux de ces naufragés qui ne savaient pas où aller. Certains d'entre eux, épuisés, étaient assis sur les trottoirs et racontaient qu'ils avaient trouvé partout porte close.

C'était une scène sinistre. Ici, la cohorte de fugitifs, là les habitants de Zahira qui rentraient chez eux en vitesse, leurs clés d'immeuble à la main pour se dépêcher de verrouiller leur porte, de peur que ces malheureux n'aient l'idée de passer la nuit dans leur cage d'escalier.

Les habitants de Zahira ne sont pas des monstres, en vérité. Mais ils ont dû prendre peur en voyant cette foule. Ils ne voulaient pas que Zahira connaisse le même destin que Yarmouk qui avait accueilli tant de réfugiés et en payait désormais le prix.

Dans ma tête, je passais en revue les différentes options : est-ce que je voulais faire subir ça à ma femme, à mon bébé de six mois et à moi-même ? Abandonner notre magasin ? Et de quoi vivrions-nous ? On ne louait des appartements aux réfugiés qu'à des prix astronomiques. Nous n'aurions jamais pu nous les payer. Il ne nous restait donc plus qu'à trouver refuge dans une mosquée ou dans une école. Là où l'armée faisait une descente tous les deux jours.

Je n'avais pas fait mon service militaire. Les études m'avaient évité d'être enrôlé. Est-ce que mon mariage et mon enfant allaient m'en préserver ? En Syrie, on n'a le droit de se marier qu'après avoir fait son service. Mais mon père connaissait quelqu'un qui connaissait quelqu'un qui, moyennant un pot-de-vin, avait tamponné l'autorisation de mariage sur mon passeport. Et cela pouvait me rattraper à présent, même avec une femme et un enfant. Tout ce qui valait autrefois n'avait plus cours désormais.

Si les soldats ne m'attrapaient pas lors d'une descente dans un camp de réfugiés, ils le feraient lors d'un contrôle dans la rue, à l'un de ces barrages qu'ils installaient partout. Nous avions eu le temps de l'apprendre : à chaque déplacement de population, ces points de contrôle poussaient comme des champignons. Non, en dehors de Yarmouk, les prétendus quartiers sûrs ne l'étaient pour moi.

Tout à coup, un des soldats dont l'unité était postée au bord de la route m'interpella : « Toi, montre-moi tes papiers ! »

Je les lui donnai.

« Vous allez où ?

— À la banque, chercher l'argent de l'UNRWA. » Je restai silencieux. Mon père aveugle était avec moi, j'avais mon livret de famille dans mon sac à dos, je ne pensais pas qu'il me causerait des problèmes.

« Et après, vous allez où ?

— On retourne à Yarmouk. »

Il sourit, narquois. Puis il me rendit mes papiers.

Nous avons pressé le pas. C'était l'ancienne route que j'avais prise si souvent avec mon père pour aller à l'école. Ce souvenir me rendit mélancolique. Combien d'heures avions-nous passées, assis dans le minibus, à parler de tout et de rien ? Qu'est-ce que je l'avais bombardé de questions quand j'étais gamin ! Et il m'avait toujours répondu avec patience. Ou encore, quand je me faufilais par ici en vélo. C'était autrefois, quand le futur semblait encore lointain et infini. Et maintenant ? On vivait sur des matelas, et l'avenir s'arrêtait au prochain checkpoint.

Nous avons fait la queue devant la banque. La vie dans ce quartier huppé de Malki semblait tellement normale ! La guerre qui faisait rage à quelques kilomètres de là semblait n'être qu'un mauvais rêve. Quand ce fut notre tour, j'ai présenté mes papiers d'identité et reçu les 9 000 livres pour Tahani, Ahmad et moi. Nous avons tout de suite pris le chemin du retour. Il était grand temps, à onze heures, le soleil était déjà haut dans le ciel. Nous marchions en silence l'un à côté de l'autre. Par moments, mon père demandait seulement : « Qu'est-ce que c'était ? Que vois-tu ? »

Plus nous approchions de Yarmouk, plus les soldats étaient nombreux dans les rues, et plus nous pressions le pas. Dans quoi nous étions-nous fourrés ? Des voitures de police, des transports de troupes, des véhicules de combat passaient à côté de nous. Deux pelleteuses roulaient vers le « Melon d'eau ». Elles allaient, ce jour-là, dresser des levées de terre sur toutes les voies d'entrée de Yarmouk. Comme l'avait prédit l'oncle des services de sécurité : le quartier était bouclé.

Un soldat nous arrêta de nouveau : « Vous voulez aller où ?

— On retourne à Yarmouk.

— Vous êtes fous ? »

Nous avons haussé les épaules et dépassé les soldats. Nous entendions s'enclencher les chargeurs dans les kalachnikovs. Les combats pouvaient éclater à tout instant. Des snipers pouvaient être embusqués dans chaque recoin. Nous faisions des détours par des petites ruelles et, quand nous étions forcés de traverser une rue, nous passions en courant, baissés, d'un coin à un autre.

« Et tout ça pour 9 000 livres, pestait mon père. La prochaine fois, je te les donne.

— Désolé ! Je n'aurais jamais cru que ce serait si grave. »

Mon père était un gros fumeur ; il n'était pas habitué à un si long trajet, il toussait et transpirait.

« Papa, tiens bon, l'encourageais-je, un peu démuni. On doit encore traverser ici. On est presque arrivés. »

Enfin, nous avons dépassé les soldats. Les rues de Yarmouk étaient vides, les magasins fermés. À part nous, personne n'était revenu. Nous avons dévalé la rue principale sans croiser âme qui vive ou presque pendant dix minutes.

Et puis, nous les avons vus : les combattants de la FSA. Ils remontaient la rue à pied, sans faire attention à nous. Leurs visages étaient cachés par des foulards noirs. Ils parlaient entre eux, tout excités. L'un d'eux cria en levant son arme en l'air : « Ce soir, nous serons à Damas ! » Les autres poussèrent des cris de joie.

Nous étions enfin rentrés à la maison. De rage, Tahani et ma mère me donnèrent presque des coups de poing. « Qu'est-ce qui te prend !, fulminait ma mère. La prochaine fois que tu veux te mettre en danger, fais-le tout seul au moins, et pas avec ton père ! Nous étions mortes de peur ! »

Tahani était tellement soulagé qu'elle avait les larmes aux yeux.

Elles avaient raison. Ce fut la dernière fois que je quittai Yarmouk. Nous étions, malgré tout, plus en sécurité ici.

Mon père était fatigué. Il s'était complètement épuisé. Il fuma encore une cigarette, but une dernière tasse de thé et se mit au lit.

Le soir, nous avons regardé les informations. L'armée, avons-nous appris, avait déclenché une offensive contre « les terroristes qui occupaient Yarmouk ». Puis on interviewa des réfugiés qu'on avait on ne peut mieux relogés et qui, maintenant, crachaient sur les terroristes.

Mais cela ne s'est pas passé ainsi. Je peux en témoigner. On avait vidé le quartier pour y appâter la FSA. Afin de mieux encercler ses combattants. Et, avec eux, les derniers habitants.

La grenade et les falafels

Notre quartier était désormais bouclé. Aidés par les miliciens du commandement général, les snipers de l'armée se tenaient embusqués aux sorties de Yarmouk – qui s'était transformé en ville fantôme. Les boniments des marchands, les rires des enfants, les cris des mères, les garçons qui sifflaient les filles, les filles qui pressaient le pas en faisant semblant d'être vexées, Abou Mohammed qui fumait sa chicha au coin de la rue, Abou Balila qui vantait ses pois chiches d'une voix éraillée : tout cela avait disparu. De même que mes élèves, mes clients, mes amis. Il y a peu, un demi-million de personnes vivaient ici. Il n'en restait que cinquante mille tout au plus. Comme si l'humanité avait été décimée par un virus mortel.

J'errais dans les rues, désœuvré. Je n'avais rien à faire. J'étais abattu, torturé par les questions. Après tout, c'était à cause de moi, et seulement moi, que ma famille était restée à Yarmouk. Pouvais-je exiger ça d'elle ? Devions-nous fuir en espérant que je traverse la zone de guerre sans être pris ? Avions-nous pris la bonne décision ? Qu'allions-nous devenir ?

Yarmouk était désormais aux mains de la FSA. Je voyais ses combattants tous les jours dans les rues. Nombre d'entre eux portaient un foulard sur le visage pour ne pas être reconnus. Leurs femmes et leurs enfants vivaient peut-être encore à Damas. Avant que les rebelles ne partent au front dans leurs épaves tout droit sorties de *Mad Max*, un de leurs chefs faisait un discours, puis ils levaient tous leurs armes vers le ciel en criant « Dieu est grand ! » et, ainsi galvanisés, ils se mettaient en route vers le « Melon d'eau » où les combats faisaient rage. Heureusement, notre magasin était à l'autre bout de Yarmouk.

Le blocus se durcissait chaque mois. Les femmes et les vieillards pouvaient toujours passer les checkpoints, mais à des heures bien précises et après avoir été minutieusement fouillés. On les autorisait à transporter de moins en moins de vivres dans leurs sacs. C'était tout d'abord cinq kilos par personne, puis « seulement pour les besoins journaliers ». Et ces « besoins journaliers » furent ensuite de plus en plus rationnés.

Nous avions entendu les nouvelles en provenance de Homs, Deraa et Douma, où des centaines de milliers de personnes avaient été encerclées par l'armée qui les avait laissées mourir de faim. Là-bas, les gens avaient mangé des feuilles et des lotiers pour retarder leur mort. Était-ce le sort qui attendait Yarmouk ? Mais nous sommes neutres !, disait-on. Des Palestiniens ! Des fidèles réfugiés depuis 1948 ! Pourquoi notre gouvernement, le rempart contre l'occupant sioniste, voudrait-il nous faire mourir de faim, nous ?

Certains magasins vendaient encore ce qu'ils avaient en stock. Les mères dont les marmites étaient vides pouvaient toujours se rendre à Damas pour y acheter du riz ou de l'huile – et garder en réserve une partie des provisions afin de continuer à nourrir leurs enfants. Mais les prix augmentaient de semaine en semaine, et bientôt les estomacs furent vides.

Toute notre famille avait quitté Yarmouk précipitamment, y compris mes oncles Mohammed et Sadik. Tous deux possédaient des petites épiceries où ils vendaient auparavant des haricots et du riz, du sucre et du thé, des pois chiches et des épices. Un midi, oncle Sadik réussit à passer les barrages et me donna les clés des magasins.

« Vends tout ce qu'il y a, me demanda-t-il. Mais au prix normal. Pas plus cher, hein ! Ce serait *haram.* » Interdit par le Coran. Les deux ne voulaient en aucun cas faire flamber les prix de la nourriture. Le magasin d'oncle Mohammed était plutôt vide, les affaires ne marchaient pas fort dernièrement. Oncle Sadik en revanche avait huit tonnes de nourriture, dont sept tonnes de lentilles rouges qu'ils vendaient comme nourriture pour les pigeons.

Je hochai la tête. Oui, je peux le faire. Mais je ne fis rien dans un premier temps. Après tout, je n'étais pas un vendeur de haricots !

En février, passant par hasard devant le magasin d'oncle Sadik, je vis le rideau de fer à travers l'entrée. Une grenade l'avait enfoncé en explosant à proximité. Le magasin avait dû rester ouvert comme ça depuis des jours. Tout le monde aurait pu entrer et le vider. Nous devions agir tout de suite. Mais impossible de transporter les sacs en pleine journée : le moindre soldat qui passait aurait pu nous confisquer toute la marchandise.

Nous sommes donc revenus durant la nuit, mon père, mon frère et moi. Nous avons mis les sacs sur un gros haquet que nous avions trouvé dans le magasin, et c'était parti. Nous faisions des allers-retours toute la nuit et nous nous reposions dans la journée. Une fois le soleil couché, nous recommencions, charretée après charretée dans les rues désertes. Nous ne sommes tombés qu'une seule fois sur un homme. Et le diable s'en est mêlé puisque, justement à cet instant, un sac est tombé du haquet et s'est ouvert.

« Qu'est-ce que c'est que ces haricots ?, demanda-t-il.

— C'est à mon oncle, lui dis-je. Nous allons les vendre.

— Donne-les-moi.

— Nous allons les vendre à un prix honnête. Tout le monde doit en profiter. Mais passe chez nous volontiers. » Je lui expliquai où se trouvait notre magasin et il s'en alla.

Que pouvais-je faire d'autre ? Rien. J'ai donc commencé à vendre des haricots. Pendant un mois et demi, tous les jours de 13 à 16 heures, je me tenais devant le magasin, à vendre du riz plutôt que des cordes de violon, du blé à la place des guitares. Je vendais un kilo de sucre 25 livres (20 cents). Plus tard, les gens l'achèteraient 2 500 livres. Et finalement 25 000 livres. J'étais sans doute naïf, mais je ne pouvais pas croire qu'un blocus puisse être aussi strict. Pas au beau milieu d'une métropole comme Damas.

La nouvelle courut que je pratiquais de bons prix. Bientôt, lorsque j'ouvrais le magasin, je trouvais déjà dix personnes qui attendaient. Pour être certain de ne pas approvisionner les usuriers, je faisais particulièrement attention à ce que chaque client reçoive la même quantité. Tout d'abord, deux kilos par personne. Puis un kilo. Puis cinq cents grammes.

Dans la file, les gens observaient chacun de mes gestes avec convoitise. Ils avaient tous la peur au ventre, la peur de la faim. Il y avait parfois des disputes : « Tu donnes plus aux autres !, se plaignait alors quelqu'un.

— Non. Regarde la balance, tout le monde reçoit la même chose. »

Au mois de mai, j'avais tout vendu : le sucre, le riz, les boîtes de thon, le boulgour, la margarine. La seule chose dont je ne m'étais pas débarrassé était les lentilles rouges. Personne n'en voulait, pas encore. Seule une espèce d'idiot était venu me voir un jour pour me proposer : « J'ai un pigeonnier chez moi. Vends-moi ces lentilles pour mes oiseaux. » Je refusai. Les gens avaient faim et on devrait donner ces lentilles à une escadrille de pigeons ? Certainement pas.

J'avais une meilleure idée. « Papa, tu sais quoi ? Puisque les bombes semblent vouloir continuer à pleuvoir, on pourrait se barricader derrière les lentilles. » Et ainsi nous avons empilé les cent quarante sacs de cinquante kilos de lentilles autour de notre campement de fortune. Si pendant la nuit une grenade atterrissait dans le coin, j'espérais que les éclats se heurteraient à ce rempart de légumineuses.

Le seul rayon de soleil de cette époque était le petit Ahmad. Il couinait, riait, babillait et grandissait. Il marcherait bientôt. Nous lui avions trouvé un trotteur pour qu'il puisse rouler sur la pointe des pieds à travers le magasin. Il aimait mettre ses petits doigts dans les gros sacs de lentilles. Chaque jour, je le prenais sur mes genoux et je lui jouais du piano, tandis qu'il tapotait les touches avec ses petites mains. Mon père lui jouait aussi du violon et, parfois, ma mère nous accompagnait au chant. Mais assez bas pour que personne ne puisse nous entendre de l'extérieur.

Mon frère Alaa travaillait toujours comme menuisier. Il avait du travail par-dessus la tête car le quartier déserté de Yarmouk était une aubaine pour les cambrioleurs et les pillards. Des immeubles entiers étaient vides. Je ne sais combien d'entrées avaient été fracturées. Alors les propriétaires appelaient mon frère, sans doute pour s'assurer que tout allait bien. Ou alors il réparait des fenêtres soufflées par les explosions. Il vivait dans la menuiserie, notre ancien magasin de musique. Il se faisait à manger tout seul et traînait le soir avec ses amis. Ses visites se faisaient rares.

Il continuait à travailler à Dscharamana, un nouveau quartier résidentiel à l'est de Yarmouk. Beaucoup de ses amis vivaient là-bas. Il traversait les checkpoints à l'aube, il construisait des portes sur les chantiers pendant la journée et, la nuit venue, dormait chez des amis. Il revenait quelques jours plus tard, en rapportant du pain et des tomates.

Mon père le suppliait d'arrêter : « Je t'en prie, Alaa, je t'en prie, tu as suffisamment de travail à Yarmouk. Les checkpoints sont trop dangereux. Arrête ça, je t'en prie ! »

Mon frère balayait ses craintes d'un revers de main : « C'est bon, calme-toi. Je n'ai pas peur des soldats. Qu'est-ce qui pourrait m'arriver ? » C'est vrai, il avait accompli son devoir militaire. Juste après l'école, il était parti faire son service pendant deux ans. Et il n'avait pas reçu d'ordre de mobilisation. Qu'est-ce qui pouvait bien lui arriver ?

« Ça peut tomber sur n'importe qui, lui disait mon père. Ils peuvent te mettre n'importe quoi sur le dos. Tu sais ce que l'on raconte ! »

Mon frère haussait les épaules. Il n'avait jamais écouté mes parents. Pourquoi l'aurait-il fait maintenant ?

Le 22 juin 2013, un samedi, très tôt le matin, il quitta Yarmouk pour passer le checkpoint en direction de Dscharamana. Il nous avait dit au revoir la veille.

Vers onze heures, un homme arriva chez nous.

« Je dois vous parler, nous dit-il, à mon père et à moi. Mais vous devez me promettre que jamais, vraiment jamais, vous ne direz mon nom à qui que ce soit. »

Nous le promîmes.

« Ils ont coincé Alaa. »

Mon père s'écroula. Il semblait avoir le souffle coupé : « Qu'est-ce qui s'est passé ? Raconte, je t'en prie !

— Ce matin, ils ont arrêté une douzaine d'hommes au checkpoint. Ils m'ont arrêté aussi. Ils m'ont jeté dans un fourgon, mais heureusement j'ai un oncle dans la milice. Il a harcelé le chef jusqu'à ce qu'il me relâche. Au dernier moment, Alaa m'a crié : "Préviens mes parents !" »

Mon père tremblait. « *Umm*, Aeham, viens vite ! », me cria-t-il.

Ma mère passa la tête à travers le rideau, en nouant son foulard : « Que se passe-t-il ?

— Ils ont Alaa. »

Il fallut un moment pour que ma mère comprenne. Puis elle s'est mise à sangloter.

« Vite, vite, allons au checkpoint !, s'écria mon père. On peut peut-être encore faire quelque chose ! »

Nous sommes immédiatement partis tous les quatre. Nous avons appris en chemin que l'homme au masque avait pointé du doigt mon frère.

L'homme masqué. Désormais, à chaque checkpoint, était posté un homme portant une cagoule noire. Il regardait les gens, montrait quelqu'un et disait : « Celui-là. » Et ils l'emmenaient. Sous un prétexte quelconque. Cela pouvait être n'importe quoi. Cela pouvait signifier : tu es désormais suspecté d'appartenir au FSA. Cela pouvait signifier : tu pars pour l'armée. Cela pouvait signifier : tu vas disparaître dans l'une de nos salles de torture. Cela pouvait signer ton arrêt de mort. L'homme masqué était à la fois juge et bourreau.

N'importe qui pouvait se cacher derrière cette cagoule. Un homme des services secrets. Un délateur. Ou tout simplement un prisonnier quelconque qu'ils avaient suffisamment travaillé à la gégène pour ensuite lui enfiler sur la tête un bout de tissu avec deux trous avant de le poster là, au checkpoint où ils l'avaient arrêté. Ensuite, il désignait des gens au hasard, pour remplir son quota de la journée. Le principal, c'était qu'ils ne le torturent plus.

Cet homme masqué avait montré mon frère et dit : « C'est Alaa. » Donc il le connaissait, mais d'où ? Alaa s'était mis à dos beaucoup de gars du quartier. Qui avait raconté quoi sur lui ? Qui se vengeait aussi impitoyablement ?

J'ai accompagné mes parents aussi loin que je le pouvais. Puis je leur ai souhaité bonne chance. Ils ont poursuivi seuls leur chemin. Je me suis assis dans l'ombre. Tout s'écroulait. Je m'imaginais où était Alaa désormais, ce qu'ils lui faisaient. Pourquoi n'avait-il pas écouté mon père ? Pour une fois ?

Pourquoi fallait-il que, à chaque fois que mon père disait « blanc », il réponde « noir » ?

Je me suis souvenu de la fois où Alaa était sorti un soir en courant dans la rue. Il n'avait pas douze ans. Les voisins venaient encore de se plaindre de mon piano. Il avait crié : « Le prochain qui n'est pas content, je viens personnellement l'éclater. » Je me suis souvenu que, lors d'une petite représentation à l'école de musique, il avait sauté dans une fontaine avec le cahier de solfège hors de prix. Je me suis souvenu comment il m'avait poussé à terre lors de la rénovation du magasin. Je me suis souvenu de ses fréquentes disputes avec mon père. Je suis resté cinq longues heures à attendre dans l'ombre.

Enfin, mes parents sont revenus. Sans Alaa. Ils étaient allés au checkpoint. Un soldat leur avait dit : « Attendez que le commandant revienne. »

Ils ont donc attendu, pendant deux heures. L'homme est enfin arrivé. Mes parents ont été conduits devant lui.

« Je suis aveugle, j'ai besoin de mon fils, gémit mon père. Il est ma seule consolation, je vous en prie, rendez-le-moi.

— Je ne sais pas de quoi vous parlez, lui rétorqua l'homme.

— Il a été arrêté ce matin.

— Nous n'avons arrêté personne.

— J'en suis certain. Quelqu'un me l'a dit.

— Et qui vous a raconté cela ?

— Je ne sais comment il s'appelle.

— Tu mens. Disparais ou je t'arrête. »

Ils durent renoncer. Les checkpoints sont des voies à sens unique. Quand on les emprunte, on ne peut plus revenir en arrière. Ils ont donc été obligés de sortir de Yarmouk puis de reprendre un checkpoint dans la direction opposée.

Nous sommes rentrés à la maison. Ma mère pleurait en silence. Quand nous sommes arrivés, Tahani était morte d'inquiétude. Dans la panique, personne n'avait pensé à la prévenir. Mon père passa immédiatement des coups de téléphone. Les lignes fixes fonctionnaient encore. Qui connaît quelqu'un dans la milice ? Qui a entendu parler de quelque chose ? Qui connaît quelqu'un qui pourrait connaître quelqu'un qui saurait quelque chose ?

Tôt le lendemain matin, mes parents se mirent en route pour Damas pour entreprendre des démarches auprès des autorités. Pour apprendre quelque chose, n'importe quoi. Alaa Ahmad, né le 13 février 1991, emprisonné le 22 juin, vous savez quelque chose ?

À cette époque, les files d'attente aux checkpoints s'étiraient sur plusieurs centaines de mètres. Ils ne rentrèrent que très tard le soir. Et repartirent le lendemain.

Tous les jours, ils étaient sur les routes. Des années durant ils seraient sur les routes. À la recherche d'une trace. Comme des dizaines de milliers de Syriens. Désespérément à la recherche d'une trace.

Ce qui nous restait de joie de vivre avait maintenant disparu. La nuit, ma mère restait éveillée sur le matelas et, quand elle se levait, ses yeux étaient embués de larmes. Mon père, cet homme joyeux, volubile, restait assis à fumer pendant des heures, plongé dans ses pensées. Puis il sursautait d'un coup et s'écriait : « Oh, mon Dieu, mon Dieu, je n'en peux plus. C'est trop. Qu'est-ce que je peux faire ? »

Mes parents priaient cinq fois par jour, comme ils l'avaient toujours fait. Ils priaient souvent ensemble. Je pouvais les entendre supplier Dieu à voix haute de nous rendre Alaa. Et de l'aider dans sa détresse.

Le 18 juillet 2013, c'était terminé : Yarmouk était complètement bouclé. Du jour au lendemain, les checkpoints furent fermés. Plus personne ne sortait, plus rien ne rentrait. Plus de riz, d'huile, de sucre ou de lait en poudre. Le siège commença. Le courant fut coupé. Le prix de la nourriture explosa.

Je me suis parfois demandé si le blocus de Yarmouk n'avait pas été prémédité dans les moindres détails. Comme si on avait aménagé le quartier de telle sorte qu'on puisse l'isoler du reste de la ville en deux temps trois mouvements. Un checkpoint au « Melon d'eau », quelques snipers dans l'alignement de la rue de la Palestine qui borde le côté ouest – et voilà Yarmouk et la banlieue sud en quarantaine.

Il ne fallut pas longtemps pour que les premières personnes meurent de faim. Le 18 août, ce fut une petite fille de six mois qui périt alors que sa mère fouillait tout Yarmouk à la recherche de nourriture pour bébé. Puis ce fut au tour d'un homme malade des reins de succomber à la mauvaise alimentation. Les gens s'inquiétaient. « Est-ce que j'ai une mine affreuse ?, se demandaient-ils entre eux. Est-ce que ça veut dire quelque chose si j'ai les yeux rouges ? »

Par une logique perverse, la cécité de mon père se révélait être un avantage. On le traitait avec respect, on lui accordait quelques faveurs. Ainsi, on annonça un jour qu'une petite forêt allait être abattue. Toute personne qui s'enregistrerait recevrait un tronc. Nous nous sommes vite rendus au bureau du FSA, où nous reçûmes effectivement l'autorisation de couper un arbre. Il pesait une demi-tonne. Nous avons dû le transporter en trois fois avec notre gros chariot.

Devant la maison, je l'ai débité en rondins que je fendais ensuite au burin. J'entassai les bûches autour du four afin qu'elles sèchent plus rapidement. Notre magasin dégageait maintenant un parfum corsé de résine.

Tous les jours, on entendait au loin l'artillerie et les tirs de riposte, tandis que Yarmouk s'enfonçait dans le silence et l'obscurité. Il fallait désormais improviser pour tout. Sans électricité, les machines à laver ne fonctionnaient plus. Je chaussais des bottes en plastique et je foulais au pied les couches dans un baquet. Il n'y avait plus de liquide vaisselle. Nous lavions les assiettes avec des cendres. Il n'y avait presque plus de shampoing. Nous nous douchions à l'eau froide. Nous n'avions quasiment plus de savon. Nous nous lavions les mains une fois par jour. Il n'y avait ni café ni thé. On se faisait une décoction à la cannelle ; ça, il y en avait à foison. Nous n'avions presque jamais de lait. Ahmad buvait de l'eau sucrée. Il n'y avait plus de tabac. Je roulais à mon père des cigarettes avec des feuilles de menthe séchées.

Cela empestait quand il fumait devant le magasin. Mais il ne voulait pas s'en passer et acceptait de sentir lui-même atrocement mauvais. Quand il prenait Ahmad sur ses genoux, celui-ci puait rapidement la fumée de menthe.

Un jour, Tahani en eut marre. Elle dit tout fort que Ahmad puait et que maintenant elle devait à nouveau le laver.

« C'est encore mon petit-fils, dit mon père sèchement. Je le prends sur mes genoux quand je veux. »

Tahani se tut, intimidée. Elle comprit qu'elle l'avait blessé.

Le soir, nous nous couchions tôt. Qu'aurions-nous pu faire d'autre ? Discuter sur quoi ? Nous étions des hommes des cavernes, les pupilles dilatées par la faible lueur des chandelles, le visage noirci par la suie des feux de bois.

Je ne supportais plus l'oisiveté dans laquelle on se morfondait. Il fallait que je fasse quelque chose de neuf. Et un jour, j'ai encore eu l'une de mes idées tordues. Je me suis entendu dire à ma mère : « Qu'est-ce que tu dirais de faire des falafels avec les lentilles ?

— Quoi ? Avec les lentilles ? », me demanda-t-elle, étonnée.

Précisons que je n'avais jamais fait la cuisine. Je ne savais pas, je n'y arrivais pas, ce n'était pas mon truc. Enfant, je m'étais brûlé avec de l'huile bouillante, après quoi ma mère m'avait interdit l'accès à la cuisine. Peu après avoir emménagé avec Tahani, je m'étais écharpé le doigt en coupant des tomates. Et elle aussi m'avait dit de laisser tomber.

Je passais depuis des semaines devant les sacs de lentilles alors que, dehors, les estomacs étaient de plus en plus vides. Ce n'était pas possible.

Normalement, on fait les falafels avec des pois chiches. On les laisse tremper une nuit pour qu'ils gonflent, on ajoute de la levure, du persil, des oignons, de l'ail, on assaisonne avec de la coriandre, du cumin, du sel et du poivre. On passe le tout à la moulinette et, avec la pâte, on roule des boulettes de la taille d'une balle de tennis que l'on fait ensuite rissoler dans de l'huile. Enfin, c'est ce que j'avais vu. Moi, je n'avais jamais fait un seul falafel.

Et maintenant j'étais tout feu tout flammes. Cela ne pouvait que marcher ! Les lentilles étaient dures comme la pierre, je les ai laissées tremper deux jours, j'y ai ajouté un peu de lotiers hachés qui poussaient dans les prairies de Yarmouk et j'ai assaisonné avec les épices qui restaient : du bouillon en poudre qui venait d'une fabrique de nouilles asiatiques récemment pillée par les combattants. Je passai le tout à la moulinette, roulai quelques boulettes et je les fis frire. J'essayai. Le bouillon en poudre donnait un léger goût de curry à mes falafels mais, sinon, c'était délicieux.

Au tour de ma mère. Elle s'écria : « Mais c'est bon ! »

J'étais ravi : enfin, j'avais quelque chose à faire ! Quelques jours plus tard, j'ouvris un embryonnaire restaurant de falafels. Je m'assis sur un tabouret à quelques mètres du magasin, un petit réchaud devant moi, le bac avec la pâte de lentilles, et c'était parti. Je vendais les deux boulettes pour 10 livres (8 cents), le prix normal à Damas. Faire de l'argent avec la misère ? Cela ne me serait pas venu à l'esprit.

Avant peu, de longues files se formèrent devant mon stand de falafels. Des affamés venaient même de Yalda et faisaient la queue pendant une heure. Parfois, des combattants de la FSA faisaient aussi la queue, leurs kalachnikovs en bandoulière. Je leur demandais de revenir sans leurs armes. Ce qu'ils faisaient sans discuter.

Tahani et moi préparions chaque soir au moins vingt-cinq kilos de pâte. Les lentilles, la verdure, les épices, la moulinette – et les falafels de guerre étaient prêts. Cependant, Tahani ne cessait de me demander de ne pas rester toute la journée dehors. C'était trop dangereux, d'après elle. Je ne l'écoutais pas. Je faisais bien trois mille falafels par jour. Je reçus l'aide de Samer, un cousin éloigné, le seul parent qui nous restait à Yarmouk. Il sortait les falafels de l'huile, encaissait l'argent et servait les clients.

J'avais beaucoup d'huile. En effet, une usine de chips venait d'être pillée. Sur la place du marché improvisé de Yarmouk, l'huile de friture se vendait par bidons de vingt-cinq litres. J'en achetai une provision de dix.

Il manquait encore l'essence pour mon réchaud. Mais cela se trouvait aussi. On pouvait en récolter en faisant brûler du plastique et en laissant refroidir la fumée noire dans un tuyau d'échappement, duquel perlait une espèce d'essence. On a ainsi commencé à brûler le plastique des placards, des portes, des tapis. Et puis tout ce qu'on a pu trouver. On a éviscéré des immeubles entiers. Après tout, les murs recelaient des tubes en plastique qui eux-mêmes recelaient de l'essence.

De 8 heures du matin à 7 heures du soir, je faisais des falafels. Des gens affamés rayonnaient quand ils se fourraient ces boulettes chaudes dans la bouche. Ils me couvraient de louanges. Que Dieu te protège !

Malgré tout, je me sentais lamentable. J'étais furieux. Qu'étais-je devenu ? Il y a peu, je rêvais encore d'une carrière de musicien. Je pensais pouvoir prospérer comme entrepreneur. J'avais mes entrées chez Feisal Jammal, l'un des meilleurs pianistes du pays. Et maintenant j'étais assis par terre, les vêtements tachés d'huile, à faire frire de la pâte aux lentilles. J'avais l'impression d'être puni. Mais quel crime avais-je commis ?

J'entendais les gens murmurer : c'est le pianiste. Et ils montraient notre magasin derrière moi. Je voyais de la surprise dans certains regards. Mais aussi une sorte de plaisir malsain. J'entendais les chuchotements, les médisances. Comme j'ai pu haïr tout cela.

« Oho, mais qui avons-nous là ?, s'écria un jour l'une de mes connaissances qui passait par hasard. Mais c'est monsieur le pianiste ! Tu t'es donc fait vendeur de falafels ?

— Oui, répondis-je froidement. Je suis pianiste et vendeur de falafels. » Puis, comme il s'éloignait : « En tout cas, moi, je subviens tout seul aux besoins de ma famille et je ne vole pas la nourriture. » J'avais entendu dire que cet homme pénétrait dans les appartements désertés pour chercher des vivres. J'enrageais pourtant. Qu'étais-je devenu ?

Ce soir-là, j'étais assis avec des voisins autour d'un feu devant notre magasin. Cela paraît peut-être romantique mais, en fait, ça puait. Nous faisions brûler des bouteilles plastique. Du bois, cela aurait été du gaspillage pour un feu de camp et, après tout, le plastique produit de grandes flammes en brûlant. On pouvait s'y réchauffer. Nous étions donc assis là, à échanger les nouvelles habituelles. Untel est mort. Que devient Untel ou Untel ? Qui distribue la soupe aux pauvres maintenant ? De la soupe avec du bouillon en poudre, et rien d'autre dedans.

Tahani est sortie et m'a demandé : « Pourquoi tu ne leur joues pas quelque chose ? Allez, je t'apporte l'accordéon !

— Tu es sérieuse ? Au milieu de la nuit et en pleine rue ? » Il était quand même 23 heures.

Tahani m'a jeté un adorable regard déterminé qui signifiait « on s'en fiche ». Elle a couru à la maison et m'a rapporté l'accordéon. Elle ne supportait plus de me voir aussi déprimé.

J'ai commencé à jouer. Une chanson de Fairouz connue de tous. Les regards vides s'éclairèrent peu à peu. Quelques gars se mirent à chanter. Encore une chanson. Et puis une autre. L'ambiance se réchauffait. Le feu des bouteilles plastique n'empestait plus. C'est devenu une belle soirée.

Un jour, à midi, j'étais assis par terre comme d'habitude, à frire des falafels de concert, Samer à mes côtés. Cette fois encore, la file d'attente était gigantesque : cinquante, cent – que sais-je ? –, cent cinquante personnes faisaient la queue. Et soudain, il y eut une explosion, je reçus un coup, j'étais à terre, inconscient.

Mes oreilles bourdonnaient. Je vis les gens courir à travers un nuage de poussière. Je les entendais crier, doucement, comme s'ils étaient loin, très loin.

Samer me secoua par les épaules : « Aeham ! Aeham ! Tout va bien ? » Son pantalon était maculé d'huile. La friteuse avait dû se renverser.

« Oui, tout va bien », murmurai-je. Je n'avais pas mal. Je sentais que quelque chose clochait, mais quoi ?

« Tu es sûr ?, me cria-t-il. Tu saignes de la main ! »

Je baissai les yeux. Le sang jaillissait de ma main, au rythme des battements de mon cœur.

« Qu'est-ce qui s'est passé ?, bafouillai-je.

— On a lancé une grenade ! »

Il prit un petit mouchoir et me l'appuya sur la main pour freiner l'hémorragie. Puis il m'aida à me lever. « Tu peux marcher ? »

J'essayai. Oui, ça allait. Mais j'étais encore tout étourdi.

« Vite, à l'hôpital ! »

Nous sommes partis. J'ai vu que la grenade était tombée dans un coin de bâtiment. Quelques mètres plus loin, il n'y aurait eu aucun survivant. Des dizaines de personnes s'étaient mises en route. Elles avaient reçu un éclat de grenade comme moi ou des projections de décombres. Devant moi, on portait dans une couverture un homme, le visage en sang, bringuebalé d'un côté, puis de l'autre comme s'il était en caoutchouc. Je le connaissais. Il venait souvent manger des falafels. Il était mort.

J'examinai ma main droite. L'index et le majeur pendaient, inertes. Quand je voulais les plier, quelque chose bougeait sur le revers de ma main. Juste sous la peau. Qu'est-ce qui pouvait bien bouger ici ? C'était une impression très bizarre.

C'est terminé, mort, foutu, pensai-je. Mes doigts sont sectionnés maintenant. Fini, le piano. Quelques jours plus tôt, j'avais pris un morceau de Mozart et improvisé. Était-ce la dernière fois que je m'étais assis au piano ? Mais ma main gauche était encore valide, et puis les trois autres doigts de l'autre main aussi, et là, je me suis souvenu d'une vidéo sur YouTube où l'on voyait un homme jouer des morceaux entiers à deux doigts, ou cet autre type qui faisait du piano avec ses orteils. Si je m'entraînais beaucoup donc, si les huit doigts restants fonctionnaient… Et c'est ainsi, perdu dans mes pensées, que je suis entré dans l'hôpital de Hadschar al-Aswad, à la suite des hommes qui portaient le mort dans une couverture.

Il a fallu un moment pour que mes yeux s'habituent à l'obscurité. Cette salle était autrefois utilisée pour célébrer les mariages. Elle était désormais divisée en douze petites salles de soins provisoires, séparées par des couvertures accrochées à des cordes. Le mort fut déposé sur un lit au premier rang sur la gauche. Je pris le troisième fauteuil. Le cuir était moucheté de taches noires qui semblaient être de sang séché. Seuls quelques lits étaient occupés. À cette époque, il n'y avait pas encore beaucoup de fusillades à Yarmouk.

Au bout de quelques minutes, un homme est venu me voir. Sa blouse blanche était pleine d'éclaboussures de sang.

« Que s'est-il passé ?, demanda-t-il.

— Je vendais des falafels dans la rue et une grenade a explosé. J'ai reçu un éclat. » Je lui montrai ma main droite.

« OK, voyons voir ça », dit-il. Il mit ses verres grossissants, dirigea une lampe sur ma main, me demanda de bouger les doigts, vérifia mes réflexes, examina quelles parties étaient inertes et quelles parties étaient douloureuses.

« La grenade a sectionné les muscles extenseurs de l'index et du majeur. J'ai déjà vu un médecin les recoudre une fois. Je peux essayer.

— Tu es médecin ?

— Non, menuisier.

— Menuisier ?

— Mais j'ai travaillé six mois avec un des médecins ici et j'ai déjà fait beaucoup d'opérations. Normalement, on devrait t'amputer les doigts.

— Non, je t'en prie ! En fait, je ne suis pas vendeur de falafels, mais pianiste. »

Il sourit : « Je vais essayer. C'est calme aujourd'hui. Mais je ne peux pas garantir que tu retrouveras le toucher de ces doigts.

— Fais de ton mieux.

— Ferme les yeux, dit-il. Détends-toi, ne bouge plus, ne regarde pas ta main. » Il m'a tenu sous le nez un bout de coton avec un produit narcotique. J'ai perdu connaissance.

Puis, comme me le raconta Samer plus tard, il sortit avec une pince les tendons déchirés des deux doigts, avant de les recoudre, puis il referma la plaie, me banda la main et y attacha une attelle en bois pour maintenir les doigts en place. Il s'occupa de moi pendant deux heures.

Quand ce fut terminé, il demanda à Samer de me raccompagner et me dit en partant : « Ne joue pas du piano maintenant ! Tu dois attendre au moins deux mois avant de bouger les doigts. Porte-toi bien. » J'acquiesçai et quittai la salle. Devant, sur le premier lit, gisait toujours le mort.

De retour à la maison, je me suis fait incendier par Tahani. Elle avait entendu l'explosion, vu les flaques de sang, assailli les gens de questions, leur demandant où j'étais. Personne ne lui avait dit que j'étais blessé. Les gens, maintenant, détestaient apporter de mauvaises nouvelles, de peur d'être confrontés au deuil. Ils préféraient raconter autre chose ou faire comme si de rien n'était, même s'ils savaient quelque chose.

Un mois plus tard, je retirai le bandage pour évaluer l'état de ma blessure et les points de suture noirs. L'extrémité de mes doigts était froide, la chair sous les ongles était devenue claire, je ne sentais plus rien à cet endroit.

Je me suis assis au piano et j'ai commencé à jouer. *1-3-2-3-3-4-1-4*. Et j'ai repris depuis le début. Des gammes. C'était douloureux mais ça allait. Je m'entraînais. Une demi-heure les premiers jours, puis une heure, et puis une heure et demie. Des années plus tard, en Allemagne, je suis allé voir un médecin. Il a scanné mes doigts et les a examinés. « Il est impossible que tes doigts fonctionnent normalement avec ça, dit-il. Comment fais-tu pour donner des concerts ? » Les nerfs sont détruits à près de soixante-dix pour cent. Je ne sais pas non plus comment je fais.

J'ai recommencé à vendre des falafels une semaine plus tard. Nous nous sommes postés à quelques rues d'écart, loin des flaques de sang, et nous avons échangé les rôles. Samer faisait frire les falafels et je les vendais. Bientôt, la file s'est à nouveau étirée sur un demi-pâté de maisons. Mourir en faisant la queue pour des falafels ? Un estomac vide n'en a que faire.

Les gens avaient faim. Quand c'était enfin leur tour, ils prenaient les boulettes chaudes dans leurs mains et les regardaient amoureusement. Ils les humaient, ils en mordillaient la croûte. Ils prenaient doucement, prudemment, la première bouchée. Ils la glissaient dans la bouche avec volupté. Certains avaient cueilli de la verdure je ne sais où, une racine de pissenlit, de la roquette sauvage ou du lotier, et mordaient dedans après chaque bouchée de falafel. Comme si c'était la dernière chose qu'ils mangeraient ce jour-là.

Mon ami Raed

Alors que tout s'écroulait, je me suis fait un nouvel ami. Ou devrais-je dire un ange gardien ? Un soir, nous étions tous les deux chez moi. Nous nous connaissions depuis un moment déjà. Les derniers rayons du soleil faisaient briller ses yeux. J'étais assis en face de lui, nous parlions de je ne sais plus quoi. Tout ce dont je me souviens, c'est le soleil orangé qui éclairait son visage et faisait rayonner ses yeux. Tout à coup, je sentis que c'était le meilleur ami que j'aie jamais eu. Comme si Dieu me le montrait du doigt en me disant : « Celui-là. »

Samer et moi étions encore à vendre nos falafels quand je vis passer une petite femme potelée, un foulard sur la tête, très maquillée, tenant par la main son fils et sa fille. Tous trois étaient jolis, ils semblaient en bonne santé avec leur teint hâlé. Ils avaient quelque chose de particulier. Comme s'ils sortaient d'un film d'avant-guerre et qu'ils étaient tombés dans notre film de guerre. Ils ne cadraient pas avec le décor.

J'ai vu la femme passer avec ses enfants deux fois, trois fois. Elle était toujours coquettement apprêtée, bien maquillée et habillée avec élégance. Elle avait une démarche droite, altière. Ils arrivaient toujours de la même direction, passaient devant notre stand et tournaient à droite. Qu'est-ce qu'il y avait là pour s'apprêter ainsi ? Où allaient-ils donc ? La quatrième fois, ils prirent place dans la queue.

« Bonjour, professeur Aeham », dit-elle quand ce fut son tour. Bon sang de bois ! J'en restai bouche bée. Elle devait me connaître d'avant. « Trois falafels, s'il vous plaît. »

Ses enfants avaient le visage propre, semblaient bien portants. Ils avaient l'air d'enfants normaux se rendant normalement à l'école. Bref, tout ceci était assez inhabituel. Que trouvait-on en tournant à droite ? J'étais dans tous mes états. Comme si, par son « Bonjour, professeur Aeham », elle avait réveillé le musicien enfoui sous les couches de pâte de lentilles.

Radieux, je lui demandai : « Tu me connais d'avant ?

— Bien évidemment. Tu es le prof Aeham. Je te connais et Raed, mon mari, aussi. »

Je ne pus contenir ma curiosité : « Où allez-vous toujours comme ça ? Et pourquoi m'appelles-tu prof ? Et qui est ton mari Raed ? »

Elle m'expliqua qu'un professeur du nom d'Abou Saussan avait fondé une école au coin de la rue. Dans l'ancienne salle des fêtes Al-Andalus. Elle travaillait là-bas comme institutrice, son mari comme technicien. C'est pour cela qu'elle se faisait belle dès le matin. J'étais tellement absorbé par notre conversation et par cette apparition inhabituelle que j'en oubliai de sortir les falafels. Il fallait que je voie cette école !

Ce jour-là, nous avons fermé plus tôt et je me suis rendu à l'ancienne salle des fêtes. Je frappai à la porte en fer. Elle s'entrouvrit. Je la poussai complètement et entrai dans un couloir mal éclairé. Un générateur, désormais inutile, gisait sur le sol. J'entendais des voix d'enfants. Je les suivis, poussai une autre porte – et me retrouvai tout en haut, dans la salle des fêtes. Elle était remplie d'enfants ; de minuscules ampoules l'éclairaient à peine. En m'approchant, je me suis rendu compte que c'était de ces diodes qu'on trouvait dans certains briquets en plastique. Quelqu'un les avait reliées entre elles par un câble. Qui avait bien pu avoir cette idée ?

Ici aussi, des draps cloisonnaient la salle. Les élèves de première année étaient installés à côté de ceux de deuxième année. Quand les uns avaient cours de morale, les autres, en cours de maths, pouvaient les entendre, et inversement. Un beau capharnaüm.

Je passai devant une classe dans laquelle un clown était en train de faire son numéro. Il portait une perruque de laine multicolore et avait glissé un coussin sous sa chemise. Il faisait semblant de manger de l'air : « Oh bon sang, j'ai plus faim !, disait-il en soupirant et en tapant sur son gros ventre. Super bon, cet oxygène. Goûtez-y donc aussi ! Remplissez-vous le ventre ! » Les enfants gloussaient et jouaient le jeu. Ils avalaient de grands bols d'air et se frottaient le ventre. Je souriais aussi. Cela me plaisait. Pourquoi se morfondre ?

Et puis, d'un coup, cela me passa par la tête : il faut que je joue du piano ici ! Je suis pianiste, pas vendeur de falafels ! Je vais demander à Abou Saussan si je peux faire de la musique avec les enfants.

Je demandai où était son bureau, j'y allai et frappai à la porte. « Entrez ! » J'ouvris et me retrouvai dans les toilettes de l'ancienne salle des fêtes. Il y avait plus de lumière ici. Je ne sais pas où ils avaient camouflé les toilettes mais, en tout cas, l'ordinateur portable d'Abou Saussan trônait sur un meuble étrange. Un autre collègue était assis avec lui. Abou Saussan avait dépassé la cinquantaine ; il était petit, maigre, avec des cheveux noirs frisés. Il portait un jean et un T-shirt. Son regard était sévère. Il était en plein milieu d'une tirade : « Mais, bon Dieu, qui est encore en train de télécharger un truc ? Je vais changer le mot de passe si ça continue ! Je ne peux pas travailler avec cet Internet au ralenti ! »

Internet ? Lumière ? Ordinateur ? En ces temps sans électricité ? Incroyable !

Finalement, Abou Saussan m'adressa un salut. « Qu'est-ce que je peux faire pour toi ? »

Je lui répondis sans ambages : « J'aimerais bien travailler ici. »

Il me regarda, décontenancé : « Hein ? Tu veux faire quoi ici ? Et d'abord, comment tu es arrivé là ? »

Ah oui, j'avais oublié. J'ai alors un peu enrobé les choses. Je lui ai dit que j'observais l'école depuis longtemps, que je voudrais bien aider et jouer du piano avec les enfants. Le visage d'Abou Saussan s'éclaira. L'idée semblait lui plaire.

« Tu pourrais venir le vendredi ?, demanda-t-il.

— Pourquoi le vendredi ? Pourquoi pas les jours de cours ?

— Ce n'est malheureusement pas possible, dit-il. Nous sommes une école, nous avons un emploi du temps bien déterminé auquel nous devons nous tenir. La musique n'est pas prévue. »

J'hésitai. Je ne pensais pas qu'on donnait ici des cours à la va-vite pour le brevet des collèges, mais qu'il s'agissait plutôt de distraire les enfants des malheurs de la guerre. Avec de la musique, par exemple. Et je n'aurais le droit de le faire qu'en dehors des jours de cours ?

« Et que dirais-tu de samedi ? », proposai-je.

Il secoua la tête. Vendredi ou rien.

J'étais désarmé. Comment pouvait on être encore si pointilleux dans cette pétaudière ? Je ne voulais pas venir le vendredi. Je devais accompagner mon père à la mosquée ce jour-là. D'ailleurs, personne ne viendrait à l'école le vendredi.

Nous nous sommes tus un instant. Puis, aucun accord n'étant à espérer pour le moment, je passai à un problème plus fondamental : est-ce qu'il y aurait du courant pour le clavier ?

« Demande à Raed, dit-il. C'est l'assistant technique ici. » À Yarmouk, être assistant technique signifie, entre autres choses : éplucher les oignons, faire le café, trouver des chaises, remettre le courant quand le générateur est en panne. Bref, être l'homme à tout faire.

Je pris congé et je demandai où trouver ledit Raed. « Il tourne un film dans la salle de derrière », me dit-on. Je frappai à la porte et l'ouvris. Derrière une caméra, se trouvait un homme large d'épaules, arborant une fine moustache et un sourire paisible. Ce devait être Raed. Pouvais-je lui parler un instant ? Mais certainement. Il sortit de la salle de classe.

« Ah, mais je te connais, tu es le type des falafels », s'écria-t-il amicalement.

Normalement, cette simple phrase suffisait à me mettre dans de mauvaises dispositions. Mais Raed me souriait si gentiment que je ne pouvais pas me mettre en colère contre lui.

« ... Et pianiste, complétai-je. Tu aurais cinq minutes ? »

Je lui ai expliqué que j'avais rencontré sa femme et qu'elle m'avait parlé de l'école. « J'aimerais bien donner des cours de musique ici. »

Raed hésita un instant, puis il dit sérieusement et très sûr de lui : « Vaudrait mieux oublier.

— Comment ça ?, demandai-je, surpris.

— Je t'expliquerai plus tard. »

Pendant un moment, je me suis demandé s'il ne voulait simplement pas me laisser participer à ce projet, mais quelque chose me disait que son conseil venait du cœur. « Vaudrait mieux oublier » : ces mots résonnaient dans ma tête. Pourquoi sa femme et lui travaillaient-ils ici si c'était si mauvais ? Je sentais qu'il voulait m'en dire plus. Nous avons alors convenu de nous retrouver chez moi après l'école pour en discuter.

Et, en effet, il arriva chez moi à 17 heures précises, juste après la fermeture de l'école. Cela me surprit. À Yarmouk,

« après l'école » pouvait aussi bien signifier 16 heures qu'une heure du matin. Apparemment, Raed prenait les rendez-vous au sérieux. Tahani lui servit un café-cannelle.

Je lui demandai pourquoi il filmait les enfants : « C'est quand même dangereux !, m'écriai-je. On ne sait jamais dans quelles mains peuvent tomber les enregistrements et, à la fin, ils arrivent sur le bureau de la Sécurité intérieure. Ils vont faire quelque chose de tout ça !

— Qu'est-ce que je peux faire d'autre ? C'est mon boulot », répondit-il. Il filmait tout, puis il téléchargeait les vidéos sur Internet afin de montrer le travail à ceux qui finançaient l'école. Il devait tout filmer : les cours, l'administration, les enfants à la cantine, afin que le sponsor voie que son argent était bien arrivé.

« Mais c'est qui ce sponsor ?

— Seul Abou Saussan le sait. Personne ne connaît son nom. Tout ce que je sais, c'est qu'il nous paye au lance-pierre, ma femme et moi. »

Ensuite, Raed me raconta que, des années auparavant, il avait acheté un jeu de cordes dans notre magasin. D'un coup, je me suis souvenu de cette époque, de notre prospérité, de tout le travail que nous avions. Il ne fallut pas longtemps pour que je le surnomme amicalement Abou Rour. J'avais besoin de quelqu'un à qui parler à cœur ouvert. Avec lequel partager mon amertume, afin qu'elle soit justement moins amère. Les manières honnêtes, sincères de Raed me plaisaient.

« Comment se fait-il que vous ayez Internet à l'école ? », lui demandai-je.

Il se mit à rire. « Le plus simplement du monde : tout ce dont tu as besoin, c'est d'un routeur et d'un peu d'électricité. »

Je le regardai sans comprendre.

« Il suffit de trouver une ligne téléphonique en service et tu peux te connecter.

— Quoi ? C'est dingue !

— Tu as besoin d'Internet ?

— Ce serait vraiment pas de refus !

— Bon, eh bien, je passe chez toi d'ici trois jours avec mon routeur et on voit si ça fonctionne.

— Ce serait génial.

— Tu as juste besoin d'une batterie. Tu aurais ça ? »

J'ai réfléchi. Et je me suis souvenu de mon Rama, une mobylette électrique de fabrication chinoise. Elle était encore là-bas, dans la menuiserie, cachée sous un bric-à-brac. Je l'avais achetée cinq ans avant. À l'époque, le trafic automobile avait explosé à Damas. Les voitures neuves étaient fortement taxées et beaucoup de gens se rabattaient sur les mobylettes électriques. On les branchait cinq heures sur une prise et on pouvait ensuite filer jusqu'à 40 km/h à travers toute la ville. Le Rama avait aussi un pédalier électrique, à n'utiliser qu'en dernier recours tant cette bécane était lourde et encombrante.

« Tu as un Rama ? Excellent ! Il y a cinq bonnes batteries là-dedans. Tu auras bientôt Internet alors ! »

Que de belles choses en vue ! Internet ! Le courant ! J'allais enfin pouvoir de nouveau chatter avec mes oncles et mes cousins !

Raed revint trois jours plus tard. Il ouvrit un panneau de raccordement électrique dans ma rue, en tira un câble et brancha son routeur à une batterie qu'il avait également rapportée. Et bientôt mon téléphone portable fut à nouveau connecté à Internet. Je poussai des cris de joie. Puis nous sommes allés à la menuiserie pour démonter les batteries, avant de nous faufiler dans la rue de Yarmouk pour prendre des photos de nous que j'ai ensuite postées sur Facebook.

Le premier signe de vie depuis longtemps, très longtemps.

J'ai reçu une tonne de commentaires : « Tu as maigri ! » « Comme les rues sont vides à Yarmouk ! Ce n'est pas possible ! » « J'allais tout le temps manger des falafels, juste à droite. Ça me manque grave ! »

Les mois suivants, quand je postais des vidéos de Yarmouk assiégée, quand je donnais des interviews au *Guardian* ou au *Süddeutsche Zeitung*, quand enfin j'organisais des concerts en direct qui étaient retransmis à Belgrade ou Beyrouth, c'était toujours Raed qui se chargeait de la caméra, des batteries, des projecteurs. C'est à lui et à lui seul que je dois tout cela.

J'ai finalement donné deux ou trois fois des cours de musique dans l'école d'Abou Saussan. Il avait raison : le bruit couvrait celui de tous les autres cours. Cela ne pouvait pas fonctionner. Abou Saussan ne prenait pas de gants avec les gens et avait une haute estime de lui-même. Mais je ne peux en dire que du bien. Il a dirigé son école clandestine pendant encore un an et demi. Jusqu'à l'arrivée de Daech. Son école représentait une lueur d'espoir. Qu'auraient pu faire les enfants toute la journée sinon ? Rester à la maison ? Jouer dans la rue ? Ce sont des personnes courageuses comme Abou Saussan qui rendirent la vie encore possible à Yarmouk. Sans eux, la situation aurait été absolument désespérée.

Et j'avais trouvé un nouvel ami.

Une idée en germe

L'automne arrivait. Tahani, le petit Ahmad et moi-même avions déménagé dans l'appartement d'un voisin, celui d'Abou al-Abed, cet homme si serviable qui nous avait apporté des matelas, des oreillers et des couvertures lors de notre première nuit dans l'atelier. Lui aussi avait fui depuis longtemps. Il nous avait proposé à plusieurs reprises de nous installer chez lui. Et voilà maintenant qu'il nous donnait la clé de son logement.

Une fois que les combats se sont apaisés à Yalda, nous avons pris notre gros chariot et nous l'avons poussé à travers les rues. De loin, nous l'avons bien vu : l'appartement de mes parents avait été touché. Il y avait un trou béant dans le mur extérieur, les fenêtres manquaient. La cage d'escalier était intacte, mais quand nous avons ouvert la porte en fer, de la poussière est tombée. Une grenade avait explosé à l'intérieur. Un pilier porteur avait été arraché. Le béton des murs avait sauté, à tel point qu'on voyait l'armature. Personne n'aurait survécu à cette explosion.

Un mur s'était écroulé, ensevelissant la moitié de la bibliothèque de mon père. Je lui ai décrit ce que je voyais : « Tout le côté gauche de tes étagères est sous les gravats.
— C'est une chance. Mes livres en braille sont à droite. » Il

en tâta les couvertures, en prit quelques-uns, dont un volume de géographie et un ouvrage d'interprétation des rêves, pour lire dans le silence des soirées à l'atelier.

Nous avons descendu le lit double de mes parents pour qu'ils ne soient plus obligés de dormir par terre, la télévision à écran plat et le frigidaire pour empêcher les vols, de la vaisselle et des épices. Mes photos de mariage, une photo d'enfance d'Alaa et de moi. Ma mère soupira quand elle la décrocha. Mais surtout, nous avons pris six bidons d'huile que ma mère avait autrefois achetés en réserve. Quatre-vingt-seize litres de bonne, d'onctueuse huile d'olive. Un véritable trésor.

Nous avons fait deux allers-retours, avec à chaque fois un détour par notre appartement, à Tahani et moi. Il était intact, à quelques détails près : seules manquaient les fenêtres et il y avait un trou dans un mur extérieur. Nous y avons pris des albums photos et des CD, le frigidaire et la télé, des tétines et des biberons.

Oui, nous avions de la chance. À cette époque, un homme est venu me voir pour me proposer de me vendre du riz et du sucre, un gros sac de chaque. Il m'a dit vouloir quitter le quartier. Il a fait l'éloge de mon stand de falafels et disait connaître l'un de mes oncles. Il demandait un prix honnête pour ses sacs, et non les sommes astronomiques qui se pratiquaient désormais au marché noir. J'acceptai avec gratitude.

Ces deux sacs étaient désormais notre trésor de guerre. Nous nous permettions de manger du riz une fois par semaine. Seul Ahmad avait tous les jours droit à sa petite assiette ainsi qu'à un biberon d'eau chaude sucrée.

Yarmouk criait famine. Il ne se passait quasiment pas une semaine sans qu'on annonce un nouveau « martyr de la faim ». Peut-être était-ce aussi l'eau souillée, un virus, une maladie, tout cela à la fois qui achevait les plus décharnés, les plus faibles, les bébés et les vieillards. Une organisation humanitaire locale fit le recensement suivant :

Mahmoud Alaa al-Din, décédé le 26 octobre, mort de faim.

Aya (enfant en bas âge), décédé le 28 octobre, mort de faim.

Abdelhay Yousef (4 ans), décédé le 2 novembre, mort de faim.

Omar Hussein (enfant), décédé le 10 novembre, mort de faim.

Malik Jumaa (enfant en bas âge), décédé le 10 novembre, mort de faim.

Mahmoud Mohammad al-Aydi, décédé le 20 novembre, mort de faim.

Un jour, on a découvert le corps décharné d'un vieil homme. Il était mort dans son lit, oublié de tous. On aurait dit une momie. Il n'a même pas eu droit à un cercueil ; le bois était trop précieux. On porta le corps sur une civière jusqu'au cimetière. Un cortège funèbre se forma, portant le mort sur les épaules, et bientôt retentit en chœur : « Yarmouk, Yarmouk est neutre ! Ouvre tes portes, ô Yarmouk ! Ha, ha ; ici c'est Yarmouk ! »

Yarmouk était devenu un « camp de la mort », écrivaient les journaux européens. Des six cent cinquante mille habitants d'autrefois, il n'en restait plus que dix-huit mille à vivre dans les ruines.

La seule chose que l'on trouvait en abondance, c'était cet horrible bouillon asiatique. Les plus pauvres s'en remplissaient le ventre, ils buvaient des litres entiers de cette eau salée qui comblait leur estomac vide et, pour quelques heures, leur donnait l'impression d'être rassasiés. Mais ce produit chimique était mauvais pour la santé. Il faisait gonfler les gens qui devenaient toujours plus maigres et ventripotents en même temps.

À moins que cela n'ait été l'effet du lotier ? Cette plante aux fleurs jaunes comme le bouton d'or est peu exigeante.

Elle pousse à vrai dire partout, aussi bien en Angleterre qu'en Iran. C'est une plante fourragère très prisée des agriculteurs, à forte teneur en protéines. Mais elle contient aussi du cyanure en infimes quantités. C'est pourquoi le lotier est mortel pour les escargots. Je ne sais pas dans quelle mesure cette plante est nocive pour des hommes qui s'en gavent pendant des mois. Tout ce que je sais, c'est que beaucoup souffraient de fortes diarrhées à force de manger cette herbe.

Chez nous aussi, le lotier était au menu quotidien. Ma mère le hachait avant de le passer deux fois à l'eau salée, puis de le faire cuire avec des lentilles rouges. Ça aussi, nous en avions encore. Voilà notre ordinaire, sept jours par semaine : le lotier aux lentilles avec des assaisonnements en poudre. Une tambouille infâme. On croquait sans cesse des pousses qui n'avaient pas été imbibées d'eau salée. Elles étaient si amères qu'on faisait une moue de dégoût.

Tous les deux jours environ, je prenais mon vélo pour aller du côté de Yalda, récolter du lotier dans les champs de quelques fermes abandonnées. L'un d'eux était délimité par des rangées de pierres que tout le monde connaissait : passé cette limite, on entrait dans la ligne de mire d'un sniper. Il avait déjà abattu quelqu'un à cet endroit précis. Il fallait se tenir à distance de cette zone. À tout prix.

Un matin, nous étions six ou sept à nous échiner dans l'herbe à couper du lotier, quand un homme que je n'avais encore jamais vu est arrivé. Il remarqua bientôt que l'herbe était incomparablement plus verte dans le pré d'à côté : « Il y a même des radis qui poussent », s'écria-t-il. On le mit en garde, supplia de ne pas y aller, surtout pas, c'était la mort assurée. Son ventre criait plus fort. Il prit son panier et partit.

Une demi-heure passa. Il revint, le panier rempli de radis. « Et c'est pas fini, cria-t-il. Il y en a encore plein ! » Qu'est-ce qu'on pouvait bien lui dire ?

Il a encore une fois franchi la ligne, il s'est penché et a repris sa récolte. Il y a eu une détonation, et comme un « plop », à la manière d'un melon qui éclate. On s'est tous jetés à terre. Quand nous avons levé les yeux, l'homme gisait à terre, baignant dans son sang. Le sniper lui avait tiré une balle explosive dans la tête. Tout avait été emporté jusqu'à la mâchoire inférieure. Une image terrifiante. J'en avais l'estomac retourné.

Nous nous sommes concertés : on ne pouvait pas le laisser comme ça. L'un de nous s'est mis en quête d'une barre de fer, un autre a trouvé une couverture. On est parvenus à glisser la barre de fer dans son pantalon et à le traîner vers nous. Puis on l'a mis sur la couverture et, pendant que je rapportais son vélo, quatre hommes ont ramené le corps à l'hôpital Hadschar al-Aswad, où le menuisier m'avait recousu les doigts.

On déposa le mort dehors. Peut-être avait-il des proches qui se mettraient à sa recherche. Dans ce cas-là, ils viendraient d'abord ici.

De retour à la maison, je dis à Tahani : « Cet homme est mort pour quelques radis. Tu te rends compte ? » Gênés, nous ne dîmes plus un mot.

On est de méchante humeur quand on a le ventre vide. Les affamés traînaient sans rien faire dans les ruelles désertes ou bien ils se réchauffaient devant un feu de camp où brûlaient du plastique et des vêtements. Celui qui restait un peu devant dégageait ensuite une puanteur atroce et avait le visage si noir de suie qu'on le reconnaissait à peine.

Les gens vieillissaient à vitesse accélérée. Il y a peu, ma mère était encore bien conservée, dans la fleur de l'âge. Ses cheveux étaient désormais devenus gris, les rides se creusaient sur son visage. Elle maigrissait à vue d'œil. « Et tout ça sans gym ni régime », ironisait-elle. Elle possédait une balance qui datait de ses anciennes tentatives pour perdre du poids. Je passais dessus de temps à autre. Je pesais soixante-cinq kilos autrefois. Un jour, je lus quarante-neuf kilos. On pouvait compter mes côtes.

Un gars du quartier, grand et bien bâti, avait fondu aussi vite que si on lui avait réduit l'estomac. C'était un bodybuilder, qui travaillait avant dans la sécurité. Il était posté devant les plus gros magasins de négoce d'or, habillé d'un costume noir, avec des chaussures cirées, des lunettes et une oreillette. Puis il est devenu tout maigre et rabougri – comme une allumette brûlée. Bientôt, il se laissa pousser une longue barbe, non pas parce qu'il avait rencontré Dieu, mais par fatalisme et faute de mousse à raser.

Il ne restait plus qu'une seule soupape de pression à Yarmouk : la rue Oruba. C'était là que se tenait le marché aux puces autrefois. C'était devenu une rue commerçante apocalyptique. Certains vendaient le bois qu'ils avaient désossé de leurs sofas, d'autres des articles ménagers qu'ils avaient volés dans des magasins et des dépôts, ou des sacs de cannelle provenant d'une réserve qui venait d'être pillée. Certains jours, on voyait une télévision à écran plat, un frigidaire ou une machine à laver s'échanger contre une simple cigarette. Les rumeurs ont la vie dure et celle selon laquelle on pouvait vendre un rein contre un sac de vingt-cinq kilos de riz continuait à circuler dans le marché aux puces. Les gens passaient d'un stand à l'autre, le teint blafard. Et la puanteur des mélanges pour moteur planait sur tout le marché.

Un jour que nous remontions la rue Oruba, Tahani et moi, nous avons entendu le cri affolé d'une femme : « Le petit doit sortir de là ! Il va mourir ! Sa mère n'a plus de lait ! Il va mourir de faim ! »

Nous nous sommes approchés. « Que se passe-t-il ? », demanda Tahani.

La femme lui expliqua que son petit-fils, âgé de cinq jours, était à l'agonie. Sa mère, à bout de forces, n'avait plus rien à lui donner à manger. Tahani demanda son adresse et nous y allâmes. Tahani entra tandis que je l'attendais dehors. Elle me raconta ensuite que la femme, se tenant la poitrine, avait crié : « Ils sont vides ! Je n'ai rien à lui donner ! » Puis elle sortit avec son garçon. Je me souviens encore du visage du bébé : ce n'était qu'une bouche ouverte. Il bougeait à peine. Tahani s'est penchée pour pouvoir entendre son souffle. Il respirait très faiblement. Elle promit à la mère de revenir et lui donna un kilo de riz à son retour.

Je ne sais pas ce qu'est devenu le bébé, s'il a survécu. Il aurait été impoli de revenir voir cette femme et de lui rappeler notre aumône, tout comme il aurait été inconvenant d'en parler autour de nous. Quand on aide quelqu'un, on le fait en silence.

Au début du mois de novembre, j'étais encore en train de faire des falafels quand un homme est venu me voir. Il s'appelait Abou Mohammed. Il avait la quarantaine, il était grand, corpulent et à moitié chauve. Je l'aimais bien. Je lui donnais des cours de chant avant la guerre. C'était un baryton qui faisait beaucoup d'efforts et avait toujours été très ponctuel.

« Salut à toi, Aeham.

— Abou Mohammed ! Tu es encore à Yarmouk !

— Oui. Et toi aussi. Et tu vends des falafels. C'est bien. »

Nous avons discuté et, au bout d'un moment, il a fini par me demander : « Aeham, ça te dirait que l'on se remette à chanter ensemble ? J'aimerais fonder une chorale. Nous avons besoin de quelqu'un pour nous accompagner au clavier. Ça te plairait ?

— Les estomacs sont vides. Qui a besoin de musique ici ?

— Je m'occupe de battre le rappel des troupes. On a déjà l'électricité. »

L'électricité ? Je dressai l'oreille. À cette époque, personne n'avait l'électricité, à moins qu'un parti ou un groupuscule ne tire les ficelles en secret. Ce n'était pas possible autrement. « Ne le prends pas mal, Abou Mohammed, mais tu sais que je ne me laisserai pas embrigader dans quoi que ce soit. »

Non, non, m'assura-t-il, le groupe était totalement indépendant. Il devait se nommer Samed, c'est-à-dire « tenace ». Il allait s'occuper de tout. « Prends ton clavier, je ramène les gens et nous chantons ensemble. Comme avant. »

Je l'aimais bien. Je voulais faire de la musique à nouveau. J'ai accepté.

Deux jours plus tard, Abou Mohammed passa me prendre à l'heure convenue. J'avais un clavier sous le bras et nous nous sommes mis en route, tout droit vers le bureau central du Fatah, le principal mouvement palestinien, autrefois fondé par Yasser Arafat. Sur les murs s'étalaient les armoiries éclatantes du mouvement : deux mitraillettes, une grenade et, derrière, les contours de la Palestine. J'aurais voulu tourner les talons.

Mais, bien sûr, ce n'était pas possible. Dans un lieu comme Yarmouk, on peut faire mille et une gaffes. Et cela devient vite dangereux. J'ai discrètement pris Abou Mohammed à part et je lui ai dit posément : « Tu ne m'avais pas dit que ta chorale était indépendante ?

— Si, persista-t-il. La chorale est indépendante, ce ne sont que les répétitions qui ont lieu ici.

— Et à la fin, ce sont ces messieurs qui vont nous mener à la baguette.

— Non, crois-moi.

— J'en doute. »

Mais bon, j'ai décidé de me faire violence et de passer outre cette mésalliance bien involontaire. Entre-temps, onze hommes étaient arrivés pour chanter. Nous nous sommes présenté les uns aux autres.

L'homme qui nous avait ouvert démarra un groupe électrogène. La lumière se fit dans la salle, les diodes de mon clavier clignotèrent. Nous avons commencé. Des gammes, des « la-la-la » très simples pour voir qui chantait juste. Ça allait couci-couça, pour être honnête. Ma main droite me faisait souffrir, les hommes fredonnaient, mais ça faisait quand même plaisir d'être assis là, à jouer du clavier, après tous ces mois passés à servir des falafels.

Au bout d'une heure, pouf !, la lumière s'est éteinte. Plus d'essence dans le groupe électrogène. Mais les hommes rayonnaient. « Je sais enfin comment on doit chanter, dit l'un d'eux. Merci, prof !

— Laisse tomber le prof. Appelle-moi Aeham. » Puis je dis d'un ton sérieux : « Le plus important, c'est que vous soyez toujours ponctuels aux répétitions. On ne pourra pas progresser sans ça. » Nous nous sommes donné rendez-vous deux jours plus tard et je suis rentré chez moi d'un pas léger.

Dès la deuxième heure, les « la-la-la » sonnaient mieux. Une idée germa dans ma tête. Pourquoi chanter les chansons des autres ? Il faut parler de nous ! De Yarmouk ! De la faim, des bombes, de ce grand vide. J'ai demandé au groupe si l'un d'eux avait envie d'écrire un poème, que je mettrais ensuite en musique.

« Ah, tu composes aussi des chansons ?, demanda Abou Mohammed.

— Plus depuis une éternité, mais je veux bien essayer. »

Un jeune type du nom de Mustafa se manifesta. Il nous dit que son oncle avait étudié l'arabe et écrivait des poèmes. Mais il ne vivait plus à Yarmouk. Il était fragile du cœur et on l'avait autorisé à partir.

« Et comment veut-il écrire sur la misère qui règne à Yarmouk s'il n'y habite plus ?, objectai-je. Mais bon, demande-lui toujours. »

À la répétition suivante, la troisième, Mustafa tendit ses deux poings fermés devant moi, d'un air fier et roublard. Je devais choisir une main. La droite. Il me donna une feuille. Je la dépliai et lut à voix haute :

Ô les exilés de Yarmouk, revenez,
Votre absence n'a que trop duré.
Nous sommes les hommes de Yarmouk,
Nous lui restons fidèles.
Yarmouk, la marche triomphale vers Jérusalem,
Yarmouk, tu ne baisses pas les bras.
Revenez, habitants de Yarmouk et réjouissez-vous.
Votre ville n'aime guère vous savoir partis.

Yarmouk, bastion de l'héroïsme,
Tu as marqué l'époque de ton empreinte.

Bon. Je n'étais pas vraiment emballé. La marche triomphale vers Jérusalem, le bastion de l'héroïsme – c'était une fois encore le mauvais pathos des chants révolutionnaires palestiniens qu'on serinait depuis soixante ans. Et le présent, on en parlait ? Les lotiers, l'essence des bouteilles plastique, les grenades ? Toutefois, le poème était bien écrit, en bel arabe, avec du rythme. D'accord, je le mettrais en musique.

Sur le chemin du retour, je composais déjà dans ma tête. Cela ne m'était encore jamais arrivé. Une fois chez moi, je me suis assis au piano, j'ai joué le thème, j'y ai ajouté une introduction, j'ai affiné la rythmique, décliné le motif musical, le passant de *ré* mineur en *sol* mineur afin que tout le monde puisse le chanter. En deux heures à peine, la chanson était finie. Puis j'ai passé quelques heures à peaufiner l'intro.

À la répétition suivante – la quatrième –, j'ai demandé aux chanteurs de recopier le texte avant de répéter la chanson ligne par ligne. Un chœur oriental chante à l'unisson. Nous chantions donc d'abord une ligne tous ensemble, puis un par un jusqu'à ce qu'elle tienne, puis encore une fois tous ensemble, et ensuite on passait à la suivante.

Certains commençaient à se lasser :

« Aeham, pourquoi répéter autant ? Laissons les meilleurs chanter et les autres feront du play-back.

— Non, nous avons besoin de toutes les voix.

— C'est trop dur. Ça ne suffit pas comme ça ?

— Reprenons encore une fois. »

Durant la pause, j'ai parlé discrètement avec certains de notre premier morceau. Eux non plus n'étaient pas particulièrement emballés par les marches triomphales et l'héroïsme.

À la fin de la répétition, je leur dis alors : « S'il vous plaît, que chacun écrive un poème. Sur ce qui se passe ici, à quel point nous galérons. C'est sur ça que nous devons chanter. »

Et, en effet, à la répétition suivante – la cinquième –, certains chanteurs apportèrent un poème. Le plus joli était sans doute celui de Mahmoud Tamim. De tous les choristes, Mahmoud était celui que l'on remarquait le plus, et pas seulement parce qu'il était le plus grand mais surtout parce qu'il était très vivant et toujours de bonne humeur. Il avait les cheveux mi-longs, raides, qu'il peignait en arrière et coiffait le plus souvent d'une casquette de base-ball. Tout le monde le connaissait à Yarmouk. Je l'avais moi-même remarqué à plusieurs reprises. Dans les rassemblements, il était volontiers juché sur les épaules d'autres manifestants et criait à tue-tête : « Front al-Nosra, dégage ! Assad, meurtrier, dégage ! » Il n'épargnait aucun parti ; avec Mahmoud, la Terre entière en prenait pour son grade. Il avait toujours eu un bon sens du rythme et de la rime, si bien que le *staccato* qu'il avait écrit pour la chorale sonnait un peu comme un rap.

Les paroles étaient :

Ah mon peuple, cher peuple chassé,
Tu vagabondes depuis si longtemps.
Venez, revenez mes amis,
Vous nous manquez depuis trop longtemps.

Tu vis maintenant à Qudsaya :
Tu manques à Yarmouk, mon frère !
Tu vis maintenant au Bahreïn :
Yarmouk regrette les siens !
Tu vis maintenant à Dscharamana :
Tu manques à Yarmouk, mon frère !
Tu vis maintenant en Turquie :
C'est pas pour ça que Yarmouk t'oublie !
Tu vis maintenant au Liban :
Tu nous manques depuis trop longtemps.
Qu'importe où tu vis maintenant,
Tu manques à Yarmouk, mon frère !

Je me suis remis au piano. Cette fois, j'ai choisi de composer en majeur. J'avais Mozart en tête, je voulais quelque chose de particulièrement entraînant. Les notes me venaient à l'esprit comme des oiseaux apprivoisés. Au bout d'une demi-heure, la chanson était finie. Elle allait devenir notre plus gros tube, si je puis dire.

J'ai apporté ma contribution personnelle en reprenant *Sidja*, l'une des deux chansons que j'avais écrites quand j'étais adolescent. C'était auparavant un chant d'exil, rempli de nostalgie patriotique assez kitsch. J'en ai fait une chanson de survie : *Aussi longtemps que dure la nuit/La lumière du soleil nous appartient.*

Ça se passait superbien avec la chorale. Néanmoins, à la huitième répétition, le type du Fatah, celui qui nous ouvrait la salle et démarrait le groupe électrogène, est venu nous voir. Il nous a tenu un discours interminable. Ce serait bientôt un jour important, disait-il, une date cruciale pour tous les Palestiniens : la commémoration de la mort d'Abou Ammar – comme on appelait Yasser Arafat, le père du Fatah. Il y aurait une cérémonie et, là, il cracha enfin le morceau : est-ce qu'on ne pourrait pas chanter pour l'occasion ?

Et voilà ! Je l'avais vu venir ! Je pris discrètement Abou Mohammed à part et je lui chuchotai : « Tu vois ! Et maintenant, il va falloir s'écraser devant le Fatah !

— Ne t'en fais pas, je vais lui parler. »

Mais, à sa voix, je savais qu'il n'arriverait pas à se faire entendre. Abandonnant toute prudence, je protestai ouvertement :

« Je suis contre. Chantons plutôt pour ceux qui ont faim à Yarmouk. Ou pour les victimes des bombardements. Invitons les gens et faisons de la musique ensemble. Pour Yarmouk. Et ensuite on commémore Abou Ammar. »

L'homme se taisait. Je poursuivis :

« Abou Ammar a sans aucun doute accompli beaucoup de choses pour nous. Mais nous avons bien d'autres soucis aujourd'hui. Des gens meurent de faim tous les jours. C'est de ça qu'il faut parler. »

L'homme continuait de se taire.

« Nous chantons pour Yarmouk, oui ou non ? », demandai-je en regardant les autres. Ils hochèrent la tête. « On est bien d'accord ? » Ils hochèrent encore plus la tête.

« Je vous propose autre chose, dit l'homme du Fatah. Nous donnons un premier concert pour Abou Ammar, puis nous en organisons un second contre la faim à Yarmouk. »

J'ai réfléchi un moment. Oui, ce serait possible. Je devrais avaler une sacrée couleuvre et chanter les héros du

Fatah, mais ensuite nous pourrions chanter pour les gens de Yarmouk. Contre les bombes, le lotier, l'essence de plastique.

« D'accord », dis-je.

Et nous y voilà. C'était le 11 novembre 2013, le neuvième anniversaire de la mort de Yasser Arafat. La salle de conférences était bondée, au moins cinq cents personnes s'y pressaient. Les hommes portaient des keffiehs, le foulard noir et blanc des Palestiniens, on agitait des drapeaux, on aurait pu croire que tout était comme avant. Notamment parce que le discours que le type du Fatah nous servait aujourd'hui n'avait pas changé d'un iota : « Un jour, nous renverserons les frontières et nous marcherons sur Jérusalem, alors ce jour-là, nous... » Bla-bla-bla, Bla-bla-bla. Je n'écoutais plus. J'avais l'impression de me retrouver à l'école, à écouter les discours creux de mon directeur. En mon for intérieur, je pensais : si déjà tu pouvais renverser les checkpoints ici et marcher sur Damas.

Tant pis. Nous avons d'abord joué nos propres chansons, celle de la chorale Samed, puis les chants larmoyants et révolutionnaires que tous les Palestiniens connaissent, avec les kalachnikovs, le sang versé et la marche triomphale vers Jérusalem. Le groupe électrogène toussotait, les tubes au néon clignotaient, les gens dansaient, les ventilateurs tournaient mollement, rien n'avait vraiment changé.

Vers la fin de la soirée, j'ai fait une annonce : « On fera un deuxième concert ici dans exactement une semaine. Pour ceux qui ont faim à Yarmouk. Merci de passer le mot. Et de venir nombreux. »

Alors que nous remballions nos affaires, l'homme du Fatah est venu nous remercier.

« Alors, c'est d'accord, on se voit ici dans une semaine ?, lui demandai-je.

— Mais oui. Je vais m'assurer que le groupe électrogène ait de l'essence.

— Certain ?

— Je paierai l'essence de ma poche s'il le faut. »

Une semaine plus tard, même lieu, même heure. Toutefois, il y avait à peine la moitié du public de la semaine précédente. L'homme du Fatah accueillit l'assistance : « Nous voici assiégés encore une fois. Toujours plus de gens meurent de faim. Faisons entendre notre révolte en musique. C'est l'idée d'Aeham, c'est lui qui a voulu ce concert. À toi ! »

Les gars se placèrent à côté de mon clavier, se tenant par les bras. Nous avons commencé avec *Ô, les exilés, revenez,* puis nous avons chanté *Sidja, Tu manques à Yarmouk,* et puis... pouf ! la lumière s'est éteinte. Le clavier s'est tu. Le chant s'est interrompu. Il n'y avait plus de courant. Je n'arrivais pas à y croire : l'homme du Fatah n'avait pas mis assez d'essence dans le groupe électrogène.

Dans le public, certains ont commencé à nous huer. Et quand il est devenu évident que c'était terminé, que nous n'avions plus de courant et que nous devions interrompre le concert, les gens se sont levés et sont rentrés chez eux. Je ne disais rien. J'étais assis derrière mon clavier, muet et honteux. Honteux et furieux. Et à la répétition suivante, deux jours plus tard, je ne suis pas venu.

J'étais fou de rage ! Jamais, au grand jamais, je ne recommencerais ça ! Je me sentais humilié. J'aurais dû m'en douter : on nous avait laissés chanter pour Abou Ammar avant de nous laisser tomber. Plus jamais ça ! Il fallait que je sois indépendant, ce qui voulait dire avant tout : ne plus être tributaire du courant. Les claviers tombaient trop facilement en rade à cause de l'électricité. Je tournais comme un fauve en cage dans les rues de Yarmouk.

Et j'ai eu une idée.

J'ai regardé les gros chariots avec lesquels nous avions déjà transporté des sacs de haricots, des souches d'arbre, des canapés et des bidons d'huile. J'ai notamment inspecté leurs grosses roues et j'ai demandé à mon père : « À ton avis, on pourrait visser ces grosses roulettes sous mon piano ? Tu penses que je pourrais ensuite le pousser dans la rue ?

— Non, ce serait trop instable. »

J'ai ruminé cette idée pendant six semaines. Et puis, tout d'un coup, j'ai trouvé. Je suis allé voir Mahmoud Tamim, le type de la chorale qui avait écrit *Tu manques à Yarmouk*. Il était aussi dingue que moi. Il serait mon allié. Je savais où il habitait et j'allai frapper à sa porte.

« Oui ? », entendis-je au-dessus de moi. Je levai les yeux. Tamim me regardait par-dessus la balustrade de sa terrasse.

« Mahmoud, tu aurais un moment ?

— Bien sûr. Je descends t'ouvrir. »

Autrefois, Mahmoud travaillait dans le petit magasin de bricolage de son père. La famine l'avait frappé durement. Son père était mort, sa mère était diabétique, il était constamment en quête de nourriture. Toutefois, il n'avait pas perdu son imagination débordante. On l'avait filmé un jour dans les rues de Yarmouk, en train de faire une visite guidée ironique de la ville : « Vous voyez comme les gens sont minces et en bonne santé ici ? »

Quand nous sommes montés sur le toit-terrasse, j'ai découvert que Mahmoud Tamim y élevait des pigeons. Je n'en savais rien mais je n'en fus pas étonné. Nous sommes un peuple d'éleveurs de pigeons ; les toits sont chargés d'histoires et de symboles chez nous. Le Palestinien qui buvait parfois un coup de trop et qui avait un pigeonnier sur le toit est presque devenu un personnage folklorique. Durant les années 1960 et 1970, c'était à la mode chez les jeunes de Yarmouk qui portaient des coupes afro et des pantalons à pattes d'éléphant. Ils élevaient des pigeons sur leur toit et rejoignaient l'OLP. Cela participait de l'image du fedayin, le combattant de la guérilla palestinienne que me dépeignait mon père dans ses histoires.

« Ah, tu élèves des pigeons, remarquai-je. C'est bien joli.

— Oui, enfin, avant. J'en avais plus d'une centaine ici, répondit-il en montrant toutes les volières vides. Je n'en ai plus que cinq maintenant. » Je n'osai pas lui demander ce qui était arrivé aux autres.

Je n'avais pas vu Mahmoud depuis deux mois. Depuis le désastre du concert. Il avait encore maigri. Franchement, il n'allait pas bien. Nous avons parlé un moment et puis je lui ai fait part de mon projet : « Que dirais-tu de recommencer la chorale – mais sans les types du Fatah ? On prend simplement un piano et on chante dans la rue.

— Comment tu veux mettre un piano dans la rue ? C'est assez lourd, ces machins.

— Ça, c'est mon problème. Rassemble les autres et je m'occupe du reste. »

Il me dévisageait.

« Tu en penses quoi ?, insistai-je. On peut y arriver tout seuls, non ? »

Sans réfléchir plus longtemps, il me dit : « On peut essayer. J'en suis, en tout cas. »

Je rayonnais. Il me demanda ensuite : « Mais où sommes-nous censés chanter ? »

J'ai réfléchi un moment. « Dans l'école Mansoura. Là où est tombée la première bombe. C'est là que nous chanterons. Pour nous seulement. À l'air libre. »

Mahmoud Tamim tint parole. Deux jours plus tard, il est apparu chez moi, traînant avec lui cinq types de la chorale Samed. Je les ai accueillis en riant. Ils m'avaient manqué. Puis nous nous sommes mis au travail : nous avons d'abord posé mon piano Shanghai – le moins cher que j'avais – sur le dos ; puis nous avons glissé dessous la grosse remorque – quatre roulettes, une plateforme en bois et une grille lisse autour – et enfin, nous avons relevé les deux. J'ai posé un siège sur la remorque et voilà : nous avions un orchestre ambulant.

Tahani et ma mère nous regardaient, l'air interrogatif. Je ne leur avais rien expliqué. Seul mon père connaissait mon plan. Il criait derrière elles : « Aeham sait ce qu'il fait. »

Les voisins faisaient de ces yeux ronds lorsqu'ils virent sept hommes tirer un piano dans la rue ! Nous nous sommes traînés jusqu'à l'école, dans la cour de récréation. À l'endroit où la première rocket avait atterri. C'est ici que devait avoir lieu notre premier concert. Un premier concert devant le premier cratère, là où notre monde avait commencé à se fissurer.

Je m'échauffais les doigts quand apparut un gros homme dans le coin de la cour. Qui était-ce ? Mahmoud Tamim le salua et nous le présenta : il faisait partie de la rédaction de *Bukra Ahla,* ce qui signifie à peu près : « Tout ira mieux demain. » Il voulait nous filmer.

« Comment ?, m'écriai-je. Nous filmer ? Sûrement pas ! Pourquoi tu ne m'en as pas parlé ?

— Pourquoi es-tu contre à ce point ?

— Tu sais où va atterrir le film ? Autant nous rendre tout de suite aux services de sécurité. Et pourquoi ce type veut-il nous filmer ?

— Ils veulent le mettre sur leur page YouTube. Comme ça, tout le monde pourra nous voir.

— Je suis contre. »

S'ensuivit une longue discussion. Nous avons décidé de voter. Les autres étaient décidés à faire cette vidéo. Leur argument : de toute manière, on ne sortira jamais d'ici. De toute manière, on va mourir ici. Ils peuvent bien voir nos trognes sur YouTube.

Je me suis plié à leur décision.

Nous avons donc commencé. Et lorsque les premières notes de mon piano désaccordé ont résonné dans mon ancienne école, lorsque nous avons joué au milieu des ruines pour la première fois, lorsque nous avons fait ce qui devait apparaître ensuite comme un grand pas et que nous avons entonné à l'air libre *Ô, les exilés, revenez*, moi, je n'avais en tête qu'une seule question : qu'est-ce qui allait se passer avec cette vidéo ?

Le type de *Bukra Ahla* nous touchait presque le visage avec sa caméra. Pourquoi avait-il besoin de se rapprocher autant ? Qui verrait le film ? Et ensuite ? Voilà ce que je me demandais à cet instant. Une seule pensée me tranquillisait un peu : nous étions sept. Je ne serais donc pas le seul à être emprisonné. J'appuyai donc sur les touches. Cette vidéo existe encore aujourd'hui sur YouTube. On peut voir à quel point j'étais tendu. Sans compter que ma main droite me faisait souffrir.

Plus tard, nous avons ramené le piano à la maison. Nous étions euphoriques. Tout simplement d'avoir fait de la musique ensemble.

Voilà. Ainsi a germé l'idée de mettre un piano dans un monde en ruines, Yarmouk. Je ne me suis pas réveillé un beau matin en criant : « Eurêka ! Je sors tout de suite dans les rues dévastées et je joue du piano en guise de symbole. » Une image immédiatement compréhensible pour tout le monde. Le pianiste qui se dresse contre Assad, les chansons satiriques contre les barils d'explosif, l'art contre la violence, le triomphe de la beauté sur le carnage.

Non, c'était plus compliqué que cela. Le soir où nous avions chanté au son de l'accordéon, tous ensemble autour du feu de camp, ce soir avait résonné en moi. Je voulais faire de la musique : quand, où et comme je voulais, sans dépendre de l'électricité ou d'un quelconque groupe politique. Je voulais aider les gens de mon quartier, mais je n'avais plus de lentilles. J'avais voulu chanter pour ceux qui avaient faim et l'on m'avait hué.

Je suis pianiste. Je n'ai jamais porté de bannière. Ma révolution, c'est la musique. Je le sentais : c'est la langue dans laquelle je dois protester. Même si personne ne m'entend.

C'était le 28 janvier 2014.

La douleur du colis humanitaire

Trois jours plus tard, le 31 janvier, à l'autre bout de Yarmouk, un photographe a pris un cliché qui compte parmi les images les plus effroyables de la guerre en Syrie. Une image qui a fait le tour du monde et choqué la Terre entière. Si vous ne la connaissez pas, si vous voulez savoir ce que la faim peut faire de l'homme, si vous voulez savoir à quoi nous ressemblions après avoir mangé de l'herbe pendant sept mois, si vous voulez ressentir l'amertume, la peine et l'avidité qui régnaient ici alors, il vous suffit de taper « Yarmouk » et « faim » dans votre moteur de recherche.

Des milliers de personnes sales, décharnées se pressaient entre les maisons qui manquaient de s'écrouler. Comme des fantômes sortis des ruines, elles se tenaient là, regardant obstinément devant eux. Toutes fixaient le même point à l'horizon, comme ensorcelées : l'entrée par laquelle la file d'attente devait passer pour recevoir, plus loin, un carton rempli de vivres. Du riz, de l'huile et du sucre.

Mes parents aussi se trouvaient au milieu de cette vague de désespoir. Je les attendais bien en arrière, adossé à un arbre nu. Je connaissais beaucoup des personnes figurant sur cette photo. Le jeune homme à lunettes, au premier plan, était professeur d'anglais à l'école Amal. La femme juste au-dessous, qui porte un foulard noir sur la tête, s'appelle Umm Mohammad. C'est une connaissance de Tahani. Je vois encore Abou Mazen Abou Aischeh, le moustachu aux cheveux blancs, coincé en bas au milieu de la photo. Il est aveugle. C'est un ami de mon père, qui a autrefois donné des cours avec ma mère. L'homme avec une grosse touffe de cheveux, un peu vers la droite, c'était le voisin d'Abou Mazen. Il avait trois enfants et jamais assez à manger.

L'UNRWA avait lutté pendant des mois avec le régime d'Assad pour obtenir l'autorisation de secourir la population affamée de Yarmouk. Et le régime d'Assad la lui avait refusée pendant des mois. *Al-Dschu'au al-Ruku'* : « La faim ou la soumission. » Assad avait déjà placé des quartiers d'Alep ou de Homs devant ce choix, quand ce n'étaient pas des villes entières comme Moadhamiyeh. Chez nous aussi, on pouvait lire ce graffiti infâme que les soldats avaient tracé sur les murs des checkpoints : « Rendez-vous ou mourez de faim. »

Enfin, le gouvernement avait fini par céder. Le 18 janvier 2014, l'UNRWA avait essayé une première fois d'acheminer des vivres à Yarmouk. Les gens avaient fait la queue depuis deux heures du matin. Mais à peine la distribution avait-elle commencé que des tirs avaient retenti. Des cris s'étaient fait entendre. Le convoi humanitaire était pris pour cible par des snipers. Je n'étais pas sur place. Mais certaines de mes connaissances affirment que les tirs venaient du côté de l'armée régulière. Et c'est le plus probable en effet.

Le 18 janvier, 71 colis humanitaires furent distribués, le 20 janvier, 41, et 26 le lendemain. Puis ce fut terminé.

En tout et pour tout, 138 colis de survie, ainsi que Chris Gunness, porte-parole de l'UNRWA, les a comptabilisés dans ses conférences de presse désormais quotidiennes. Il parlait d'un ton neutre, dans la langue policée de la diplomatie

– que pouvait-il bien faire d'autre ? Dans ses phrases sobres transparaissait pourtant le désespoir de l'humanitaire qui vient tous les jours au « Melon d'eau » avec un camion rempli de sucre et de riz mais qu'on ne laisse pas passer. Parce qu'une mine a explosé non loin du point de distribution. Parce qu'il y a eu des échanges de tirs la nuit précédente. Parce que le conducteur d'une voiture transportant en avance des cartons au checkpoint a été abattu par un sniper. Ou parce que quelqu'un s'y est opposé pour une raison ou pour une autre.

Le 30 janvier, l'UNRWA réussit à distribuer 1 026 paquets. Le 31 janvier, 980. Une victoire. Chaque carton pesait bien vingt-cinq kilos. Les vivres qu'il contenait permettaient à une famille de huit personnes de manger à sa faim pendant dix jours. Ou bien, selon les calculs de l'UNRWA, deux cents paquets distribués fournissent pendant un mois à mille personnes les mille calories nécessaires à leur survie.

Mais c'était déjà fini. Les secours étaient une nouvelle fois bloqués au « Melon d'eau », tandis que nous les attendions sur la place Reidscheh, à quelques centaines de mètres de là. Les mois qui suivirent ont été rythmés par la même routine : se lever à six heures du matin avec mes parents, boire un café-cannelle, descendre en vitesse la rue de Yarmouk vers le point de distribution, me séparer de ma mère et de mon père à distance suffisante des checkpoints, m'asseoir dans l'ombre et les attendre. Ils revenaient le plus souvent les mains vides.

À l'époque, je ne savais pas pourquoi. Aujourd'hui, je peux lire les rapports quotidiens de Chris Gunness :

1er février 2014

Une foule importante se tient à proximité du point de distribution. L'ambiance est tendue, preuve que les habitants de Yarmouk manquent des denrées les plus indispensables.

20 février 2014
Après une interruption de vingt jours, l'UNRWA a repris aujourd'hui les distributions de vivres aux civils dans Yarmouk. Nous saluons la coopération des autorités syriennes.

16 mars 2014
Il est rare qu'un porte-parole ne trouve pas ses mots. Mais, après trois ans de guerre en Syrie, les mots ont perdu leur sens. Ils se heurtent à cette tragédie. Leur sens se brise. Par acquit de conscience, je rends aujourd'hui publiques ces dix-sept photos [dont le cliché du 31 janvier].

20 mars 2014
Des scènes de chaos se sont produites hier à Yarmouk quand les mouvements d'une foule affamée et désespérée ont rendu impossible la distribution de vivres.

21 mars 2014
L'équipe de l'UNRWA a dû se replier au bout de deux heures seulement. Le point de distribution a essuyé des tirs en provenance de Yarmouk. Tous les membres de l'UNRWA sont en sécurité. Des centaines de civils sont restés pris entre les feux des belligérants. Plusieurs personnes ont été tuées.

8 avril 2014
Une longue inspection du contenu de l'aide humanitaire a ralenti leur livraison en début d'après-midi. L'UNRWA enjoint les autorités à faciliter les distributions dans les prochains jours.

23 avril 2014
L'UNRWA a été informée par le gouvernement syrien que nous pouvions reprendre notre action humanitaire demain,

le 24 avril, après quinze jours d'interruption. Nous saluons cette avancée.

24 mai 2014
Pour la première fois, l'UNRWA a pu distribuer des kits hygiéniques à 690 familles. Chaque kit contient du savon, des serviettes, du dentifrice, des produits ménagers, du shampoing et d'autres produits d'hygiène.

7 juillet 2014
De tragiques scènes de chaos se sont produites aujourd'hui quand, pour la première fois depuis six semaines, l'UNRWA a effectué une distribution de vivres dans le quartier assiégé de Yarmouk.

Mes parents réussirent à se procurer un premier carton de vivres au début du mois de février. Je les avais quittés comme d'habitude dans la rue des Fedayin. Une fois que, de loin, je les avais vus traverser le passage, j'étais allé les attendre, à quelques blocs d'écart, à une autre entrée de la place Reidscheh. Tout le monde devait passer par là pour rentrer. Une grande place, bordée d'arbres nus, un no man's land entouré par les snipers des deux camps. Un lieu fatal où se produisaient sans arrêt des scènes bouleversantes.

Pourtant, tout se passa bien ce jour-là. Je vis mes parents revenir. Mon père avait un paquet de vingt-cinq kilos dans les bras, ma mère le guidait. J'avais bien fait de prendre ma vieille bicyclette, un imposant vélo pour homme, de fabrication chinoise. Je les ai serrés dans mes bras en poussant des cris de joie et j'ai attaché le carton sur le porte-bagages. Nous nous sommes dépêchés de rentrer pour déballer ce trésor :

Cinq kilos de riz.
Cinq kilos de haricots.
Cinq kilos de sucre.

Cinq litres d'huile.

Trois kilos de lait en poudre.

Un kilo et demi de pâtes.

Cinq parts de deux cents grammes de mortadelle.

Nous nous sommes autorisé un verre de lait en poudre chacun. Mon Dieu, que c'était bon ! Mon corps tremblait littéralement quand je l'ai bu, comme si le lait chuintait directement dans mes veines.

Jamais je n'aurais osé faire la queue moi-même pour prendre un carton. En effet, la fameuse photo ne montre que la moitié de la réalité. Le photographe de l'UNRWA pointait son objectif sur la place Reidscheh à partir de la rue des Fedayin. S'il s'était retourné, l'image aurait montré trois checkpoints : le premier tenu par le commandement général, la milice palestinienne ; le deuxième par un groupuscule chiite – aucune idée de ce qu'ils faisaient ici ; le troisième par l'armée syrienne. Et derrière tout ça se trouvaient les véhicules des Nations unies.

Ce n'est qu'après avoir montré trois fois ses papiers, après que chacun des trois camps eut prélevé son tribut d'hommes en âge de combattre, après que de vieux comptes eurent été réglés, après être passé sous ces fourches caudines que l'on recevait le riz de l'ONU.

Des centaines de jeunes hommes ont été arrêtés lors de ces distributions de vivres. Tous ceux qui n'avaient personne pour faire la queue à leur place, en fait. Ceux qui, au bout d'un moment, tenaillés par la faim, se sont jetés dans les bras de leurs bourreaux. Voilà pourquoi on ne voit que des femmes et des vieillards aux premiers rangs de cette fameuse photo. Excepté le jeune homme à lunettes. Le professeur d'anglais. Je ne l'ai plus jamais revu.

Les cartons de l'UNRWA nous ont sauvé de la famine et de la mort. Mais beaucoup les ont payés de leur vie. Celui qui plongeait dans cette foule devait s'attendre à tout. Un jour, les soldats ont foncé avec un bulldozer pour repousser les affamés. Une autre fois, ils les ont tellement acculés contre des ruines que le bâtiment s'est écroulé, ensevelissant une douzaine de personnes. Et des fusillades éclataient encore et toujours.

Assis sur la place Reidscheh, j'attendais mes parents pendant des heures interminables. J'ai entendu les sanglots déchaînés de ceux qui rentraient les mains vides. J'ai vu des femmes éperdues cherchant leur mari, courant en tous sens et demandant à de parfaits inconnus : « Vous l'avez vu ? Vous le connaissez ? » Ces femmes leur criaient au visage et les frappaient de désespoir alors que tout le monde avait compris que leurs maris avaient été arrêtés.

J'ai vu ce type venir en courant avec une pelle et une balayette afin de recueillir une traînée de sucre tombée sur la route.

J'ai vu une femme, le visage sanguinolent, le nez et les dents cassés, la joue écorchée jusqu'à l'os, qui riait, levant au-dessus de sa tête le carton au logo bleu ciel de l'ONU : « Je l'ai, je l'ai ! », criait-elle, ravie.

Dans le no man's land de la place Reidscheh, j'ai vu Abou Omar se faire abattre. Je le connaissais depuis mon enfance. Un type gigantesque qui construisait des plateaux de table en marbre ou en granit. J'avais retrouvé son neveu sur la place et nous avons attendu ensemble, dans l'ombre. Il m'a raconté qu'Abou Omar n'allait pas bien. Il était diabétique et vivait dans une maison à moitié détruite. Le jeune homme se levait sans cesse pour guetter le retour de son oncle. Enfin, nous l'avons vu.

Abou Omar avait réussi à se procurer un carton de vivres. Il avait posé sa canne dessus et le portait dans ses bras comme on porte un bébé. Il allait cahin-caha, croulant sous le poids du paquet. Un tir a retenti. Abou Omar s'est écroulé. Le tir a provoqué un mouvement de panique. La foule s'est mise à courir. Quatre hommes ont relevé et porté Abou Omar. Il saignait de la tête. Son neveu, éploré, les a suivis en courant. La rue de Yarmouk portait une nouvelle trace de sang.

Il y avait sans cesse de nouvelles fusillades. Un jour, mes parents étaient au beau milieu de la foule quand on tira d'on ne sait où. Tout le monde détala pour sauver sa peau. Des hordes de fuyards se piétinaient. Mon père et ma mère, qui comme toujours se tenaient fermement par la main, furent alors séparés. Mon père trébucha.

« Umm Aeham, Umm Aeham », appela-t-il. Mais ma mère avait déjà été repoussée par la foule. Et elle tomba aussi. Quelqu'un lui marcha sur la poitrine.

Elle réussit à se relever. Elle avait du mal à respirer, quelque chose n'allait pas. Elle se fraya un passage jusqu'à mon père. Son genou était en sang, son pantalon déchiré. Elle l'aida à se relever et ils se remirent en route. Je les ai vus se dépêcher sur la place Reidscheh et, oubliant toute prudence, j'ai couru à leur rencontre. À une époque où mes vidéos circulaient partout sur Facebook.

À l'extrémité droite de mon champ de vision apparut un groupe de soldats, à vingt mètres à peine.

« C'est Aeham Ahmad ! », cria l'un d'eux.

J'ai continué à courir vers mes parents, à découvert sur la place. « Qu'est-ce qui s'est passé ?, dis-je paniqué. Vous allez bien ?

— Aeham, dit ma mère en un sifflement, qu'est-ce que tu fais là ? Pars ! Vite ! »

Les soldats auraient facilement pu me rattraper et m'arrêter. Vingt mètres seulement – et ils étaient sur moi. Je ne les regardais pas mais je sentais leurs regards. Mon cœur battait à tout rompre, j'avais la bouche sèche. Mon père boitait, du sang coulait le long de sa jambe. Ma mère se tenait les côtes et toussait. Nous avons continué en pressant le pas.

Une seule chose m'a protégé : si les soldats m'avaient poursuivi, un sniper rebelle aurait pu les avoir. C'est ce qui m'a sauvé. Nous avons franchi la ligne imaginaire derrière laquelle nous étions en sécurité. Nous nous sommes alors arrêtés.

Ma mère se plaignait d'une douleur lancinante dans la poitrine. « Tu dois avoir une côte cassée, dit mon père. Il faut faire une radio.

— Tu sais que le service radiographique de Yarmouk a fermé ? », lui lança ma mère, sarcastique.

Une fois rentrée à la maison, elle s'allongea immédiatement pour ne plus se relever pendant des jours. Tahani lui confectionnait des bandages avec des cataplasmes. Il allait falloir compter sans elle un bon moment. Il ne restait plus qu'une solution : Tahani devrait accompagner mon père. Nous avons réfléchi : que se passerait-il si les soldats lui posaient des questions sur moi ? Nous avons donc inventé une histoire. Elle répondrait : « Je n'en sais rien. Nous nous sommes séparés. Il est probablement mort. »

Premier essai le lendemain. Nous nous sommes levés à six heures, avons bu notre café-cannelle et sommes partis. Encore une fois, le handicap de mon père nous facilita la vie. Nous n'étions pas obligés de nous lever au beau milieu de la nuit. Quand il arrivait, des milliers de personnes attendaient déjà, mais les jours où ce n'était pas trop la cohue, on le laissait passer devant.

Nous faisions la queue peut-être dix fois par mois et toutes les deux semaines nous réussissions à nous procurer un carton. Et chacun de nous fêtait cela en buvant un verre de lait.

En dépit de toute cette peine et de ces peurs – ou à cause d'elles justement –, cette première moitié de l'année 2014 fut la période la plus productive de ma vie. La musique jaillissait littéralement. J'ai composé près de cent soixante chansons au cours de ces mois, presque une par jour. Nous nous levions le matin pour chercher un carton de vivres, de l'eau ou des lotiers. L'après-midi, les Gars de Yarmouk – nous nous appelions ainsi désormais – se retrouvaient à la boutique. Une fois la nouvelle chanson répétée en vitesse, nous sortions le piano dans les rues pour nous rire de la misère.

Le gentil politicien a enfin bougé son cul

Le gentil politicien a enfin bougé son cul
Et envoyé une délégation en dehors du camp,
Une délégation, ça va, ça vient,
Une délégation chasse l'autre.

C'est quoi cette époque ?
Je ne dors plus,
Mon ventre crie trop fort.
C'est quoi cette époque ?
Je ne peux plus dormir, bon sang !

Toujours plus de délégations,
Et avec elles venaient les promesses,
Les promesses et toujours plus de promesses,
Et pendant ce temps-là les gens mouraient.

C'est quoi cette époque ?
Je ne dors plus,
Mon ventre crie trop fort.
C'est quoi cette époque ?
Je ne peux plus dormir, bon sang !

Ils nous avaient promis une tonne de farine.
Et toi, mon pauvre, t'y crois encore.
Et tu marches – dida, dida, dida.
Tu repars comme t'étais venu.

C'est quoi cette époque ?
Je ne dors plus,
Mon ventre crie trop fort.

C'est quoi cette époque ?
Je ne peux plus dormir, bon sang !

Le politicien, le pauvre politicien,
Repart la queue entre les jambes.
Tu croyais donc qu'être le chef, c'était être le patron ?
Mais ici, le patron, c'est juste un gros c...

À la fin du mois de janvier – soit deux jours après notre premier concert –, le type de *Bukra Ahla* est revenu me voir au magasin. Il était dans tous ses états. Habituellement, les vidéos de leur chaîne YouTube recevaient quelques centaines de clics. La nôtre avait été visionnée plus de quarante mille fois en quarante-huit heures. Est-ce qu'on pouvait en tourner d'autres ?

Plus de quarante mille fois ! Tant que ça ! À mon tour d'être dans tous mes états. Les gens aimaient ce que nous faisions. J'ai réfléchi une fraction de seconde. Et accepté. Dès le lendemain, nous avons donné un nouveau concert. Mahmoud Tamim proposa de chanter dans la rue Lubiya, l'ancien marché aux vêtements, afin de montrer à quel point c'était vide désormais.

Le type de *Bukra Ahla* était à nouveau derrière la caméra – ce qui me faisait toujours peur. Mais maintenant je pensais : oui, et alors ? S'ils veulent me prendre, que ce soit pour une ou pour dix vidéos ne change pas grand-chose. S'ils nous préparent un coup tordu, tant pis, on aura fait notre truc en tout cas. On pouvait donc continuer.

Le troisième concert : devant les ruines du parc des Pionniers, là où les premiers barils d'explosifs étaient tombés. Un no man's land complètement dévasté. La nouvelle chanson : *Pluie*, sur des paroles d'Ahmad Sallam :

Vous ne pourrez pas vaincre le peuple, non,
Vous n'y arriverez pas.

Vous pouvez nous asphyxier de lacrymogène,
Briser à coups de bâton,
Les os de nos garçons.
Vous ne pourrez vaincre le peuple,
Envahisseurs de notre terre.
Non, vous ne pourrez le vaincre.
Quand le crépuscule tombe,
L'aurore approche.

Dommage que le type de *Bukra Ahla* n'ait pas cessé d'en faire des tonnes. Le succès lui est monté à la tête. Assez rapidement, il a exigé que nous remerciions l'« équipe de tournage de *Bukra Ahla* » dans une vidéo. Quand j'ai appris que ce gros malin plaçait des publicités YouTube avant nos vidéos, j'en ai eu assez. On chante contre la faim et, d'un coup, il y a une pub pour des chaussures de sport ? Non, merci.

Pendant un temps, nous avons opté pour une page Facebook intitulée « Photos de Yarmouk ». Puis mon ami Radwan, le pro de la technique, est entré dans la danse. Il nous a montré comment fonctionnait YouTube et nous a créé une page Facebook. Nous avons pris ma vieille mobylette et nous l'avons mise dans mon appartement. Après quelques bons coups de pédalier, nous pouvions diffuser nos chansons dans le monde entier *via* Internet.

Je ressentis une joie d'enfant quand je vis que des gens de toute l'Europe regardaient nos vidéos. Il y avait des commentaires de personnes aux noms étrangers, de Berlin ou de Hambourg. Notre voix parvenait vraiment partout !

Un homme m'a un jour abordé. Il habitait dans la même rue que moi. Je le connaissais de vue. Il s'est présenté : Marwan. Il aimait ce que nous faisions et voulait savoir s'il pouvait participer. Oui, volontiers ! Et une nouvelle voix a rejoint les Gars de Yarmouk. C'était plutôt un ours mal léché, mais il écrivait de très belles chansons. J'en ai mis en musique une vingtaine.

J'adorais passer du temps avec les Gars de Yarmouk. On s'amusait ! On se disputait souvent avant de décider où faire le prochain concert. « Devant ma maison ! », disait l'un. « Non, devant la mienne ! », disait l'autre. Je devais alors trancher. Nous poussions le piano ensemble dans la rue, nous oubliions notre estomac vide et nous nous sentions plus forts. Nous n'étions plus seuls. C'était notre petite révolution. Nous avions une mission : montrer au monde ce qui se passait chez nous, la brutalité d'Assad, les tortures qu'il nous faisait endurer. Et notre résistance.

Un jour où il me restait un kilo et demi de riz – cela valait 30 000 livres (80 euros) à cette époque –, j'ai invité le groupe à dîner. On l'a fait cuire avec du bouillon asiatique pour le plat de résistance et Tahani en a préparé avec du lait en poudre pour le dessert. Un vrai festin ! Il existe une vidéo de cette soirée. On nous voit tous assis en tailleur autour d'une longue table, en train de rire. Comme avant.

Assez rapidement, les premiers journalistes sont venus nous voir. Et il y en eut de plus en plus. J'ai demandé aux autres s'ils acceptaient d'être interviewés. Seuls Mahmoud Tamim et moi nous y sommes risqués. Quand la télévision par satellite arabe diffusa ensuite nos vidéos, nous sommes devenus célèbres jusqu'en Tunisie.

« Pourquoi faites-vous cela ?

— Pour protester contre le siège de Yarmouk.

— Mais encore ?

— Notre vie est assez triste ici. Nous voulons apporter un peu de joie.

— Les gens de votre chorale chantaient déjà auparavant ?

— Non, pour tout le monde, c'est la première fois.

— Quels étaient vos métiers auparavant ?

— Menuisier, vendeur, boulanger, maçon, professeur de musique.

— Pourquoi un piano ?

— Parce qu'il n'y a pas d'électricité ici.

— Pourquoi jouez-vous dans la rue ?

— Pour que les gens voient à quoi ressemble la ville maintenant.

— Quel message voulez-vous envoyer au monde ?

— Ne nous laissez pas mourir de faim. »

Le carton de vivres

Hey, carton, tu me rends complètement chèvre,
Arrête donc, arrête donc de me faire braire.

Tu m'as fait courir un vrai marathon,
De la place Reidscheh jusqu'ici, aller et retour.

Sois gentil et viens jusqu'à moi,
Les nuits sont plus douces avec toi.

Bon sang, ce que j'aimerais boire un verre
De thé, oh oui, avec du vrai sucre.

Hey, carton, tu me rends complètement chèvre,
Arrête donc, arrête donc de me faire braire.

Encore une fois à couper du lotier,
Tu m'as manqué, joli carton, tu m'as manqué !

Hey, carton, tu me rends complètement chèvre,
Arrête donc, arrête donc de me faire braire.

Puis j'ai reçu des textes. Ça venait de partout : Mahmoud, Marwan, des amis de mon père, des passants qui aimaient ce que nous faisions. Cela me motivait de savoir qu'autant de personnes appréciaient ma musique. À Damas et Alep, en

Algérie et en Égypte, en Italie et en Belgique. Je composais des chansons comme si j'avais fait cela toute ma vie.

Je connaissais les techniques de Beethoven et de Mozart, de Ziad Rahbani et Marcel Khalife. Je m'en étais nourri pendant des années. Et maintenant la graine avait germé. Le thé avait infusé. J'avais parfois besoin de quelques heures pour composer une chanson. Parfois, de seulement dix minutes.

Je marchais dans la rue, un nouveau texte à la main. À peine le lisais-je à haute voix que soudain, venant de nulle part, surgissait une phrase musicale. Je m'asseyais au piano, je la jouais, je la changeais, j'accordais texte et mélodie, puis je composais une longue introduction. Je ne pouvais pas m'en empêcher : je suis pianiste après tout.

J'utilisais les gammes européennes et je les mélangeais avec des rythmes arabes. Je m'inspirais des enchaînements harmoniques et des accompagnements en croches de Mozart. Ainsi naissaient des mélodies que tout le monde avait immédiatement à l'oreille. C'est la puissance de séduction de certaines harmonies. Certains de mes morceaux se composaient, comme les chansons populaires occidentales, de plusieurs strophes et d'un refrain. D'autres, comme c'est l'usage dans le monde arabe, comportaient plusieurs longs motifs entrecoupés par un pont.

J'ai mis en musique des chansons humoristiques ou satiriques, tristes ou joyeuses. Mais j'évitais le pathos héroïque et les marches victorieuses, le sang versé sur le champ d'honneur. Je composais plutôt une chanson joyeuse comme une comptine mais sur des vers déchirants et amers.

Au début, je m'y prenais de manière très classique : pour chaque syllabe, une note. Puis on me donna des poèmes en vers libres, sans rimes, qu'on ne pouvait pas mettre en musique à proprement parler. Je me suis donc mis à allonger les syllabes sur plusieurs notes. Le chant en devenait plus plaintif et c'était très bien ainsi. Je voulais qu'on entende notre désespoir. Que l'on entende la femme enceinte qui mourait aux checkpoints, le tourment d'attendre la moitié de la nuit pour un carton de vivres et de revenir les mains vides. J'ai jeté tous mes sentiments d'abandon dans ces morceaux. Comme si mon chant était le cri de quelqu'un qui, chutant dans un abîme, donnait une mélodie à cette descente aux enfers.

La douleur du colis humanitaire

Ils partirent et portèrent le carton de vivres
Comme si c'était un martyr.
Dieu du ciel, ils y sont arrivés !
En se bousculant, se poussant, se traînant, se tirant,
Pour la vie ou pour la mort, Dieu seul pourrait le dire.

Le colis de vivres, la douleur, la douleur.
Le colis de vivres, la douleur, la douleur.

De l'huile, et du sucre, et du lait
Reposent en lui.
Nous l'attendons au beau milieu de la nuit,
Nous dormons sur le chemin qui nous y conduit,
Et nous le voyons tous les deux jours
Sur la rue de Reidscheh.

Aller et venir, c'est maintenant
Ce qui nous préoccupe.

Le colis de vivres, la douleur, la douleur.
Le colis de vivres, la douleur, la douleur.

Finalement, on s'est débarrassé de l'ONU
Et on récolte l'al-Wafaa.
Mais rien pour nous hélas.
C'est une telle pagaille.

Certains ne reçoivent jamais rien,
D'autres tous les jours un carton.

Tant pis, tant pis.

Le colis de vivres, la douleur, la douleur.
Le colis de vivres, la douleur, la douleur.

Cette chanson a été écrite par Hicham Zuawi. C'était un ami de mon père, un homme délicat et frêle, d'apparence soignée et réservée. Un sniper l'a abattu. Alors qu'il revenait de la distribution de vivres, un colis de l'UNRWA dans les bras.

Au bout de deux mois à peine, notre chorale s'est dissoute. Les Gars de Yarmouk se sont séparés. Cela a débuté par des histoires de jalousie. Pourquoi, se plaignit un trio de mécontents, pourquoi tu ne mets en musique que des chansons de Mahmoud Tamim ou de Marwan, et pas les nôtres ? Et en plus, décrétèrent-ils, Mahmoud est un snob, il nous prend de haut. Et ils ont quitté le groupe.

Peu après, j'ai entendu une autre plainte : cela devenait trop fatigant pour certains. Aller chercher de l'eau le matin, couper du lotier et ramasser du bois pour le feu puis, l'après-midi, traîner le piano dans les rues du quartier et chanter, c'était trop.

Et puis, franchement, maugréaient-ils, pourquoi ne pas récolter les fruits du succès ? Pourquoi ne pas se trouver un sponsor, un mécène en Europe ou ailleurs qui nous paierait pour chanter ?

« Et qui nous donnerait le *la* !, rétorquais-je. Je suis absolument contre. Il faut rester indépendants. »

Mais je n'arrivais pas à me faire entendre. La grogne allait croissant. Et finalement, j'ai été mis au pied du mur : « Soit quelqu'un nous paye pour chanter, soit nous nous arrêtons de chanter. »

« Alors, on arrête. Je ne me laisserai employer par personne. »

Nous nous sommes séparés en bons termes.

Pour ma part, c'était clair : je pourrais tout abandonner sauf la musique. C'est elle qui me maintient en vie. Il me fallait continuer. J'essayai de former un trio avec Raed et Marwan qui étaient restés avec moi, mais en vain. La chorale sonnait un peu creux à trois.

Toute ma vie, je m'étais contenté d'accompagner les autres. J'étais pianiste, pas chanteur. J'ai fait du solfège pendant des années, j'ai chanté dans des chorales pendant des années, et pourtant je ne me fiais pas à ma voix. J'étais trop timide pour chanter tout seul. Et maintenant qu'il ne restait personne, plus de chanteur à l'horizon, je surmontais ma peur. Que pouvais-je faire d'autre ?

J'ai demandé à Niraz Saied, le photographe, de me filmer. C'est alors qu'il a pris cette image qui a fait le tour du monde. Je suis au piano, en polo vert, et je chante seul – pour la première fois. Le pianiste dans les ruines. Tout le monde a compris l'image. C'était le 21 avril 2014.

La menthe verte

Toi qui cries entre les peuples :
« La mort se répand sur mon pays,
La fuite, le meurtre, les enlèvements, la faim,
Qui m'arrachent le cœur.
Le sang, le feu et la lumière,
Une tragédie traverse la mer. »

Yarmouk implore ses enfants,
Entre les tombes et les ruines,
Et plante une fleur au soleil.
Il te lance un défi, il te crie, il t'appelle :
« Reviens, mon peuple exilé,

Les feuilles de menthe sont encore vertes,
Et une rose n'attend que toi.
Reviens l'arroser, mon pauvre,
Tu peux l'arroser de tes larmes,
Mais elle attend ton retour. »

Amer Helwani écrivait de très belles paroles. Un jour, il est venu me voir au magasin pour me réclamer à cor et à cri du riz ou du sucre.

« Je voudrais bien, vraiment. Mais nous aussi on mange des lentilles et du lotier. Pour que mon fils puisse avoir du riz. Mange de l'herbe. Tout le monde le fait.

— Je déteste cette saleté de verdure !, explosa-t-il. Ça me donne la chiasse. J'ai envie de vomir rien qu'à la voir !

— Ne passe pas ta colère sur moi. On a tous faim ! Écris plutôt ce que tu ressens, témoigne pour tout le monde de comment ça se passe ici, à quel point c'est inhumain !

— Viens chez moi. Je veux te montrer quelque chose.

— Quoi ?

— C'est privé.

— Qu'est-ce que tu veux me montrer ?

— Quelque chose qui va te rendre furieux.

— Je suis déjà furieux. Et crevé. Je n'ai pas la force.

— Dix minutes seulement. »

Je me suis laissé convaincre. Nous avons marché côte à côte en silence. Amer Helwani avait très mauvaise allure. Son visage était noir de suie de plastique, sa main droite était bleue et enflée. Un éclat s'y était logé et la blessure ne guérissait pas. Il avait étudié l'arabe, mais il avait travaillé comme peintre en bâtiment. Il écrivait bien. Que me voulait-il ?

Nous sommes entrés dans son appartement, situé au rez-de-chaussée. L'une des pièces, endommagée par une grenade, était à moitié éventrée. Une marmite était posée sur un feu de plastique. Il souleva le couvercle. Un animal était en train de cuire dans un fond d'eau.

« Qu'est-ce que c'est ?

— Un chat. »

Pris d'un haut-le-cœur, je me détournai : « Pouah ! Comment tu peux faire ça ? Mange de l'herbe plutôt !

— Je vais en crever.

— Pourquoi tu me montres ça ?

— Pour que tu y goûtes. »

C'était donc pour cela qu'il m'avait fait venir. Il ne voulait pas supporter tout seul cette infamie. J'avais entendu parler de la fatwa décrétée par le cheikh de la mosquée de Palestine : si cela peut sauver la vie de quelqu'un, il est permis de manger de la viande de chat et de chien. Les chats de gouttière et les chiens de rue, qui faisaient autrefois partie du quotidien de Yarmouk, avaient terminé depuis longtemps dans des estomacs affamés. Mais je n'avais encore jamais vu quelqu'un manger un animal domestique.

Je restais planté là, perplexe. Je trouvais cela vraiment dégoûtant, mais quelque chose s'était déclenché dans ma tête. Je fus soudain saisi d'une envie irrésistible, une étrange avidité. Cela faisait plus d'un an que je n'avais pas mangé de viande.

« Alors, juste une bouchée », dis-je.

Amer Helwani me coupa un petit bout de viande. Je le mis dans ma bouche. Et immédiatement, je fouillai dans mes poches pour y prendre un papier et recracher le morceau dedans. Pouah ! Quel goût abject ! Tellement aigre ! J'ai pensé : la chair humaine doit avoir le même goût. Je n'ai pas pu m'empêcher de demander : « Comment tu peux manger ce truc ?

— Et je suis censé manger quoi d'autre ?, s'emporta-t-il. J'ai frappé à toutes les portes. Personne ne m'a donné de riz. Personne. Et crois-moi, j'attrape la chiasse à cause de l'herbe. »

Je me suis tu, gêné.

« Et tu m'expliques que je dois écrire un poème sur la faim ? Merci, mais alors merci. J'ai faim ! Je veux manger ! Lâche-moi la grappe avec tes poèmes !

— Mais c'est pourtant le seul moyen de changer quelque chose », dis-je penaud.

Il ne voulait rien entendre.

Deux petites tresses

Deux petites tresses
Racontaient dans la rue
Encore et encore la même histoire cruelle.

Si tu ne trouves pas de bras pour t'offrir de l'espoir,
Ni frère, ni bienfaiteur,
Ne verse pas de larmes, mais garde-les en vie.

Les cœurs sont pétrifiés,
Non, plus durs que l'acier.

Alors étire tes jambes maigres,
Et reste debout, reste debout, reste debout,
Et soupire : hélas, hélas, mille fois hélas.

Quand j'ai demandé à Amer Helwani ce qu'il voulait dire avec cette chanson, il explosa en sanglots. Le texte parlait d'une petite fille, de huit ans à peine, qui faisait tous les jours la queue avec sa mère pour recevoir un carton de l'UNRWA. Elles arrivaient à chaque fois avec des habits propres et revenaient quelques heures plus tard, complètement abattues, couvertes de poussière.

Je me suis mis au piano et j'ai composé une mélodie comme un cercle vicieux. J'imaginais que, dans les deux premières strophes, c'étaient les dieux qui parlaient et, dans les deux dernières, la petite fille. Entre les strophes, j'ai introduit une basse continue, qui est traditionnellement la voix du diable dans la musique baroque. J'ai intitulé ce morceau *L'opérette de Yarmouk* et j'ai imaginé quinze divinités qui, à travers une boule de cristal, regardaient le monde, la Syrie, Yarmouk et cette petite fille pleine de poussière.

> *Deux petites tresses*
> *racontaient dans la rue*
> *encore et encore la même histoire cruelle.*
>
> *Si tu ne trouves pas de bras pour t'offrir de l'espoir,*
> *ni frère, ni bienfaiteur,*
> *ne verse pas de larmes, mais garde-les en vie.*

J'ai toujours aimé faire de la musique avec les enfants. Cela n'a pas changé avec le siège de Yarmouk. Il subsistait une poignée d'écoles dans le quartier. À l'époque des Gars de Yarmouk, j'en visitais quatre à tour de rôle et je chantais avec les enfants, toujours avec l'aide d'un des choristes. Mais le groupe s'est arrêté et, avec lui, les cours de musique.

C'est alors que Marwan eut une idée : on pourrait aussi chanter avec les enfants dans la rue ! Et c'était parti. Nous avons fondé les Jeunes pousses de Yarmouk, notre chorale d'enfants. Marwan n'était pas marié et adorait les gosses. Il savait y faire avec eux. Il les prenait au sérieux et s'y entendait pour gentiment les encadrer. C'était lui qui rassemblait les enfants et les mettait en ordre pour les répétitions. Car avoir autant d'enfants, c'est comme ouvrir un sac de puces. Et comme une grenade pouvait nous tomber dessus à chaque instant, j'insistais pour que les parents de chaque enfant nous signent une décharge. Nous ne pouvions pas en assumer la pleine responsabilité.

Nous faisions deux, trois concerts par semaine avec les Jeunes pousses. Tantôt venaient cinq enfants, tantôt vingt.

On chantait tantôt devant les ruines de mon ancienne école, tantôt devant un carrefour animé. Les passants s'arrêtaient alors et étaient ravis : des enfants qui chantaient dans la rue ! C'était encore plus beau qu'une chorale d'hommes.

Jusqu'à ce que passe une troupe de soldats dont les barbes étaient toujours plus longues à cette époque. À Yarmouk, cela faisait déjà un moment que ceux qui combattaient pour la démocratie avaient été mis de côté et que la révolution était devenue une lutte pour savoir qui pratiquait le véritable islam. L'un des soldats me fit remarquer : « Frère, tu chantes avec des filles ? Tu ne sais donc pas que c'est *haram* ? » Interdit, impie. Mais ils nous laissèrent tranquilles. À ce moment-là.

Un petit garçon, hyperactif, ne pouvait pas se tenir tranquille et dérangeait sans cesse la chorale – jusqu'à ce que je lui propose de se mettre à côté de moi et de mimer la musique avec ses mains. Il le fit. Et ce fut un carton. Les gens adoraient voir ce gamin, comme perdu dans ses pensées, gesticuler en rythme avec la musique, tel un interprète de la langue des signes.

Une petite fille est venue un jour avec son frère handicapé mental. Il secouait la tête, babillait, bavait, la langue pendante, et faisait toutes sorte de bruits. Mais, à peine la musique avait-elle commencé qu'il se transformait en vrai petit ange. Il faisait « ah, ah, ah », semblant vouloir chanter, et se tenait très tranquille.

J'aperçus un jour une très jolie femme au coin de la rue avec sa fille. Elle nous vit et s'écria : « Les voilà, c'est ce fameux groupe ! » Toutes deux étaient bien habillées et leur visage était fraîchement lavé. De notre côté, nous avions plutôt l'air miteux.

J'ai arrêté de jouer : « Que voulez-vous dire ?

— Vous êtes bien les Jeunes pousses de Yarmouk, non ?

— En effet, oui. Vous nous connaissez ?

— On parle de vous dans tout Damas. »

Je vis à quel point les enfants étaient fiers tout à coup de recevoir un tel compliment d'une dame aussi chic.

« C'est très important ce que vous faites, dit-elle avec le plus grand sérieux. Nous sommes venues exprès de Damas grâce à une autorisation spéciale. Tu penses que ma fille pourrait chanter avec vous ? » Elle avait onze ans à peu près.

« Mais bien évidemment ! Viens, prends place. » Et nous avons continué.

Plus tard, alors que nous étions en train de rentrer le piano, Marwan me dit : « T'as entendu ce qu'elle a dit ? C'est important ce qu'on fait. » Il était lui aussi incroyablement fier.

Je ne sais pas où la femme et sa fille étaient logées, mais la deuxième fois qu'elles sont venues chanter, elles portaient toutes deux un foulard sur la tête. Elles avaient dû tomber sur des types du Front al-Nosra. La troisième fois, elles étaient presque aussi grises et poussiéreuses que nous. Et ensuite, elles ont disparu.

Un jour, j'ai vu qu'un homme nous observait – et je l'ai reconnu. C'était mon ancien professeur d'arabe du lycée. Il nous a suivis pendant que nous rangions le piano dans le magasin. Je l'ai abordé. Il n'avait pas l'air en forme. Je l'ai invité à boire un verre d'eau à l'intérieur. Il s'est assis. Il avait les larmes aux yeux.

« Aeham, ce que tu fais est merveilleux. »

Je l'ai remercié, un peu gêné, et j'ai voulu saisir l'occasion pour m'excuser de toutes les fois où j'avais séché ses cours : « J'espère que vous ne l'avez pas pris personnellement. Cela n'avait rien à voir avec vous. J'avais tout simplement autre chose en tête à cette époque.

— Ah, n'en parlons plus, c'était il y a bien longtemps. Je suis très fier de toi. » Il est reparti et m'a écrit cinq chansons par la suite.

La chanson préférée des enfants était la chanson de l'eau, une de celles écrites par Marwan. Parce qu'elle parlait de leur quotidien. Beaucoup d'entre eux devaient aider tous les jours leurs parents à porter les gros jerrycans.

L'eau tombe tout le temps

L'eau tombe tout le temps,
Elle ne coule jamais comme il faut.

On en a marre de traîner des seaux,
Mais il n'y a pas assez d'eau.

Demande à Abou Mohammad,
Lui aussi, il en a marre.

De porter tout le temps des seaux,
Il en a plein le dos.

Ah, ça s'arrangera bien un jour,
Ah, ça s'arrangera bien un jour.

Même le courant, Dieu du ciel,
On l'a oublié depuis longtemps.

Marwan nous filmait, Raed postait la vidéo sur notre page Facebook et, un peu partout dans le monde, dix mille personnes cliquaient sur « J'aime », cinq cents la partageaient, plusieurs centaines écrivaient des commentaires. Certaines vidéos sur YouTube ont été visionnées plus de cinquante mille fois.

Rien d'étonnant à ce que des journalistes nous contactent soudain. Leurs questions se ressemblaient souvent. Qu'est-ce qui se passe chez vous ? Pourquoi faites-vous cela ? Je leur expliquais. On trouve encore les interviews de cette époque sur Internet.

Je leur répondais : « Nous n'avons pas vraiment le choix à Yarmouk. Soit on rejoint l'un des groupes de combattants, soit on attend tout simplement la mort. Je pense qu'il vaut mieux chanter en attendant de mourir. »

Et encore : « Le piano est un symbole de haute culture. Jouer du piano dans la rue est une image à la fois de splendeur et de misère. »

Ou bien : « Nos chansons touchent tout le monde à Yarmouk, car elles parlent de nos malheurs quotidiens : des maladies, du manque de médicaments, du manque de vivres et même de l'herbe dont les gens se nourrissent ici. »

Et puis : « Je ne savais plus comment je pouvais me rendre utile. Je suis donc allé avec mon piano dans les rues et j'ai commencé à jouer pour donner du courage aux gens. »

Et ça : « Je parle pour ceux qui ont faim parmi nous. Je renvoie l'image des souffrances quotidiennes. Nous continuerons à chanter, à chanter et à chanter. »

Ces six mois furent incroyables. C'était une époque à la fois heureuse et terrible. Nous avons lutté, nous avions un but. La musique était plus forte que nos peines. Tout semblait arriver en même temps. J'allais chercher de l'eau le matin, je chantais dehors avec les enfants l'après-midi, le soir je mettais en musique un poème qu'on m'avait glissé dans la journée, avant de me mettre au lit, mon ventre criant famine.

Je suis pianiste. Je n'ai jamais agité de drapeau. Ma révolution, c'est la musique. Et un miracle s'est produit : le monde nous a entendus.

Zeinab

C'était à la fin du mois d'août 2014. Yarmouk était encore coupé du monde, les bombes nous tombaient encore dessus, les francs-tireurs étaient encore embusqués sur les toits, il était encore impossible de sortir du quartier, encore impossible d'y faire entrer quoi que ce soit.

Ce jour-là – le plus triste de ma vie –, je suis parti chercher de l'eau avec mon ami et voisin Marwan. Puis je me suis recouché et endormi.

J'ai alors fait un rêve. J'étais dans la rue, assis sur un escabeau. Des gens paniqués couraient dans tous les sens. À ma droite, un peu plus bas dans la rue, un loup assis hurlait à la mort. Voilà ce qui effrayait les gens. Ils cherchaient à fuir, mais ne savaient pas où aller. Ils couraient, avançant puis reculant, le regard étrangement figé. Et j'étais assis sur mon escabeau, sans pouvoir me lever, regardant le loup qui hurlait pendant que les gens couraient partout. C'était lugubre…

Et je me suis réveillé. Un gravillon frappa le carreau. En bas, les filles m'appelaient : « Maître Aeham ! Maître Aeham ! Descends ! »

Je me suis levé et j'ai regardé par la fenêtre. Six gamines étaient en bas, sautillant sur place et me faisant des signes :

« Maître Aeham ! Descends ! On veut chanter ! » Elles faisaient toujours comme ça.

Zeinab se tenait à droite. Je l'avais rencontrée quelques mois auparavant dans un centre culturel où j'avais fait de la musique une ou deux fois avec les enfants. Zeinab jouait du tambour. Elle avait douze ans. Elle était plus effrontée, plus joyeuse et plus impertinente que les autres. « J'aime le rap », me déclara-t-elle avec franchise, avant de frapper sur la table un rythme groove endiablé. Elle m'avait plu tout de suite et je l'avais invitée à rejoindre les Jeunes pousses de Yarmouk.

À partir de ce moment-là, elle est venue régulièrement. Nous chantions dans le magasin, nous chantions dans la rue, les enfants chantaient le refrain tous ensemble, et Zeinab ajoutait une de ses strophes rebelles en rap. La musique comme arme de combat ! C'est comme ça qu'elle voyait les choses.

Elle m'avait raconté que son père était malade et que, de ce fait, il n'était pas resté à Yarmouk. Il reviendrait une fois soigné. Un jour pourtant, alors que nous chantions dans la rue, sa mère est passée nous voir. Après l'avoir saluée, j'ai pris des nouvelles de son mari. Elle m'a pris à part. Il était mort dans un bombardement. Elle ne voulait pas que Zeinab l'apprenne.

Ce matin-là donc, les filles me regardaient avec de grands yeux pleins d'espoir. Je frottais les miens, encore étourdi par ce rêve horrible.

« Je suis trop fatigué, les enfants ! Pas aujourd'hui !

— Allez !, crièrent-elles. On veut chanter ! On s'ennuie ! On n'a pas envie de rester à la maison ! »

Je vis du coin de l'œil que Marwan aussi regardait par la fenêtre. Il avait entendu les filles. Je lui fis un signe et il haussa les épaules, l'air de dire : « Pourquoi pas ? » J'ai cédé – maudit soit ce jour – et je suis descendu.

Nous sommes passés prendre le piano et nous l'avons remorqué.

Zeinab a dit vouloir tourner un film pour sa grand-mère. Nous nous sommes donc installés à proximité de la maison où la vieille dame avait vécu autrefois.

Nous avons poussé le piano au milieu de la rue. Les enfants attendaient dans une maison, à l'abri. Je levai le clapet du piano. Marwan était prêt. Il hocha la tête. Je fermai les yeux et commençai une chanson. Marwan tournait autour de moi en filmant. J'ouvris les yeux à la fin de la chanson. Il leva le pouce. Je fermai à nouveau les yeux et commençai une seconde chanson. Marwan se remit à filmer. Tout se passait comme d'habitude.

C'était parti. Marwan regroupa les enfants autour de moi, fit signe que la caméra tournait. J'entonnai les premières mesures de *Tu manques à Yarmouk*. De la tête, je donnai le signal de départ. Les filles chantaient de leur voix claire. C'était bon. Je fermai les yeux un instant.

Un tir retentit. J'ouvris les yeux et vis, à ma droite, Zeinab à terre. Du sang jaillissait de sa tête.

J'étais mort de peur, j'ai bondi et je me suis penché sur elle. « Zeinab, Zeinab, qu'est-ce qui se passe ? Oh mon Dieu, qu'est-ce qui s'est passé ? »

Marwan et les autres enfants s'étaient immédiatement mis à l'abri, accroupis dans un magasin.

« Aeham, viens !, cria Marwan. Le sniper va te tuer ! »

Je fonçai pour me mettre à couvert. « Elle vit peut-être encore, criai-je. Il faut aller la chercher ! »

Les autres filles étaient assises, les yeux grands ouverts. Marwan rentra en courant dans l'immeuble et en ressortit avec une longue pince. Nous avons réussi à attraper le bas du pantalon de Zeinab et à la tirer vers nous.

J'ai crié à Marwan : « Mets les enfants en sécurité ! » J'ai pris Zeinab dans mes bras et je me suis mis à courir.

Du sang coulait de sa tête, dégoulinant le long de mon bras. Je sanglotais. Je croisais des gens mais personne ne faisait attention à nous, tant cette scène était devenue banale. Dix minutes plus tard, j'étais à l'hôpital Hadschar al-Aswad – où l'on m'avait recousu les doigts et où l'on avait déposé celui qui était mort pour des radis. Je fonçai à l'intérieur, déposai Zeinab sur un fauteuil et appelai à l'aide.

Un homme en blouse blanche, que je ne connaissais pas, est venu me voir. « Que s'est-il passé ?

— Un sniper lui a tiré dessus. »

Il a pris son pouls, examiné ses yeux avec une lampe. « Elle est morte. »

Le monde s'écroula.

« Vous connaissiez cette fille ?

— Oui, sanglotai-je.

— Voulez-vous informer les parents ? »

Je secouai la tête. Je demandai un papier et un stylo pour écrire l'adresse de la mère de Zeinab.

« Qui êtes-vous ?, demanda le médecin.

— Personne. » Et je suis parti.

J'ai erré à travers Yarmouk, les vêtements maculés de sang. Qu'avais-je fait ? C'était ma faute. Jamais je n'aurais dû chanter dans la rue avec les enfants. Pas dans ce paysage de mort !

Je suis allé chez Marwan. Il avait mis les enfants en sécurité, chez eux. J'ai enlevé le sang sur moi. Il m'a donné des vêtements propres. Nous sommes restés assis, en silence, osant à peine nous regarder.

« Ce n'est pas notre faute », dit il. Je me taisais.

Enfin, je suis rentré chez moi.

« Qu'est-ce qui se passe ? », me demanda Tahani. Je devais avoir une tête affreuse.

« Je suis malade », lui ai-je dit. Je me suis allongé sur le canapé. Je me suis retourné, la tête vers le dossier et j'ai pleuré en silence. J'évacuais toutes mes peines, doucement, sans pouvoir m'arrêter. C'était terminé. Tout était terminé. Fini. Les heures passaient. Comment pourrais-je vivre après avoir commis cette faute ?

J'ai passé la nuit sur le canapé, pas dans notre lit. Le sommeil m'a gagné à plusieurs reprises mais, à chaque fois, je me réveillais en sursaut après quelques secondes. Je revoyais Zeinab qui gisait dans son sang, je fixais ses yeux grands ouverts.

Le lendemain matin, j'avais l'impression d'être ligoté. J'avais du mal à respirer, comme si quelqu'un appuyait ses genoux contre mon buste, comme si mon cœur était désormais pétrifié. Je suis allé chez Marwan. Le chagrin avait creusé des rides sur son visage. Nous avons décidé d'aller chercher le piano.

Il était là où nous l'avions laissé. Le côté droit et la remorque étaient éclaboussés de sang. Je me suis dit que plus jamais je ne pourrais jouer sur ce piano. Plus jamais je ne pourrais jouer du piano.

Une de nos connaissances habitait dans les environs. Nous avons traîné le piano jusqu'à chez lui et lui avons demandé si nous pouvions l'entreposer là. Nous n'en avions plus besoin. Au diable cet instrument !

Il a vu les éclaboussures. « Ça vient d'un chat, lui dit Marwan. Tu pourrais le nettoyer ? »

J'étais comme sonné quand je suis revenu chez moi. Je me suis à nouveau allongé sur le canapé.

Le lendemain, je suis monté sur le toit-terrasse. Je n'avais plus le goût de vivre. Terminé. C'était parti d'une bonne intention. Je m'étais donné du mal. Je voulais jouer, rire et oublier la guerre avec les enfants. Et une petite fille était morte par ma faute.

Je me suis approché du bord de la terrasse.

J'avais si souvent défié la mort. J'avais joué tout en sachant qu'une grenade pouvait à chaque instant atterrir à côté. Sur certaines vidéos, les notes du piano se mêlent aux détonations des fusils. La mort était quotidienne. J'aurais été prêt. Pourquoi ce sniper à la manque n'avait-il pas mieux visé ? Pourquoi ne m'avait-il pas abattu ? Pourquoi Zeinab ? Elle avait douze ans ! Une gamine !

Je me suis assis sur la rambarde.

Ma vie était finie. J'étais mort avec Zeinab. Je ne voulais plus continuer. Je ne pouvais porter cette faute.

Au bout d'un moment, je suis parti voir Marwan. Nous nous sommes salués sans rien dire. Puis nous nous sommes assis et nous avons pleuré.

« Putain ! », cria-t-il en se levant d'un bon. Il donna un coup de poing dans le mur : « Pourquoi les enfants ? Ils ne faisaient que chanter ! »

Il vivait avec sa mère. Ayant entendu le cri, elle entra dans la pièce et demanda ce qui se passait.

« Rien », répondit-il.

Je pus à peine parler durant une semaine. Je ne mangeais presque rien. Tahani s'inquiétait. Je ne lui ai pas expliqué.

Puis la douleur desserra son étau.

Marwan et moi sommes allés récupérer le piano. Il avait été endommagé. L'homme auquel nous l'avions confié l'avait nettoyé au jet d'eau. J'ai demandé à mon ami Raed, qui était peintre autrefois, de le rénover en blanc. Une autre de mes connaissances le décora d'une calligraphie rouge, noir et vert, aux couleurs de la Palestine. Je me suis assis au piano. Il était encore plus désaccordé qu'avant. Et j'ai joué *Tu manques à Yarmouk*, la chanson que Zeinab ne terminerait jamais.

Je devais continuer à vivre.

Deux semaines après la mort de Zeinab, des enfants sont venus me trouver au magasin. Ils voulaient chanter. J'ai accepté. Nous avons fait de la musique à l'intérieur. Quelques semaines plus tard – nous étions déjà en septembre –, nous avons ressorti le piano, dans des ruelles étroites, animées, où aucun franc-tireur n'irait s'aventurer. Je me suis remis à chanter avec des enfants. De nouveaux enfants. Avec mon piano blanc.

J'avais la poitrine tellement oppressée que je pouvais à peine respirer. Cela se voit sur les vidéos de cette époque : mon regard est pétrifié, et mon visage figé comme un masque. Les enfants font des « tra-la-la » joyeux, ils rient et sautillent, ils pensent vraiment ce qu'ils chantent. Moi, je n'y suis plus. Je me suis battu. J'ai perdu. Je ne croyais plus à la force de la musique.

Durant cette période, je n'ai parlé à personne de la mort de Zeinab. Qu'aurais-je bien pu en dire ? Qui aurais-je pu accuser ? Les sbires d'Assad ? Les snipers du Front al-Nosra que notre musique dérangeait depuis un moment ? Je ne pouvais les accuser publiquement. Seuls Marwan et moi étions au courant de cette dette de sang. Nous nous sommes juré de ne pas en parler.

La mère de Zeinab n'est jamais venue me voir. A-t-elle seulement su que sa fille était morte au pied de mon piano ? Je n'ai pas non plus eu le courage d'aller la trouver. Qu'aurais-je bien pu lui dire ?

Pas un jour ne passa sans que je pense à Zeinab. L'air me manquait à chaque fois. Et dès que je fermais les yeux pour jouer *Tu manques à Yarmouk*, je revoyais toute la scène devant moi.

Ce n'est que plus tard.

Bien plus tard.

Quand je suis arrivé en Allemagne.

Quand la peur et l'effroi sont retombés.

Que j'ai pu en parler. La terrible vérité a franchi mes lèvres. Brièvement d'abord. Sans détail. Puis, plus fréquemment. Enfin, j'ai raconté cette histoire à tous les journalistes qui voulaient l'entendre – ou pas. Je pensais que, peut-être, mes aveux aideraient à expier ma faute. Mais personne ou presque ne s'y intéressait. Tout le monde me posait des questions sur mon piano brûlé par Daech.

J'entends dire parfois : « Aeham, tu n'y peux rien. Tu n'es pas coupable. C'était un crime de guerre. Personne n'a le droit de tirer sur une fillette parce qu'elle chante dans les rues dévastées. »

Sans doute est-ce vrai. Mais je n'y crois pas. J'aurais besoin de cent vies pour effacer ma faute. Je dois vivre avec.

La césarienne du salafiste

À la naissance d'Ahmad, nous avions décidé, Tahani et moi, qu'il aurait un petit frère ou une petite sœur quand il aurait deux ans. Puis est venue la révolution. L'embargo a commencé. Notre monde s'est écroulé. Pour moi, c'était une affaire réglée.

Un soir, pourtant, Tahani a abordé le sujet : « Ce serait bien d'avoir un deuxième enfant, tu ne crois pas ? » Je l'ai regardée, étonné : « Que veux-tu dire ?

— Eh bien, de faire comme nous en avions l'intention.

— Mais on était encore en paix à ce moment-là. Maintenant, c'est à peine si on a suffisamment à manger pour trois.

— La vie continue. Et l'embargo peut durer encore très longtemps. »

Elle avait raison. Nous n'espérions plus que la situation change. Vivre à trois ou crever à quatre, quelle différence ? Nous étions voués à mourir de toute façon.

Notre premier fils avait été mis au monde par césarienne. À l'époque, le médecin nous avait dit qu'il en serait de même pour le deuxième enfant. Or il n'y avait plus d'hôpital à Yarmouk depuis longtemps. J'ai demandé à Tahani : « Comment faire ? On ne va pas risquer ta vie.

— Dieu nous aidera. Nous avons toujours trouvé une solution.

— Je t'ai toujours dit que la décision te revenait. Je le pensais. C'est à toi de décider. » Et j'ai ajouté : « Cela ne sera pas facile.

— Nous allons croupir ici pour toujours. J'aimerais avoir un autre enfant. »

Nous en sommes d'abord restés là. Mais elle est constamment revenue à la charge. Finalement, j'ai proposé d'en discuter avec mes parents. Cela les concernait tout autant que nous. Un soir, je leur ai donc demandé ce qu'ils en pensaient.

Ils se sont tout d'abord réjouis, puis de nombreux obstacles leur sont aussi apparus. Mon père a finalement déclaré : « Nous sommes heureux d'avoir Ahmad et nous serions heureux d'avoir un deuxième petit-enfant, mais la décision vous revient. »

Nous avons alors pris la décision : oui, nous voulions un autre enfant. Malgré la guerre.

Un jour, Tahani fut prise de vertige et dut s'asseoir. Elle fut immédiatement persuadée d'être enceinte. Elle alla voir une sage-femme qui confirma son impression. Elle était au comble du bonheur. J'étais également ravi – mais de plus en plus inquiet.

La sage-femme lui fit toute une série de recommandations pour avoir une « alimentation équilibrée ». Très bon sujet. Surtout qu'il n'y avait plus ni viande, ni fruits, ni légumes frais depuis des lustres. Elle conseilla à Tahani de prendre des pilules de vitamines ainsi que des préparations avec du zinc et du fer. Ça, on pouvait encore se le procurer. On était au printemps, à l'époque où les premiers cartons d'aide alimentaire de l'UNRWA commençaient à arriver. Tahani pouvait donc au moins boire un verre de lait en poudre de temps à autre, et manger tantôt du riz, tantôt des lentilles, cuits avec du lotier.

L'année 2014 a suivi son cours. Nous faisions la queue pour des cartons d'aide humanitaire. Je composais des chansons sans arrêt. Le ventre de Tahani grossissait. En août, Zeinab fut abattue. Je devais continuer à vivre. La grossesse de Tahani arrivait à son terme. L'accouchement était prévu le 25 octobre selon les calculs de la sage-femme. Et chaque jour, la question se faisait plus pressante : où Tahani pourrait-elle accoucher ?

Nous nous sommes renseignés au dispensaire de Hadschar al-Aswad. Ils pouvaient faire une césarienne. À condition de venir avec un goutte-à-goutte et trois doses de Rocephin pour la perfusion : une solution antibiotique dont une seule ampoule coûtait cinquante euros en Europe et qui était plus précieuse que l'or à Yarmouk – sauf que l'on ne pouvait pas en acheter. Il n'y en avait tout simplement pas. Les médicaments avaient une importance stratégique majeure. Si le régime nous coupait les vivres, cela valait *a fortiori* pour l'approvisionnement médical.

Il ne restait plus qu'une solution : Tahani devait accoucher à Damas. Les rebelles et le gouvernement avaient passé un accord durant l'été : les malades, les femmes enceintes et les personnes les plus fragiles qui se faisaient enregistrer à Yalda bénéficiaient d'un laissez-passer pour Damas. La question de savoir s'ils auraient le droit de revenir ensuite restait toutefois posée.

Tahani refusait ne serait-ce que d'y penser. On ne comptait plus les familles qui s'étaient séparées ainsi, me disait-elle. Et elle avait peur de l'accouchement. Elle tenait à ce que je sois présent.

Je ne voulais pas en entendre parler et j'insistais pour qu'elle aille à Damas, dans un véritable hôpital. Si quelque chose lui arrivait, je ne me le pardonnerais jamais. Nous nous sommes disputés pendant des semaines.

« Je veux rester ici. J'ai trop peur de l'accouchement, se plaignait Tahani.

— Il faut que tu sortes de Yarmouk ! On ne pourra pas t'injecter d'antibiotiques et si on te fait une césarienne au dispensaire, il y a une chance sur deux que le scalpel ne soit même pas désinfecté ! Il faut partir, Tahani ! »

Elle finit par céder. Deux semaines avant la date prévue pour l'accouchement, elle fit un petit sac et dit au revoir à mes parents. Je pris Ahmad sur mes épaules et nous partîmes vers le checkpoint qui menait à Yalda. Tahani marchait lentement. Elle était enceinte jusqu'aux yeux mais, surtout, elle était triste. Elle s'arrêtait tous les cent mètres et disait : « Aeham, faisons demi-tour. Dieu nous protégera. On y arrivera quand même. J'ai besoin de toi.

— Il n'y a pas d'antibiotiques ici ! Je t'en prie, conduis-toi en adulte ! »

Et nous avons continué.

« Où on va, papa ?, demanda Ahmad qui, perché sur mes épaules, sentait que quelque chose n'allait pas.

— Rendre visite à ton arrière-grand-mère. Tu vas voir tout ce qu'il y a chez elle. Des bonbons et des fruits ! » Je lui ai alors raconté à quel point c'était bon le chocolat.

Mais Ahmad éclata en sanglots : « Je ne veux pas partir !

— Tu vois ? Lui non plus ne veut pas partir, dit Tahani.

— Cela va se terminer en catastrophe ! Je ne veux pas que tu meures juste pour une séparation de quelques jours !

— Et si je n'ai plus le droit de revenir ? J'ai tellement peur, Aeham.

— Je t'en prie. »

Et nous avons continué, sans mot dire. Nous nous sommes pris dans les bras devant le checkpoint. Je les ai regardés s'éloigner. J'ai vu Tahani présenter ses papiers et son autorisation aux soldats, je les ai vus hocher la tête, je les ai vus se retourner et me faire signe une dernière fois, avant de disparaître.

Le soir, elle m'a envoyé un message : « Je ne tiendrai pas ici. Je veux revenir. Je demande un laissez-passer demain. »

Je l'ai appelée et nous nous sommes disputés.

Elle s'est rendue à l'hôpital et, là, à la première échographie, on a découvert que la sage-femme s'était trompée : l'accouchement n'aurait lieu qu'un mois plus tard. Tahani m'appela immédiatement. Elle refusait d'attendre aussi longtemps, elle voulait revenir tout de suite.

J'explosai : « Tu plaisantes ? Tu vas leur raconter quoi, au checkpoint, quand tu vas te pointer avec ton gros ventre ?

— J'essaie au moins.

— Tu vas attendre. Ce n'est pas grave si tu reviens dans un ou deux mois. Le plus important, c'est ta santé. »

Mais Tahani ne se laissa pas si facilement convaincre. Soir après soir, elle me répétait qu'elle voulait rentrer. « Je suis tellement malheureuse, j'ai besoin de toi à mes côtés », m'écrivait-elle.

Je lui répondais : « Ne mets pas ta vie en jeu pour tes états d'âme. »

Elle vivait chez ma grand-mère maternelle, cette femme à laquelle mon père avait joué de la musique pour qu'elle lui donne sa fille. C'était une personne charmante. Je l'ai appelée.

« Je t'en supplie, fais en sorte que Tahani soit heureuse. Je veux qu'elle reste à Damas, il le faut.

— Je la traite comme une reine, mais elle s'en fiche. Elle veut revenir avec toi. »

Que pouvais-je faire d'autre ?

Tahani m'appelait : « J'ai besoin de toi.

— Pense à la femme de Ziad. Elle est morte à un checkpoint alors qu'elle était sur le point d'accoucher.

— Ça ira. Je suis forte.

— Tu as tout ce dont tu as besoin à Damas. Profites-en. Mange tout ce que tu veux. C'est bon pour le bébé.

— Je préfère encore manger de l'herbe avec toi.

— Je t'en prie. »

Et puis elle est revenue. En secret. Sans que je n'en sache rien. Deux semaines avant le terme, enceinte jusqu'au cou. Elle a pris le petit Ahmad par la main et elle est montée dans un minibus. Elle s'est présentée au checkpoint de Beit Sahem, devant le représentant de l'UNRWA, du Croissant-Rouge, devant les soldats de l'armée syrienne qui montaient la garde. Et le miracle s'est produit : on l'a laissée passer.

Elle s'est rendue au second checkpoint, tenu par les rebelles. Eux non plus, en principe, ne laissaient pas passer les femmes enceintes : « Tu veux être un poids ? Pars ! Va accoucher à l'extérieur et fous-nous la paix ! Les hôpitaux suffisent à peine pour les blessés ici ! »

Tahani a pleuré – et ils ont cédé.

Il lui restait encore une heure de marche. Elle continua, en donnant la main à Ahmad. Elle était complètement épuisée. Les contractions auraient pu commencer à n'importe quel moment.

J'étais assis devant notre maison en train de cuire des falafels. Raed me filmait, il voulait tourner un documentaire sur notre quotidien. Et tout à coup, elle fut devant moi.

« Bonjour Aeham. Ça va ? », dit-elle simplement.

J'ai pris comme un coup sur la tête. J'étais ébahi. « Comment as-tu fait pour venir, bon sang ? Qui t'a laissée passer ? »

Elle m'a tout raconté.

« Non mais tu plaisantes ? Tu joues avec ta vie ! Et avec celle de notre enfant ! »

Des badauds s'étaient arrêtés et nous regardaient nous disputer.

« *Challas*, assez, dit Tahani. Rentrons. »

Nous sommes rentrés et nous avons continué à nous disputer. Quand nous nous sommes un peu calmés, je me suis mis à chercher une solution d'urgence. Il ne restait plus beaucoup de temps. Comment lui sauver la vie ?

Le lendemain, nous sommes allés à Hadschar al-Aswad. Dans l'asphalte, trois cratères béants rappelaient que le dispensaire avait été bombardé trois fois depuis le début des combats. Les rockets avaient cependant manqué leur cible. Nous avons demandé à voir Abou Baraa. Tahani s'était renseignée auprès de ses amies, qui lui avaient conseillé ce médecin. Il avait autrefois travaillé comme anesthésiste. Désormais, il faisait aussi les césariennes.

Il nous a salués. Il portait la longue barbe des salafistes, ce qui signifiait qu'il appartenait au Front al-Nosra, la filiale d'Al-Qaïda en Syrie. Bien entendu, il ne regardait pas les femmes dans les yeux quand il leur parlait. C'était *haram*. Toute la discussion se fit donc avec moi. Abou Baraa voulait à tout prix éviter de devoir faire une césarienne. Mais il était le seul à savoir opérer. Et même pour Abou Baraa, regarder une femme était moins grave que d'être responsable de sa mort. Il accepta à contrecœur.

J'ai trouvé le goutte-à-goutte dans une librairie à côté du dispensaire. J'ai dû laisser une caution de 35 000 livres (160 euros) ainsi que ma carte d'identité, ce bout de plastique sur lequel est écrit : « Palestinien – Titre de séjour limité ». Et j'ai signé un document attestant que je devais rapporter dans les six mois une perfusion de solution glucosée. Dans le cas contraire, la caution et mes papiers ne me seraient pas rendus.

Jusque-là, je m'étais toujours tenu à l'écart des groupes rebelles. Mais ils représentaient désormais mon dernier espoir. Il y avait, dans notre quartier, un type nommé Abou Manhal. Il parlait d'une voix profonde et monotone. C'était l'une des rares personnes du voisinage à ne pas avoir maigri. Il appartenait à une milice du Hamas et dirigeait une association caritative qui distribuait des vivres et des médicaments à ses affidés – ce qui était bien entendu un argument de poids pour rejoindre de tels groupes.

Dans notre immeuble vivait Hanin, une de mes lointaines parentes qui était devenue la meilleure amie de Tahani. C'était une personne adorable, toujours prête à aider les autres. Entre autres, elle apportait souvent son déjeuner à Abou Manhal. Ils entretenaient presque des liens d'amitié. Était-ce notre planche de salut ? Je suis d'abord allé voir Hanin, puis nous sommes partis au bureau d'Abou Manhal. Hanin entra la première et me fit signe peu après.

J'ai trouvé Abou Manhal assis derrière un bureau enfoui sous une montagne de papiers, avec une petite télé branchée à une batterie et, étonnamment, un cendrier. Je lui ai expliqué notre situation. Pouvait-il faire quelque chose pour nous ?

« Bon, je vais voir ce que je peux faire. Je crois que je devrais y arriver, dit-il.

— Vraiment ?

— Je peux le justifier d'une manière ou d'une autre. Je vais dire que ton père est aveugle et que tu te trouves dans une situation difficile.

— Et comment vas-tu trouver les seringues ?

— C'est mon problème. Reviens après-demain. »

Je suis revenu deux jours plus tard avec Hanin. Il était toujours assis derrière son bureau. À notre arrivée, il a posé trois seringues et une poche de glucose sur la table. J'ai commencé à paniquer. J'ai pensé qu'il allait en plus poser un fusil et me dire : « Dorénavant, tu combats pour nous. » Ce qu'il avait posé sur la table était aussi précieux que des diamants à cette époque. Ces trois seringues pesaient autant que la vie d'un homme. Si l'on devait extraire une balle, amputer le doigt ou le bras d'un combattant, sa vie ne tenait qu'à une piqûre.

Quand Abou Manhal me les a tendues, j'en ai eu les larmes aux yeux. J'aurais tout fait pour le remercier à ce moment-là. S'il m'avait dit : « Tu laisses tomber tes histoires de musique et tu pars avec nous au front », j'aurais accepté.

« Merci mille fois, Abou Manhal ! Demande-moi ce que tu veux.

— Je ne veux rien. Tu ne racontes cela à personne, tu remercies le Prophète et tu pries pour nous, c'est tout, me dit-il en arabe littéraire, comme tout bon salafiste. Je souhaite un prompt rétablissement à ta femme.

— Quoi, tu ne veux rien ? Il faut quand même que je te paie la perfusion !

— Si tu permets, je ne veux plus entendre un mot à ce sujet ! Je ne le tolérerai pas, dit-il avec humeur.

— Que Dieu te protège, mon seigneur !, dis-je, l'appelant "seigneur" à la manière des salafistes.

— Et maintenant, prends tes seringues et ta perfusion et va-t'en ! »

Je suis parti. Je n'avais qu'un sac plastique transparent pour transporter les seringues et la poche. C'était à peu près aussi discret que de se promener avec des lingots d'or. Les gens parlaient à voix basse en me voyant. Je me suis demandé ce qu'ils avaient. Et, soudain j'ai compris. J'ai vite caché le sac sous mon blouson et je suis rentré dare-dare à la maison.

« Devine ce que j'ai trouvé ?, ai-je demandé à Tahani avant de sortir le sac de mon blouson.

— Dieu a entendu mes prières !, s'écria-t-elle en m'enlaçant. Il ne voulait pas que je reste à l'extérieur de Yarmouk ! »

Je suis ensuite revenu à la librairie pour rendre la première poche. Le type ne voulait pas y croire : « Qui t'a donné ça, bon sang ? Jamais je n'aurais imaginé que tu puisses en dénicher une autre !

— Je l'ai trouvée, dis-je en mentant.

— Si tu ne me dis pas où tu as trouvé la perfusion, tu peux dire adieu à ton argent et à tes papiers ! »

Abou Manhal m'avait fait jurer de ne le dire à personne. J'avais déjà été assez idiot pour me promener dans le quartier avec un sac transparent. Donner son nom aurait été une faute grave. Ils auraient pu m'exécuter pour cela.

Le type chercha encore à me faire cracher le morceau. « Frère, je l'ai fait venir au noir de l'extérieur, de la zone contrôlée par le régime, continuai-je à mentir.

— Quoi ? Tu es en contact avec le régime ? Dis-moi où tu as trouvé cette poche ! » demanda-t-il en me fusillant du regard.

Pour finir, il ne m'a rendu que 25 000 livres (110 euros) sur les 35 000 que je lui avais données. Malgré mon insistance, il a refusé de déchirer le papier que j'avais signé. Quand il m'a rendu ma carte d'identité, j'ai découvert qu'un coin en avait été arraché. Quelle merde ! Si on était contrôlé avec ça par les soldats du régime à un checkpoint, on était tout de suite pris pour un salafiste, un partisan d'Adnan al-Arour, un populiste au nez crochu et à la longue barbe qui faisait des prêches à la télé. Il avait autrefois appelé ses soutiens à endommager leurs cartes d'identité pour manifester leur opposition au régime. Depuis, dès que les soldats attrapaient quelqu'un avec une carte abîmée, c'était parti : « Dis-moi, connard, t'es avec Al-Arour, pas vrai ? »

Maintenant, s'ils m'attrapaient, ils auraient trois griefs contre moi : la désertion, l'état de ma carte d'identité et les vidéos de mes chansons satiriques. Ils me prendraient vraisemblablement pour un opposant. Mon arrêt de mort était signé.

J'étais furieux au sujet de ma carte d'identité et j'ai couvert le type d'insultes. Puis j'ai laissé tomber. Il était armé. J'ai donc pris mes 25 000 livres et ma carte abîmée. Je suis rentré à la maison et j'ai passé mes nerfs sur Tahani. Je lui ai encore une fois reproché de nous avoir mis dans le pétrin. Nous nous sommes crié dessus et il est fort possible que, dans ma colère, j'aie insulté le Prophète. Nos fenêtres étaient ouvertes. On pouvait nous entendre de la rue.

Tout à coup, quelqu'un donna un coup de pied dans la porte de notre immeuble en criant : « Espèce de chien d'infidèle ! »

Ah, bon Dieu ! J'ai jeté un coup d'œil par la fenêtre. En bas se tenait un homme habillé en noir de pied en cap, avec un turban et une longue barbe. Un type d'Al-Nosra. Il m'avait entendu jurer. Tahani et moi avons échangé des signes. Elle descendit à la porte et je disparus au troisième étage. Depuis quelque temps, les troupes d'Al-Nosra avaient instauré un tribunal régi par la charia. Deux hommes, soupçonnés d'espionnage, avaient déjà été pendus.

« Oui ?, fit Tahani à travers la porte.

— Ma sœur, qui a blasphémé dans cette maison ?

— Je n'ai rien entendu. Je le jure ! »

L'homme n'en crut pas un mot : « Vous vous en sortez pour cette fois. Mais nous connaissons la maison désormais. Si on repasse et si on entend encore quelqu'un jurer, on vous exécutera tous. »

Je n'ai pas osé sortir pendant trois jours.

L'accouchement avec Abou Baraa était prévu le 20 novembre 2014. Ma mère partit en avance avec Tahani à l'hôpital. Il lui fallait arriver deux heures plus tôt. Entre-temps, la salle d'opération devait être préchauffée par des radiateurs électriques alimentés par un générateur. Tahani voulait à tout prix que je sois présent. Ma mère était absolument contre. Je suis d'abord resté à la maison. Puis je n'ai pas tenu et je les ai rejointes.

À mon arrivée, Abou Baraa, le médecin à la barbe de salafiste, m'intercepta et me fit entrer dans son bureau. Il me lança un regard grave.

« Tu es conscient, j'espère, que ta femme peut mourir sous peu. »

Je hochai la tête.

« Signe ici. Si quelque chose tourne mal, c'est votre responsabilité. »

Il m'a tendu une feuille que j'ai signée.

Puis nous sommes passés dans la salle d'opération. La moins hygiénique que l'on puisse s'imaginer. Les instruments étaient posés là sans emballage. Personne ne portait de masque, de blouse ou de bottillons en plastique. Il n'y avait pas de lampe d'opération mais des néons au plafond. Tahani était sur une couchette, au milieu de la salle. Je lui ai pris la main et lui ai souri.

Abou Baraa lui fit quelques injections d'anesthésique dentaire dans le ventre. Elles ne firent aucun effet. Tahani ressentit tout de suite ce qu'on lui faisait. Elle ahanait de douleur.

« Ma sœur, n'aie pas peur, nous en avons bientôt terminé, lui dit Abou Baraa pour la calmer. Je ne peux malheureusement rien te donner contre la douleur. Encore cinq petites minutes.

— Aeham, où es-tu ?, soupira-t-elle, les yeux fermés.

— Je suis là, dis-je en lui serrant la main encore plus fort et en épongeant la sueur sur son front.

— Ne pars pas.

— Je reste avec toi. »

Bien entendu, il n'y avait pas non plus de serviette pour dissimuler le ventre de Tahani. Mais je ne pouvais pas regarder. Je fixais constamment son visage.

Déjà Abou Baraa tenait le bébé par les pieds, coupait le cordon ombilical et tendait le nouveau-né à ma mère. La salle était encore froide. Ma mère a tout de suite posé le bébé sur une table et l'a habillé, bien qu'il soit encore trempé de sang. Elle l'a bercé et calmé tandis qu'Abou Baraa recousait la plaie et que je consolais Tahani qui gémissait de douleur.

« Est-ce que Kinan va bien ?, me demanda-t-elle.

— Oui, tout va bien. »

Enfin, elle put prendre notre bébé dans ses bras. Elle était complètement épuisée.

Mais comment revenir à la maison maintenant ? J'ai demandé à Abou Baraa si nous pouvions emprunter un lit d'hôpital monté sur roulettes. Il refusa.

Je suis parti chercher Hanin et, ensemble, nous sommes retournés chez Abou Manhal. Il nous a prêté le minibus de son association caritative. À quatre, nous y avons fait monter Tahani à l'aide d'une couverture. Son ventre fraîchement recousu était ballotté. Elle gémissait à nouveau de douleur. Elle me raconta plus tard qu'elle s'était sentie comme une vache à l'abattoir.

Une fois à la maison, je l'ai aidée à monter doucement les escaliers et portée au lit. Puis j'ai fait un feu de bois pour chauffer la maison. Ma mère s'est occupée du petit Kinan. Je suis descendu pour chercher mon père et le petit Ahmad.

« C'est qui ça ?, demanda Ahmad en voyant le bébé.

— Mais ton frère !

— Vous l'avez trouvé où ?

— Tu sais bien, voyons ! Dans le ventre de maman. »

Il n'avait pas l'air de bien comprendre.

Mon père s'est penché sur Kinan et, comme le veut la tradition, il lui a murmuré à l'oreille l'appel à la prière, le baptême des musulmans, ces mots qui retentissent du minaret cinq fois par jour :

« Allah est grand, Allah est grand. J'atteste qu'il n'y a de Dieu que Dieu. J'atteste que Mohammed est l'envoyé de Dieu. Venez à la prière ! Venez à la félicité ! Allah est grand, Allah est grand. Il n'y a pas d'autre Dieu que Dieu. »

Puis mon père souhaita la bienvenue au petit Kinan. Tout doucement, il le palpa des pieds à la tête, afin de s'en faire une image à sa manière.

Je n'arrivais pas à me réjouir. Mes inquiétudes étaient plus grandes que ma joie. J'avais peur pour Tahani. Que se passerait-il si la blessure s'infectait ? si elle venait à mourir ? Si Kinan tombait malade à cause de la mauvaise alimentation et de tout le reste ? Je me suis démené. Je faisais le ménage, j'allais chercher du bois et de l'eau. Je n'avais pas le temps d'être fier ou heureux.

Au bout de deux semaines, Kinan a commencé à ouvrir les yeux, à bouger et à babiller. Tahani avait récupéré elle aussi. À ce moment-là seulement, j'ai senti la pression retomber. Peu après, mes parents ont pris le bébé avec eux dans l'atelier. Mon père lui jouait du violon, ma mère chantait.

Quelques mois plus tard, je me suis mis au piano pour jouer tout seul. Soudain, Kinan a fait « tadada », comme s'il voulait chanter avec moi. Mon cœur a fait un bond dans ma poitrine, je l'ai pris sur mes genoux et j'ai chanté avec lui. C'est à cet instant que j'ai compris que j'avais un second fils.

Un piano brûle

Durant l'été, j'ai été contacté par une réalisatrice. Elle s'appelait Aya Osman et vivait aux Émirats arabes unis. Elle avait vu nos vidéos et voulait réaliser un documentaire intitulé *Le Pianiste de Yarmouk*. Elle nous a demandé de lui envoyer autant de vidéos que possible sur notre quotidien.

J'hésitais. Raed, lui, était tout feu, tout flammes. Il voulait absolument faire le film à titre bénévole. L'important était de faire passer notre message. Nous avons accepté.

Lorsque Tahani est partie à Damas pour accoucher, Raed n'a pas arrêté de me filmer. Vingt-quatre heures sur vingt-quatre. Avec son téléphone, avec une caméra portable, avec un appareil photo reflex. Si je puis me permettre, on s'est cassé le cul jusqu'à voir Dieu de toutes les couleurs, comme on dit chez nous. À la fin, nous avions plus de 240 gigas de vidéo.

Entre-temps, on avait installé ma mobylette Rama dans la rue en face de chez moi. Quiconque nous aidait en donnant quelques coups de pédale recevait un code Internet, que Raed changeait évidemment tous les jours. Voilà pourquoi la moitié des jeunes du quartier se retrouvaient devant chez moi. Chacun pédalait un moment et pouvait ensuite surfer. Cela nous permettait de charger des batteries supplémentaires et d'utiliser deux routeurs en même temps. On arrivait à faire un giga par jour. Ce n'était pas rien avec le blocus. Et pourtant, cela ne suffisait pas. Quand bien même le quartier entier aurait donné des coups de pédale, on aurait mis cinquante ans à télécharger toutes les vidéos.

Mais il en fallait plus pour arrêter Raed. Il proposa à la réalisatrice de continuer à filmer et de lui envoyer les cartes mémoire aux Émirats. Le plan était qu'une femme fasse passer les cartes de Yarmouk à Damas en les cachant dans son soutien-gorge. De là, on les enverrait à Beyrouth et puis, par la poste, vers les Émirats. La réalisatrice était enthousiaste.

Habituellement, les femmes n'étaient pas étroitement contrôlées aux checkpoints. Mais ce que nous ne savions pas, c'est que la femme que Raed avait choisie pour jouer les messagères n'était pas une parfaite inconnue des postes de contrôle. Elle s'était déjà fait pincer, et les soldats l'avaient désormais à l'œil. Quand elle a voulu passer le checkpoint – tenu par un bataillon de la FSA nommé Ababil Horan –, les rebelles l'ont fait sortir de la queue. Une milicienne l'a fouillée et qu'a-t-elle trouvé ? Nos cartes mémoire évidemment.

Heureusement, Raed les avait verrouillées. Les combattants essayèrent en vain de les lire. La femme n'en devenait que plus suspecte. Quels secrets militaires sur les rebelles avait-elle essayé de transmettre au régime ? On interrogea la malheureuse. Et elle donna le nom de Raed plus vite qu'il ne faut à milicien pour crier « Halte ! ». Moins d'une demi-heure plus tard, une escouade était devant la porte de Raed pour l'emmener.

Sa femme est accourue chez moi en pleurs. Nous avons tout de suite filé chez Marwan. Que faire ? On ne pouvait pas demander nous-mêmes où ils l'avaient emmené. Les miliciens nous auraient immédiatement arrêtés. Nous avons promis à la femme de Raed que nous allions agir, puis nous sommes allés interroger tous les amis et les voisins. Mais personne ne savait où il était.

Le temps pressait. On se retrouvait tous les jours pour délibérer. Je tenais Aya Osman, la réalisatrice, au courant de la situation. Au début, elle était très affectée : « Oh non, le pauvre ! Que pouvons-nous faire ? Etc. » Puis c'est à peine si elle répondait encore au téléphone. Elle avait peur de s'impliquer dans cette affaire. J'essayais de la rassurer, mais une question subsistait : si les miliciens demandaient une rançon, serait-elle prête à nous aider ? Sa réponse fut infâme : « C'est-à-dire que je ne sais pas si le budget pour le film le permet. » Et après, silence radio.

Au bout de quatre jours, quelqu'un eut enfin l'idée salutaire d'aller voir le cheikh de la mosquée et de lui demander de chercher Raed. Les miliciens lui faisaient confiance, ils ne lui feraient rien. Heureusement que Raed, toujours serviable, avait de nombreux amis. Nous étions vingt à venir frapper à la porte du cheikh. Le vieil homme adipeux sortit en djellaba blanche. Nous lui avons expliqué la situation et que nous nous portions garants de Raed. Il hocha la tête. D'accord, il allait s'en occuper. « Revenez dans deux jours », dit-il en rentrant.

Nous sommes revenus deux jours plus tard. Toujours à vingt personnes. « Je sais où ils retiennent Raed, a dit le cheikh, suivez-moi. » Nous nous sommes alors rendus devant un immeuble à moitié détruit, dans le no man's land situé entre Yalda et Yarmouk. Plusieurs voitures étaient garées devant. Le cheikh y est entré pendant une bonne demi-heure. Finalement, il est ressorti avec le commandant du régiment. Ils se sont approchés de notre groupe. Le commandant s'est arrêté à deux mètres et nous a toisés du regard.

« Nous voulons Raed, nous voulons Raed », dirent en chœur vingt bouches, doucement, puis de plus en plus fort, pendant que nous fixions le commandant droit dans les yeux. Celui-ci regarda le cheikh, qui haussa les épaules et leva les mains dans notre direction comme pour dire : tu vois ce que je te disais ?

Les deux repartirent sans avoir dit un mot. Peu après, le cheikh réapparut – avec Raed ! Il marchait le dos courbé. Ses chaussures et sa chemise étaient défaites. Nous l'avons entouré, fous de joie. Ses mains étaient gonflées, ses yeux étaient mi-clos, écrasés par la fatigue et la douleur. « Je ne peux pas parler maintenant », souffla-t-il faiblement alors que nous rentrions à faible allure. C'était une petite révolution. Quand nous sommes arrivés dans sa rue, sa femme attendait à la fenêtre. Elle se jeta dans ses bras.

Le lendemain, je suis tout de suite allé le voir avec Marwan. Raed était allongé sur un matelas posé à même le sol, emmailloté comme un bébé. Il était encore trop faible pour parler.

« Tu as besoin de quelque chose ?

— Non, tout va bien.

— Vous avez de l'eau ? »

Nous avons regardé sa femme. Elle a secoué la tête. Nous sommes allés remplir la citerne.

Le lendemain, Raed a commencé à aller un peu mieux. C'est alors que nous en avons su davantage : comme il s'entêtait à ne pas vouloir déverrouiller les cartes mémoire, les miliciens avaient commencé à le torturer. Ils l'avaient d'abord fouetté avec un câble électrique, sur le dos, puis sur la plante des pieds. Il n'avait rien dit. Ils lui avaient mis un pistolet sur la tempe en hurlant qu'ils le tueraient s'il ne révélait pas le contenu de ces cartes. Il ne parlait toujours pas. Ils lui avaient passé des menottes, l'avaient suspendu pendant des heures avant de le faire brutalement tomber à terre. Là encore, il avait continué à se taire.

Raed n'a jamais mentionné mon nom. Il savait que s'ils venaient me chercher, s'ils me frappaient, je craquerais dès la première gifle. Alors, ils auraient peut-être commencé à dire que « la musique, c'est *haram* » et qui sait ce que cela aurait donné ensuite.

Je n'arrivais pas à y croire : Raed avait enduré la torture pour me sauver. Cet homme était vraiment mon ange gardien. Mon meilleur ami.

Les semaines passèrent et Raed se rétablit peu à peu. Raed le dur à cuire. Son dos continuera toutefois à porter des cicatrices et des traces de fouet. Et qui nous appela un jour au téléphone ? Aya Osman, la réalisatrice des Émirats arabes. Elle voulait savoir comment allait Raed. Et, à propos, qu'étaient devenues les vidéos que nous devions lui envoyer ?

N'importe qui d'autre l'aurait envoyée balader. Pas Raed. Une fois qu'il avait une idée en tête, il ne la lâchait plus. Il prit de nouveau un gros risque : il embarqua ses batteries et ses routeurs, puis, la nuit venue, il se faufila dans le coin du « Melon d'eau ». Là-bas, à portée de tir des snipers, il y avait un ancien café Internet avec une connexion haut débit. Raed l'a piratée et a téléchargé en deux ou trois nuits les 240 gigas.

Le documentaire *Le Pianiste de Yarmouk* a donc bel et bien existé. Il a été projeté dans quelques festivals. Aya Osman n'a pas réussi à le faire diffuser à la télé. Ou même à recevoir une quelconque distinction. Elle a envoyé les bandes à Raed, qui les a regardées et a tout simplement dit : le film est pourri.

Le 18 octobre 2014, la *Süddeutsche Zeitung* fit paraître un reportage sur moi. Je ne savais pas quel genre de journal c'était et même où l'interview devait paraître. Je m'y perdais depuis quelque temps. J'avais seulement classé la femme de la *Süddeutsche Zeitung* dans la catégorie « Europe ». J'avais de plus en plus de mal à parler aux journalistes, j'avais de plus en plus l'impression qu'en fin de compte ils se faisaient de l'argent avec ma détresse. Quelques semaines plus tard, je fus contacté par une femme de Hambourg, d'abord par Facebook puis par Skype. Elle me salua gentiment en anglais. Étonné, je lui rendis son salut en arabe. Elle fut alors rejointe par l'un de ses amis, un Palestinien de Yarmouk qui travaillait en Allemagne comme médecin.

« Elle voudrait te poser quelques questions.

— Quel est son travail ?, ai-je demandé, un peu agacé.

— Journaliste. »

Elle sentit que je commençais à m'énerver et s'empressa d'ajouter : « C'est vrai, je suis journaliste, mais je n'appelle pas en tant que journaliste, je vous appelle en tant qu'être humain. »

Sceptique, j'ai continué à discuter, à contrecœur. Elle s'appelait Monika, admirait ce que je faisais et voulait m'aider. Elle soutenait les réfugiés en Allemagne depuis longtemps. Elle ne supportait pas que l'opinion internationale se contente d'observer ce qui se passait en Syrie. Elle voulait agir.

Je n'étais vraiment pas d'humeur à supporter tous ces bons sentiments. « Quelqu'un de Hambourg qui veut m'aider ? Pourquoi ne pas aider tout Yarmouk ? Tout le monde a besoin d'aide ici. Pourquoi moi ? Personne n'aide quelqu'un d'autre juste comme ça. » Je le pensais vraiment et j'ai demandé à l'interprète de ne pas adoucir la traduction.

« Je n'attends rien de toi. Je veux seulement t'apporter mon soutien. Pour ton humanité, pour ce que tu fais avec la musique. Bien sûr, il faudrait aider beaucoup plus de monde à Yarmouk. Mais je suis toute seule. »

Jusqu'à présent, tous ceux qui voulaient « m'aider » avaient toujours espéré en tirer un quelconque profit. J'avais décidé de me faire plus distant. Je dis : « Je n'ai pas le temps de continuer à discuter. Il faut que j'y aille. »

Mais quand ils m'ont recontacté par Skype quelques jours plus tard, j'ai commencé à comprendre qu'ils étaient sérieux. Ils branchèrent la webcam cette fois. Sur mon écran apparurent un visage blond pixelisé et, à ses côtés, un autre visage basané avec, outre les pixels, le front légèrement dégarni typique du Proche-Orient – le traducteur. J'étais encore assez énervé et je leur ai à nouveau fait la morale :

« Plus de cent personnes sont mortes de faim ici. Et vous vous amenez maintenant en disant vouloir m'aider ? C'est une blague ? Je n'ai pas besoin d'aide. » Je peux être très injuste quand j'ai l'impression qu'on essaie de me flouer. Monika m'expliqua qu'elle avait visité la Syrie avec son mari avant la guerre et qu'elle se sentait liée à ce pays. Elle me répéta qu'elle ne voulait pas rester les bras croisés. D'autres suivraient peut-être son exemple.

Nous sommes restés en contact. Elle a tout fait pour que je puisse sortir du pays. Elle a contacté les Affaires étrangères, les organisations d'aide aux réfugiés, la représentation palestinienne à Berlin. Peine perdue.

L'hiver fut rude. Je passais des heures à ramasser du bois pour chauffer l'appartement. Je dépensais tout mon argent en essence de plastique. Pour cuire les aliments et faire bouillir les vêtements du bébé.

La neige tomba en janvier. Le matin, en allant chercher de l'eau, nous faisions des batailles de boules de neige avec Raed et Marwan, puis un bonhomme. Plus tard, j'ai filmé mes parents se promenant dans le paysage blanc de Yarmouk enneigé.

Heureusement, nos estomacs étaient moins vides. Tous les quinze jours, on recevait un carton de vivres de l'ONU. En automne, le point de distribution avait été déplacé à Yalda. C'était plus tranquille. Personne n'avait plus à craindre pour sa vie en attendant un paquet de riz. Les gens faisaient calmement la queue. Chacun savait quand il passerait.

Et pourtant, c'était une période atroce. Nous étions assiégés depuis deux ans et il n'y avait toujours pas d'issue à l'horizon. Depuis la mort de Zeinab, je ne composais plus. Je n'avais plus de projet, plus de perspectives d'avenir. Désormais, il ne s'agissait plus que de tenir le coup et de survivre. La rumeur d'une invasion de Yarmouk par Daech persistait. Ce qui ne présageait rien de bon pour quelqu'un comme moi qui s'était mouillé à ce point...

L'une de mes connaissances s'était réfugiée en Allemagne quelques mois auparavant. Il s'appelait Ghatfan Samarkand. Il avait autrefois un petit magasin de musique, où il vendait nos luths en dépôt. Je lui ai téléphoné en janvier :

« Tu vas bien ? Tu es en sécurité ?

— Évidemment, vieux ! C'est l'Allemagne ! On est en paix ici.

— À quel point est-ce dangereux de venir ? »

Il m'a tout expliqué pendant une heure et demie. Le trajet, les prix, les risques. La traversée en direction de la Grèce n'était pas trop dangereuse. Le pire, c'était la Hongrie. Là-bas, on enfermait les réfugiés, on les battait, puis on prenait tes empreintes digitales et tu ne pouvais plus t'enregistrer comme réfugié dans aucun pays d'Europe.

Il termina par ces mots : « Désolé, je dois partir, il faut que j'aille à l'école.

— À l'école ?

— Tout le monde doit prendre des cours d'allemand. Tu n'imagines pas à quel point c'est dur.

— Wow.

— Ils font beaucoup pour les réfugiés ici. Je vais dans une école de musique et je peux prendre des cours de piano pour pas cher. »

Le lendemain, je l'ai encore appelé. Et les jours suivants aussi. Au moins une dizaine d'heures.

« C'est vrai que le gouvernement donne à chacun 300 euros par mois ?

— C'est vrai, mais tu sais combien coûte un kilo de tomates ici ? 2 euros.

— Tu rigoles ? » En Syrie, cela coûte 20 cents.

À la fin, il m'a donné un conseil : « Viens avec ta famille. Une fois que tu es ici, c'est presque impossible de la faire venir. » Je lui ai promis d'y réfléchir.

Mahmoud Tamim disparut en mars. Ce boute-en-train qui avait écrit tellement de nos chansons. Le premier auquel j'avais parlé de jouer du piano dans la rue. Il était parti, du jour au lendemain. Il faisait la queue pour un carton de vivres et puis il avait disparu. Est-ce que les soldats l'avaient arrêté ? S'était-il « rendu » à l'armée ?

Les rebelles avaient le droit de quitter Yarmouk s'ils rendaient les armes et retournaient « dans le giron de la patrie ». Cette offre ne valait pas pour les civils voulant fuir Yarmouk par peur de Daech. C'est pourquoi certains s'achetaient une arme ou une grenade à prix d'or afin de pouvoir la déposer à un checkpoint. Les soldats photographiaient ces gens avec « leurs » armes et leur faisaient signer une déclaration sur l'honneur, selon laquelle ils renonçaient à la violence. La plupart, cependant, ne réapparaissaient pas dans le giron de la patrie, mais en Turquie, en route vers l'Europe.

Mais pas Mahmoud Tamim. Il n'est pas réapparu. Plus personne n'a jamais entendu parler de lui.

Début avril, c'en était fait : Daech avait pris Yarmouk. Au début, la milice du Hamas leur a tenu tête et a livré de sanglants combats de rue contre les fanatiques en noir. Mais Daech était plus fort. Ou payait mieux. Je ne comprends toujours pas comment ils ont réussi à faire passer en douce des centaines de combattants dans Yarmouk assiégé. Sont-ils vraiment venus de l'extérieur ? Ou un petit groupe infiltré est-il parvenu à rallier d'autres miliciens ? Peu après, le bruit a couru que les corps décapités d'une douzaine de miliciens du Hamas avaient été trouvés non loin du dispensaire de Hadschar al-Aswad.

Daech ouvrit un bureau de recrutement dans une rue adjacente à celle de mon appartement. On parlait d'emprisonnements arbitraires. L'atmosphère du quartier changea radicalement : tout le monde se méfiait de tout le monde. N'importe quel bavard pouvait me balancer à tout moment, les conduire chez moi et dire : « Voilà, c'est lui, c'est le crétin qui joue du piano dans les rues. » Il était grand temps de fuir à nouveau. De retourner à Yalda.

Raed, Marwan et moi avons rempli l'une de nos deux remorques avec des coffres, des caisses, du mobilier et le lit de mes parents. Nous avons passé le checkpoint de Daech et avons retrouvé mon ancien appartement. Il était sale et poussiéreux. Nous avons recouvert les fenêtres avec des feuilles de plastique, nettoyé le trou sur la façade extérieur et commencé à tout récurer. Nous vivions à nouveau les uns sur les autres avec Tahani et mes parents. Notre vie semblait tourner en rond.

Le 17 avril 2015, un vendredi, le jour de mes vingt-sept ans, nous sommes revenus à Yarmouk, Marwan, mon père et moi. Nous voulions mettre à l'abri mon piano blanc. Nous avions réfléchi : le meilleur moment pour agir, c'était le vendredi midi, car tout combattant de Daech qui se respecte est alors en train de prier à la mosquée. Nous avons pris trois violons de grande valeur et seize guitares avec le piano, nous les avons solidement attachés ensemble et avons posé une bâche dessus.

Nous nous sommes approchés du checkpoint de Daech. Seuls trois hommes montaient la garde. Ils portaient des turbans et des djellabas noirs, leurs kalachnikovs dans le dos. Des barricades avaient été dressées derrière eux à l'aide de sacs de sable, et un passage avait été percé dans la dernière maison de Yarmouk pour leur servir de bureau. Un rideau noir était tendu à travers la route afin de dissimuler le checkpoint au regard des soldats de la FSA postés à Yalda. C'était tout. Un petit checkpoint. Rien à voir avec les points de passage tenus par l'armée, ces gigantesques nasses humaines.

Nous nous sommes rangés dans la queue. Marwan et moi sommes restés un peu en retrait pour laisser mon père passer devant. Quand ce fut notre tour, un petit milicien à longue barbe releva la bâche de notre remorque. Il regarda, stupéfait, et demanda à grand-peine, dans un arabe littéral qu'il tenait sans doute de son prédicateur favori à la télé : « Mais qu'est-ce que c'est que ça ? » Il portait du khôl autour des yeux, comme le font certains musulmans très pieux.

Il ôta complètement la couverture et commença à morigéner mon père : « Frère, tu ne sais donc pas que la possession d'instruments de musique est un impardonnable péché ? » Cet homme me faisait peur. Ses mains n'allaient pas avec le reste de son corps – elles étaient beaucoup trop petites pour son large buste. Que portait-il sous sa djellaba ?

L'un des types de Daech semblait venir de Yarmouk. Quand il me vit derrière la remorque, il me cria : « Attends, ce ne serait pas toi qui joues tout le temps du piano ? »

Mon père s'avança : « Non, non, c'est mon piano ! Les jeunes m'aident juste à le pousser. »

Tout alla soudain très vite. Le prédicateur télé alla dans l'appentis du checkpoint et revint avec deux bouteilles remplies d'un liquide brunâtre. J'ai reculé lentement, m'éloignant du checkpoint. Le prédicateur aspergeait notre remorque avec le liquide.

« Il va la brûler », dit Marwan si doucement que seul mon père put l'entendre.

« Mon fils, qu'est-ce que tu fais ?, cria mon père. C'est toute ma fortune. J'ai travaillé toute ma vie pour ça. »

Quand le type de Daech a allumé son briquet et que des flammes ont commencé à s'élever, je me suis mis à courir.

« Hé, halte ! », crièrent-ils dans mon dos. Mais je tournais déjà à l'angle de rue et j'étais hors de portée. J'ai couru à toute vitesse jusqu'au magasin, pris une échelle, arraché le plastique de l'enseigne électrique et l'ai jeté à la poubelle. Il ne restait plus que les ampoules. C'en était terminé du magasin « Chez Aeham ».

Mon père et Marwan sont rentrés une heure plus tard. Mon père s'était entêté à dire qu'il ne nous connaissait pas, que nous n'avions fait que l'aider à pousser la remorque. Finalement, ils les avaient laissés repartir. Après délibération, mon père décida de demander de l'aide à l'une de ses vieilles connaissances qui avait rejoint le Front al-Nosra. Celui-ci nous conduisit au checkpoint et discuta avec l'homme en charge du commandement. Il nous fit signe d'avancer.

Nous sommes passés à côté du piano en cendres. J'osai à peine le regarder. J'avais joué près de vingt ans sur cet Ukraina. J'avais presque l'impression de voir mourir un vieil ami. Mais, en même temps, j'étais soulagé. C'était au pied de ce piano que Zeinab avait été abattue. C'est pour cela que nous l'avions repeint en blanc. Une partie de ma faute avait, pour ainsi dire, disparu dans les flammes. Ce jour-là, je me suis senti un peu plus léger.

Deux semaines plus tard, Raed et moi nous sommes risqués une dernière fois dans Yarmouk. Je m'étais rasé le crâne pour que personne ne me reconnaisse, et nous avons passé le checkpoint sans encombre. Nous avons pris du ciment et des dalles de béton, puis nous avons muré la boutique. Plus de deux mille instruments ont disparu derrière ce mur.

Entre-temps, l'histoire du piano incendié avait fait le tour du monde. Un témoin oculaire l'avait annoncée le jour même sur Facebook. Une page de journalistes locaux avait repris l'information, et la nouvelle s'était répandue comme une traînée de poudre. Les médias en parlaient de Tokyo à Los Angeles. « Le courageux Aeham Ahmad joue contre le terrorisme », pouvait-on lire. Oh non, je n'étais pas si courageux que ça. Et encore moins fatigué de vivre. Si les gars de Daech avaient vu ça, c'en aurait été fini de moi.

J'avais une connexion Internet à dix minutes de chez moi. Dès que j'y allais, je recevais immédiatement des douzaines de notifications WhatsApp sur mon portable. Des journalistes me contactaient quasiment tous les jours. J'étais désormais célèbre sans l'avoir jamais cherché. Oui, j'ai voulu faire entendre notre message, mais être sous les feux de la rampe ? Je n'en avais jamais eu l'intention.

Mais ensuite, ce type de *Bukra Ahla* avait filmé – contre ma volonté – notre premier concert et nous avait fait connaître dans le monde arabe. Puis, sans que je le sache, Niraz Saied avait donné ma photo en polo vert à une agence de presse et contribué à me rendre célèbre en Europe.

Et finalement, c'est Daech qui, à ma grande horreur, a brûlé mon piano et attiré sur moi les regards de la moitié de la planète. Même CNN en a parlé.

Une carrière médiatique pour le moins étrange.

Je parlais aux journalistes et, en même temps, je savais que chaque interview me mettait toujours plus en danger. Je ne voulais plus qu'une chose : sortir de là. Je serais parti à dos d'âne si nécessaire.

J'ai encore parfois joué du clavier sur notre terrasse à Yalda. J'ai donné quelques concerts *live via* Skype. L'un d'eux a même été diffusé à Berlin. Mais je ne croyais déjà plus au pouvoir de la musique. La mort de Zeinab avait tranché le lien qui me rattachait aux gens de Yarmouk. Je donnais des interviews et je me sentais comme le présentateur des infos qui parle de ce qui se passe dans le monde sans être concerné pour autant. L'angoisse de jouer avec ma vie et celle de ma famille se faisait de plus en plus pressante. Pourquoi nous mettre en danger, alors que je ne pouvais même plus jouer dans la rue ?

La nouvelle du piano brûlé était également parvenue à Monika. Avec le traducteur, celle-ci s'est efforcée de me redonner du courage et de me convaincre : au vu du danger que représentait Daech, le mieux pour moi était de quitter Yarmouk le plus rapidement possible. Nous en sommes venus à aborder la question de l'argent. Elle m'avait promis son aide, me dit-elle, et elle tiendrait parole. S'il n'y avait pas d'autres solutions, elle m'aiderait aussi financièrement. Je l'ai remerciée à plusieurs reprises et je lui ai joué une chanson.

Enfin, début juillet, j'ai trouvé une filière. L'un des anciens Gars de Yarmouk me parla, sous le sceau du secret le plus absolu, d'un homme qui avait déjà aidé plusieurs activistes de Yarmouk. Appelons-le Samir. Il appartenait à une célèbre organisation humanitaire très utile jusqu'à présent. À côté, il se faisait quelques extras. Il avait passé un accord avec un type des services secrets. Ensemble, ils exfiltraient tous ceux que les types de Daech colleraient un jour ou l'autre au poteau.

J'ai écrit à Samir sur Facebook. Il savait qui j'étais : « Aeham, comment ça va ? », me répondit-il gentiment. Nous nous sommes téléphoné. Il m'a promis de se renseigner sur un prix pour Tahani, les enfants et moi. Il m'a rappelé quelques jours plus tard : cela coûterait 2 200 euros. Cela me convenait, mais je n'arrêtais pas de lui demander : et la sécurité ?

Comme cela devenait plus concret, j'ai abordé le sujet avec Tahani. Nous en avons discuté pendant des heures. Elle s'y est longtemps opposée. Finalement, elle a compris que cela devenait trop dangereux pour moi. Et puisque nous nous étions juré de toujours rester ensemble, puisqu'il était plus prudent pour moi de voyager en famille, elle accepta de me suivre.

Nous en avons discuté avec mes parents. Mon père était formellement opposé à un départ. C'était trop dangereux, disait-il. Ma mère se taisait.

J'ai parlé à Monika du réseau clandestin. Elle m'a viré de l'argent, en trois fois, à trois noms différents pour ne pas éveiller les soupçons. Une de mes tantes est allée retirer l'argent à Damas. Il ne fallut pas longtemps pour qu'elle reçoive la visite des services secrets : qui vous a fait parvenir une telle somme d'Allemagne ?

Un soir, ma mère me prit à part. « Aeham, je sens que tu veux me dire quelque chose. Je te connais. Dis-moi.

— Je ne sais si je dois aborder le sujet.

— Quoi donc ?

— Tu sais bien.

— Oui, je sais. Je n'arrête pas d'y penser. Je te donnerai l'argent. Je ne veux pas perdre un fils encore une fois. C'est tout. »

Nos dernières économies étaient sur un compte appartenant à ma mère. Près de 7 000 euros. Elle avait autrefois enseigné dans une école de l'UNRWA et déposé une partie de son salaire sur un plan d'épargne. Elle avait le droit de le retirer maintenant. Avec une telle somme, on pouvait atteindre la Turquie. C'était notre première destination. On verrait ensuite. Le principal était de sortir de Syrie.

Je l'ai serrée dans mes bras : « Je te promets de te rembourser.

— Ce n'est pas le problème. Je veux juste que tu sois heureux avec ta famille. »

Nous avons fait nos bagages. Tout devait tenir dans un sac de voyage. Nous y avons mis nos papiers et le livret de famille, les attestations de l'UNRWA stipulant que nous étions enregistrés à Genève en tant que réfugiés, mes diplômes de l'université et de l'école de musique. Les papiers de Tahani. Les vêtements nécessaires pour nous quatre. J'ai emporté deux souvenirs : mon polo vert et un recueil de partitions – des sonates de Beethoven – qu'Irina Ramadan, la pianiste russe, m'avait offert autrefois. Nous étions prêts.

Fuir Yalda

Le 1er août 2015, j'ai reçu un appel de Samir : « Sois au checkpoint demain à 12 h 30. » Un agent des services secrets, nommé Abou Quelque chose, nous y attendrait dans une voiture.

Ce soir-là, j'ai prié comme jamais de toute ma vie. J'avais le tournis à force de me prosterner.

Le lendemain matin, Marwan est passé nous dire au revoir.

Je lui ai demandé : « Tu veux partir aussi ?

— Non, je reste ici avec mes parents.

— Je peux essayer de vous aider de l'extérieur.

— Je vais rester ici. Je veux me marier bientôt. Tout va bien se passer. »

Nous n'avons pas échangé beaucoup de mots. Nous nous sommes pris dans les bras en disant : « Nous nous reverrons. » Des larmes coulaient sur mes joues.

Peu après, Raed est passé avec sa famille. Nous avons fait de la musique une dernière fois. Nous avons enchaîné une chanson après l'autre. Les enfants de Raed et le petit Ahmad tapotaient sur le piano. Ma mère chantait et pleurait en même temps.

Je savais que Raed voulait aussi partir. Quand nous nous sommes dit au revoir, je l'ai regardé droit dans les yeux et je lui ai dit : « Je viendrai te chercher le plus vite possible. » Nous nous sommes pris dans les bras.

Mes parents nous ont accompagnés. Il nous fallait d'abord franchir le checkpoint de la FSA. Un homme jeune ne peut pas passer comme si de rien n'était. Mon père a donc menti en disant que c'était lui qui voulait sortir. Je ne faisais que l'aider à porter ses affaires. Ils nous ont fait signe d'avancer.

Nous nous sommes arrêtés dans le no man's land. Il aurait été suicidaire de se présenter au checkpoint du régime en l'absence d'Abou Quelque chose. Si on t'arrête, on t'emmène tout de suite, tu peux disparaître pour toujours dans un cachot, et qu'importe qui se présente deux heures plus tard au checkpoint.

Nerveux, j'ai appelé Samir : « Où est le conducteur ?

— Il arrive, il arrive, un peu de patience ! »

Mes parents ont continué à avancer et se sont présentés au checkpoint pour attendre l'homme. Comme d'habitude, cela pouvait passer car mon père était aveugle. Normalement, les soldats ne tolèrent pas que quelqu'un reste des heures à attendre et puisse voir toutes les arrestations et les pots-de-vin échangés.

Le soleil d'été était brûlant, nous transpirions, le vent charriait de la poussière, nous couvrant de saleté en très peu de temps. Il n'y avait qu'un arbre minuscule, sous lequel Tahani s'était assise avec le petit Kinan, âgé de neuf mois. Ahmad, lui, avait déjà trois ans et voulait courir dans les alentours pour jouer dans les ruines. Tahani devait le rappeler à l'ordre. Les heures s'écoulaient. Je rappelais Samir, encore et toujours.

« Il arrive dans dix minutes », me répondit-il. Puis, une demi-heure plus tard : « Donne-lui encore quinze minutes ! » Autrement dit, il n'en savait rien du tout.

Les checkpoints de l'armée et des rebelles étaient à portée de vue l'un de l'autre. Des no man's lands de ce genre, il y en a partout en Syrie. Je n'ai jamais réussi à comprendre : les troupes du régime et de l'opposition se font face pendant des mois. Puis les ordres changent soudain et ils se tirent dessus.

J'ai commencé à mûrir un plan de secours : qu'est-ce que je pourrais raconter aux rebelles si je devais repasser par leur checkpoint ? Heureusement, Samir ne devait recevoir l'argent qu'une fois que nous serions en sécurité à Damas.

Quand Abou Quelque chose est enfin arrivé, il était plus de dix-sept heures. Nous ne l'avons pas vu. Il était à proximité du checkpoint, mais il portait des lunettes noires et une chemise marron, et non verte comme Samir nous l'avait annoncé. Tout à coup, mon téléphone sonna.

« Bon sang, mais vous êtes planqués où ?, s'écria Samir. Le type vous attend !

— Il faudrait déjà qu'il nous fasse signe ! À moins que je ne doive me pointer et simplement demander à un soldat : "Excuse-moi, tu ne serais pas Abou Quelque chose par hasard ?" »

Nous avons commencé à faire la queue. Nous avions les jambes en coton. Même avec la meilleure volonté du monde, je ne voyais pas comment nous allions nous en sortir. J'avais l'impression de monter à l'échafaud. Les soldats gardaient le poste de contrôle avec des armes énormes et des regards sinistres. Je pouvais distinguer des snipers dans les ruines alentour.

Quand ce fut notre tour, le soldat me demanda : « C'est toi Aeham Ahmad ? »

J'ai presque tourné de l'œil. J'ai réussi à répondre en bégayant : « Oui, c'est moi. »

Il m'a regardé de la tête aux pieds. Puis il a tapé quelque chose sur son ordinateur et m'a demandé sans lever les yeux : « Aeham Ahmad, né en 1988 ?

— Oui.

— Et il est où, ton frère ? » C'était une question piège.

Je lui donnai la bonne réponse : « Disparu.

— Et tu veux emmener ces enfants ? »

Je bredouillai un « oui ».

« Et ils n'ont pas de noms ? Comment s'appellent-ils ? »

Je ne parvenais pas à me rappeler leurs noms ! J'étais paralysé par la peur. Ma tête était complètement vide. J'ai demandé à Tahani de répondre à ma place. Quand il me demanda le nom de mon père, ce fut la même chose.

Abou Quelque chose finit par intervenir. « Laisse-les donc passer. Ils sont de notre côté. »

De leur côté ? J'ai cru m'étouffer. Depuis quand j'étais un des leurs ? Comme autrefois à l'école, lorsque je ne voulais pas chanter l'hymne national, un petit « non » m'a échappé.

« Qu'est-ce que ça veut dire "non" ? », se mit à grogner le soldat, l'air menaçant. Je me rattrapai tout de suite : « Non, non, monsieur. Je voulais dire "oui" ! »

Mon père, qui même devant les combattants de Daech avait ouvert la bouche, me regardait cette fois en retenant son souffle.

De mauvaise grâce, le soldat nous laissa passer. Nous étions enfin « dehors ».

Nous avons fait nos adieux. Ma mère pleurait en silence. Mon père, qui avait le petit Kinan dans les bras, le renifla et l'embrassa de la tête aux pieds. « Tout ira bien, me dit-il en essayant de rester impassible. Dieu te protège, mon fils. » Je me voyais dans le reflet de ses lunettes noires.

« *Challas*, ça suffit ! », fit Abou Quelque chose. Nous nous sommes séparés et nous avons mis nos affaires dans son coffre. Mes parents et Yarmouk s'éloignaient derrière nous. Nous étions à la merci de notre guide, comme des moutons dans une camionnette, ne sachant pas si on les conduisait au pâturage ou à l'abattoir.

Abou Quelque chose était grand et mince. Il portait une chemise du dernier chic et sentait l'après-rasage. La voiture était neuve, propre. Il me proposa une cigarette.

« Merci, mais je ne fume pas.

— Tu veux peut-être un café ? »

Dieu du ciel, depuis combien de temps n'avais-je pas bu de café ? Je refusai pourtant. Une chanson de Fairouz résonnait dans les haut-parleurs. Même l'odeur de cigarette que je déteste habituellement me faisait de l'effet. Mon cœur battait plus vite, comme si je retrouvais un vieil ami.

Un trajet en voiture, du café, des vraies cigarettes, Fairouz : on avait l'impression d'être dans un film de propagande d'État, dans lequel on répète que rien n'a changé en Syrie. Le conducteur, ravi, chantait sur la musique. Tout tournait autour de moi. Je regardais par la fenêtre et je vis le Damas que j'avais connu jadis, un Damas où la vie suivait son cours.

Nous avons pris le pont du Président, sur le fleuve Barada. Des bribes de film me passaient devant les yeux, des images du temps où j'allais à l'école de musique, quand je descendais ici du premier minibus avec mon père et que nous marchions là-bas, jusqu'à la station suivante, à travers la Zouqaq al-Dschinn, la ruelle des Djinns, le petit quartier industriel où l'on vendait des vis et des pièces détachées de voitures. Puis nous tournions à gauche et nous attendions le minibus suivant.

Une fois, je me rappelle avoir couru avec mon père sous une pluie battante car nous n'avions pas d'argent pour prendre le taxi. Une autre fois encore, nous avons couru à en perdre haleine derrière le bus qui venait de démarrer. J'avais presque perdu ma chaussure qui était deux pointures trop grande, parce que mon père avait acheté une paire d'occasion. Un crayon était sorti de mon sac et s'était fiché dans ma jambe alors que je courais. Je saignais mais j'avais continué. J'étais allé à l'école de musique et, une fois les cours terminés, à l'hôpital.

Pour une raison quelconque, Ahmad se mit à pleurer. Abou Quelque chose lui proposa un bonbon. Et le petit qui avait toujours vécu sous le blocus s'écria : « Papa, c'est quoi un bonbon ? »

Nous sommes passés par le quartier de Hamra. Des gens bien nourris, sortant d'une grande boulangerie, portaient des sacs remplis de galettes de pain. Et les nôtres, qui risquaient de se faire abattre en recevant des sacs de riz. Je me suis demandé pourquoi nous n'étions pas partis de Yarmouk ce fameux 17 décembre 2012 ? Avions-nous eu tort ? Je me suis alors souvenu de la première fois que j'avais joué du piano avec les enfants dans la rue. Un tas de gamins étaient accrochés à la remorque. Ils s'esclaffaient et piaillaient joyeusement. Je ne pouvais séparer les bons des mauvais souvenirs.

Nous nous sommes arrêtés dans le quartier des ambassades, à un jet de pierre de mon ancienne école de musique, un secteur où les services secrets surveillent chaque plaque d'égout : c'était là que l'organisation de Samir avait ses locaux. Deux hommes gardaient la porte. Samir sortit nous accueillir, remercia le chauffeur et nous fit entrer. Grand et gros, il portait des lunettes et une moustache : « Dieu soit loué, tout s'est bien passé. Vous voulez boire quelque chose ? Thé ? Café ? »

Nous avons refusé. Nous avons ensuite traversé des bureaux chic où travaillaient des employés. Quand il ouvrit la porte de son bureau, je restai bouche bée : Niraz Saied était assis là, en chair et en os ! Le photographe qui avait pris cette fameuse image de moi en polo vert ! Bon sang, mais qu'est-ce qu'il faisait là ? Puis je vis un autre visage connu : Omar, qui travaillait pour la protection civile et qui sortait les gens des décombres après les bombardements.

Il y avait une cour intérieure avec un oranger et une petite fontaine. Une vingtaine de personnes étaient assises autour. Je reconnus de nombreux activistes, ces gens qui avaient continué à faire vivre Yarmouk malgré tout. L'un d'entre eux avait photographié les destructions causées par les rockets et posté les images sur Facebook. Tous avaient fui Daech. Désormais, le silence tomberait sur Yarmouk.

Je leur ai demandé depuis combien de temps ils attendaient là. Certains me répondirent vingt jours, d'autres qu'ils venaient d'arriver. Pour Niraz Saied, cela faisait déjà plusieurs mois. Sa copine était partie en Allemagne et elle essayait désormais de le faire venir.

Au bout d'une heure et demie, ma tante est arrivée avec l'argent de Monika. Je donnai les 2 200 euros à Samir et dis au revoir à Tahani et aux enfants. Ils resteraient chez ma tante. Ce n'était pas un endroit pour eux. Puis je revins immédiatement dans le bureau de Samir : combien cela me coûterait-il de faire sortir Raed de Yarmouk ?

« 1 000 euros.

— C'est entendu. Je lui avance l'argent. » Puis j'ai dû écrire à Samir tous les renseignements nécessaires sur un bout de papier.

« Et maintenant, explique-moi comment je fais pour aller en Turquie à partir d'ici », lui ai-je demandé.

La nuit tomba. Les tubes de néon s'allumèrent. De l'électricité ! Je ne m'en souvenais plus. Quelqu'un apporta à manger. Du fromage ! Du *labneh* ! Des olives ! Des œufs ! Ce fut comme un feu d'artifice aromatique dans mon palais. Plus tard, on me donna un tapis de sol et une fine couverture. Je m'allongeai sous l'oranger et m'endormis.

Le lendemain, je fus réveillé par le soleil d'août qui me brûlait le visage. Je me levai et regardai autour de moi. Les gens dormaient, éparpillés dans la cour. Du bureau venait une odeur de café. Je pris une tasse. Mon premier café depuis trois ans. Mon corps vibrait.

Puis on fit chauffer les téléphones. Tout le monde connaissait quelqu'un en Europe. Des amis ou des parents qui avaient déjà fui. C'était notre destination première. Il fallait arriver par un moyen ou par un autre à la frontière turque, puis traverser jusqu'en Grèce et ensuite prendre la route des Balkans, direction l'Autriche, l'Allemagne. Mais comment faire exactement ? Combien coûtait la traversée ? À quel passeur se fier ? On avait entendu parler des soixante et onze réfugiés qui étaient morts asphyxiés dans un camion réfrigérant sur l'autoroute autrichienne. Deux d'entre eux venaient de Yarmouk.

Les journées s'évaporaient dans la chaleur du mois d'août. Quelques gars m'ont dit en blaguant : « Il vaudrait mieux que tu rapportes un piano. Apparemment, notre séjour va se prolonger un moment. »

Je n'ai pas trouvé ça drôle : « Comment ça ? Samir m'a dit qu'on serait partis dans deux ou trois jours.

— Ha, ha, c'est ça, deux ou trois jours. C'est aussi ce qu'il n'arrête pas de nous dire. »

À peine quelques jours plus tôt, un groupe avait été arrêté quelque part en Syrie. Les charges officielles étaient « émigration illégale », punie de six mois de prison. Mais une enquête complète serait menée. Et on trouverait certainement quelque chose.

Un jour, les jeunes m'ont réclamé à tue-tête une chanson. L'un d'eux commença à entonner *Tu manques à Yarmouk* et les autres suivirent en chantant comme des casseroles. Je n'ai pas pu m'empêcher de penser à Mahmoud Tamim, l'auteur du texte. Dans quelle prison pouvait-il bien moisir ? Je promenai un regard triste autour de moi.

Tous les jours, je retournais harceler Samir : « Quand pourrons-nous partir ? Tu as trouvé un contact ? » Mon inquiétude grandissait d'heure en heure. Plusieurs gars ici devaient régulièrement répondre aux questions des services secrets concernant les rebelles. Samir me demanda aussi de leur parler un jour. « Jamais ! » J'ai dû lui donner 200 euros pour en être dispensé.

J'ai fini par comprendre : un des types des services secrets se faisait du blé sur notre dos. Il aurait suffi d'un jaloux dans un autre service pour tous nous faire coffrer.

D'un autre côté, Samir, ce gentil corrompu, tenait ses promesses : il fit sortir Raed de Yarmouk. Nous sommes tombés dans les bras l'un de l'autre. Le lendemain, Raed se faufila en ville pour rendre visite à sa mère. Cela avait été son plus grand souhait depuis tout ce temps : la revoir une dernière fois.

J'ai décidé pour ma part de me faire violence. Cela faisait trois ans que Mohammed Munaf ne m'avait pas donné signe de vie. Lui qui avait été mon meilleur élève passait désormais à la télévision d'État avec son orchestre. Je me suis dit : ma guerre à moi est terminée, il est temps de signer l'armistice. J'ai composé son numéro trois fois. Il ne décrochait pas. Je lui envoyai un message lui disant que j'étais à Damas et il me rappela enfin. Il n'était pas très chaleureux et semblait plutôt me parler par acquit de conscience.

Pourtant, il se força à me rendre visite. Il avait l'air en pleine forme, fringant et bien nourri, la barbe coupée à la dernière mode turque.

« Aeham, quel bonheur de te voir !

— Toi aussi ! » Nous nous sommes pris dans les bras.

« Tu m'as l'air épuisé, dit-il.

— Au moins, je suis toujours en vie. »

Je lui ai raconté que son ancienne maison avait été bombardée. Oui, oui, il était au courant. Comment allaient les parents ? Que faisaient untel et untel ? Nous n'avions pas grand-chose à nous dire. Il y avait bien trop de sujets à éviter. Heureusement, il avait apporté son luth, et l'une de mes anciennes élèves qui vivait dans le quartier m'avait prêté un clavier. Nous avons joué ensemble. Et nous savions que ce serait la dernière fois.

Onze jours passèrent avant que Samir ne nous appelle, Raed et moi. Il ferma la porte de son bureau et dit : « Ce sera pour après-demain. Tenez-vous prêts. »

Une nouvelle fois, ma tante apporta de l'argent : le trajet jusqu'à la frontière turque coûterait 2 400 euros pour Tahani, les enfants et moi. Raed avait réussi à emprunter 800 euros à sa famille.

J'ai téléphoné à Tahani. Il fallait trouver où cacher le reste de notre argent pour le voyage. Dans une doublure de pantalon ? Dans ses dessous ? Nous n'étions pas convaincus. Puis Tahani eut une idée. Elle découpa soigneusement une couche Pampers et déposa les quarante billets de cent dollars dans la partie absorbante avant de recoudre le tout avec un fil très fin. Si quelqu'un venait à fouiller, il ne pourrait pas sentir les billets à travers la couche. C'est en tout cas ce que nous espérions. Nous pouvions continuer notre chemin.

Dans la prison de Homs

Le 15 août au matin, un quatre-quatre aux vitres teintées s'arrêta devant le bureau de Samir. Sur le capot s'affichait un autocollant avec un cœur surmonté du portrait d'Assad accompagné du slogan habituel de ses partisans : « On t'aime ! »

Un petit homme en tenue de camouflage en sortit. Il se présenta comme étant Abou Jolan. Il avait des mèches teintes en blond et une voix grave comme s'il buvait trop d'arak. Samir nous appela les uns après les autres dans son bureau pour payer le conducteur. Deux jeunes de Yarmouk se partageaient la place du passager tandis que Raed et moi nous sommes assis à l'arrière après avoir calé nos sacs sur les autres sièges. Puis nous sommes passés prendre Tahani et les deux petits à l'hôpital pour enfants de Mezzeh.

Alors que nous nous éloignions de Damas, Abou Jolan nous expliqua qu'il nous conduirait à Homs et Hama, aux limites du territoire contrôlé par Daech. Ensuite, il faudrait nous débrouiller pour gagner la frontière. Il se retourna vers nous : « Si quelqu'un nous arrête en route, on va à un mariage, compris ? » Puis il mit ses lunettes de soleil et appuya sur l'accélérateur. Il ne dit plus un mot.

Nous approchions du premier checkpoint. Nous étions sur la voie réservée aux véhicules militaires. Je ne voyais rien ou presque. Abou Jolan se contenta de baisser sa vitre, de présenter ses papiers d'un air maussade – et les soldats nous firent signe de passer. À l'arrière, on se jetait des regards étonnés. Il en fut de même aux deuxième et troisième checkpoints. Nous en avons franchi douze. Quel était ce laissez-passer miraculeux ?

J'avais fait ce trajet des centaines de fois quand le bus me conduisait le matin à l'université, avec mon sac à dos rempli de cordes d'oud et les chansons romantiques du Taksim Trio dans les oreilles. Je rêvais de fonder une famille à l'époque. Je jetai maintenant un coup d'œil amer à côté de moi. Tahani, Ahmad, Kinan : elle était assise à côté de moi, ma famille. Mais je ne m'étais pas imaginé que l'on fuirait notre pays, tremblant sur la banquette arrière d'un quatre-quatre.

Nous sommes arrivés à Homs après cinq heures de route. Un barrage était installé sur un gros rond-point. Il était tenu par le service secret de l'armée de l'air, le plus puissant des quatre corps d'armée. À nouveau, Abou Jolan freina, puis tendit ses papiers.

L'officier les examina et passa tout à coup la tête par la vitre. Il nous regarda attentivement, les uns après les autres.

« Nous sommes en mission militaire, déclara Abou Jolan.

— C'est ça, une mission militaire avec des enfants ?, demanda l'officier, toujours penché vers nous.

— Dis-moi, tu sais à qui tu parles ?, répondit Abou Jolan, sur la défensive.

— Oui, ça, je le sais, dit l'officier avec dédain. On t'attend depuis ce matin. »

Il ouvrit alors la porte, saisit Abou Jolan par le col, le jeta à terre et, comme fou, lui mit des coups de botte en hurlant : « Ah, tu t'enrichis avec la guerre ? Ah, tu en profites, hein ? Espèce de fils de pute ! » Abou Jolan gémissait au sol, pendant que l'autre le bourrait de coups dans le ventre, dans la figure, dans le dos. « Tu oses te faire de l'argent avec la guerre ? Connard, va ! »

Tahani se mit à pleurer. Un soldat ouvrit la porte arrière droite, où était assis Raed. Il l'attrapa par le T-shirt, leva le poing pour le frapper et aboya : « Vos papiers ! Tout de suite ! Sortez ! »

Nous sommes sortis, les mains en l'air. « Vous alliez où ? », hurla le soldat. Cinq hommes en uniforme se tenaient à l'arrière, le doigt sur la gâchette.

« À Hama ! Pour un mariage !, avons-nous désespérément crié.

— Menteurs ! », cria le soldat. Il frappa les hommes parmi nous, à coups de poing au visage. Les enfants se mirent à pleurer. « Vos papiers, bande d'enfoirés ! »

Le soldat fouilla le véhicule. Il ouvrit le pare-soleil côté passager et nos documents en tombèrent. Abou Jolan les avait collectés avant de partir. Quatre passeports militaires à notre nom étaient également tombés. Ils indiquaient que nous nous étions portés volontaires pour aller combattre Daech. Voilà pourquoi les soldats nous avaient laissés passer. Avec ça, on avait même le droit de rouler sur la file des véhicules militaires.

Abou Jolan gisait à terre. Il gémissait, la lèvre ouverte, la pommette éclatée.

« On t'attendait, salopard ! On sait tout ! », lui cria l'officier. Puis il ordonna à Raed : « Tu viens avec nous ! » Dix minutes plus tard, quand Raed est revenu, ses joues étaient devenues écarlates sous les coups. Il me glissa : « Dis la vérité ! »

Nous sommes alors entrés dans la pièce, Tahani et moi, nos enfants dans les bras. Nous nous sommes plaqués au mur. L'officier marcha sur nous et cria : « Vous alliez où ? Ne mentez pas ! »

Je n'arrivais pas à parler. Mon sang avait reflué de mon cerveau. J'avais compris que c'était terminé. Il n'y avait plus que deux issues possibles. Soit je disparaissais pour toujours dans une geôle, comme mon frère, soit j'étais forcé de partir pour le front. Mon seul espoir était qu'ils épargnent Tahani, Ahmad et Kinan.

« On vient de Yarmouk, commença à dire Tahani.

— De Yarmouk ! Vous étiez avec la FSA ?

— Non, non, protesta ma femme. On mourait de faim là-bas. C'est pour cela que nous avons fui.

— Vous voulez rejoindre ce putain d'Erdogan, bande d'ordures. Avouez ! » Une grande partie de l'infrastructure politique de l'opposition syrienne se trouvait en Turquie. Vouloir se rendre dans ce pays faisait de vous un suspect.

« Nous voulions seulement aller quelque part, dit Tahani.

— Tu étais dans la FSA ?, aboya l'officier.

— Je suis…, ai-je balbutié avant de ravaler le mot « pianiste ». Je suis… Aeham Ahmad.

— Et vous alliez où ?

— À Hama ! Pour un mariage !

— Tu mens ! »

Que devais-je dire ? Qu'avait dit Raed ? Que savait cet homme ? Je tentai alors un : « Oui, ce que mon ami a dit est exact !

— On sait tout, ouais, grogna l'officier avant d'ajouter : Sortez ! »

Dehors, les soldats nous attachèrent avec des serre-câbles en plastique avant de nous faire remonter dans le quatre-quatre. L'officier prit le volant et nous conduisit quelques rues plus loin dans le bâtiment principal des services secrets de l'Armée de l'air. Nous avons attendu dans une cour intérieure, sous un arbre. Puis, avec Tahani et les enfants, nous avons été conduits dans une salle d'interrogatoire. Deux soldats nous ont reçus.

« Sortez tout votre argent, commença l'un d'eux en me regardant d'un air féroce. Si vous avez des dollars ou des euros, vous feriez mieux de nous les donner tout de suite, sinon vous allez le sentir passer. »

En Syrie, quand on vous attrapait avec des devises étrangères, on pouvait vous accuser d'être en cheville avec l'opposition – et cela signifiait de nombreuses années de prison.

« Si je trouve de l'argent, vous serez vraiment dans la merde, poursuivit-il. Alors donnez-le tout de suite. »

Que faire ? Est-ce que l'argent était suffisamment bien caché ou allait-il le découvrir ? En une fraction de seconde, je décidai de prendre le risque. S'il trouvait l'argent, je soutiendrais que ce n'était tout simplement pas notre sac. Et je continuerais à l'affirmer même s'ils me passaient à tabac. Et dans le pire des cas, je dirais que c'était le sac du chauffeur. Il était perdu de toute façon. Cela ne ferait pas grande différence.

« Bon, on va vous fouiller. Et si on trouve quelque chose sur l'un d'entre vous, alors ce porc devra s'attendre au pire. » Puis il déversa des tombereaux d'injures sur moi.

Il nous prit tout : nos bagues de mariage, nos montres, nos portables, même les bijoux de Tahani, ses deux bracelets en or qu'elle avait achetés avec sa dot et qu'elle avait toujours refusé d'échanger contre du riz, même dans la famine la plus noire. Il prit la clé USB que j'avais dans une poche de mon pantalon et qui contenait des interviews et des vidéos. Je me suis maudit pour cette imprudence. Puis ils ont palpé mes poches de jean, les ourlets, mes chaussures et mes chaussettes. Ils ont ensuite fouillé les enfants, puis ils nous ont mis dehors. Nous nous sommes à nouveau assis sous l'arbre.

Je glissai à Raed : « C'est terminé, mon ami. »

À ce moment-là, l'un des soldats vint nous trouver avec un petit paquet de couches dans les mains : « Hé, connard, tu ne peux pas reprendre tes affaires ? », aboya-t-il.

Qu'est-ce que cela voulait dire ? Ces couches ne nous appartenaient pas.

« Mais, monsieur, ce ne sont pas nos couches !

— Tu te fous de notre gueule ? Évidemment que ce sont les tiennes.

— Mais non, ce ne sont pas les nôtres. Monsieur, nous n'aurions pas pris deux sacs de couches avec nous ! », dis-je en essayant d'imiter son accent alaouite.

Il commença à s'impatienter : « Maintenant tu prends tes couches, abruti ! Tu veux qu'on en fasse quoi ? » Et il me les lança au visage.

C'est alors que j'ai compris : ces couches avaient dû tomber du sac d'un pauvre hère avant nous. Les soldats les avaient trouvées et croyaient maintenant que c'étaient les nôtres. Oui, cela ne pouvait être que ça ! Je soutiendrais mordicus que c'était les nôtres, et pas celles qui contenaient l'argent, s'ils venaient à le trouver.

Peu après, Raed et moi avons été conduits dans une cave, trois étages plus bas. Les soldats ont ouvert la porte d'une cellule. L'air humide, chargé, l'odeur de moisi, de sueur et d'urine nous ont pris à la gorge. Il faisait noir. Je ne pouvais pas voir les autres prisonniers, mais je les devinais nombreux. Nous nous sommes assis contre le mur à côté de la porte. J'ai posé ma tête contre l'épaule de Raed et je me suis assoupi. Nous ne parlions pas. Dans un demi-sommeil, j'ai pensé à ce qu'ils avaient fait subir au chauffeur. Qu'est-ce qu'ils nous réservaient ?

Trois heures plus tard, un soldat ouvrit la porte et nous dit de sortir. Dans un rai de lumière, je vis que la cellule était occupée par au moins cinquante prisonniers, debout, assis ou couchés. Dehors, on nous fit monter dans un minibus avec Tahani et les enfants. Il y avait également six hommes en tenue de combat, ligotés et les yeux bandés. J'avais abandonné tout espoir depuis longtemps. Je me voyais déjà en uniforme, rampant avec une arme dans une maison sous les bombardements. Je savais que je n'en sortirais pas vivant.

On nous conduisit à l'immeuble de la police politique et on nous fit entrer dans une salle d'interrogatoire, accompagnés de nos valises désormais sous scellés. Un homme en civil essaya de nous faire parler. Il avait un petit classeur contenant vraisemblablement les pièces de notre dossier. Je ne dis pas grand-chose. Puis on nous fouilla à nouveau. On nous prit notre ceinture pour la mettre dans un sac, on retira les lacets de nos chaussures qui étaient ensuite fouillées, de même que les pantalons et les sous-vêtements. Ensuite, retour à la cave, marche après marche, pas à pas, jusqu'aux oubliettes.

Tahani et les enfants ont été enfermés dans une cellule collective pour femmes, tandis que Raed et moi avons été jetés chez les hommes. Une humidité nauséabonde régnait dans la pièce, de l'eau suintait sans cesse du plafond. Il faisait sombre comme dans un four. Toutes les quarante-cinq minutes, de jour comme de nuit, un néon blafard était allumé quelques instants. Je voyais alors la centaine d'hommes pouilleux, se tenant debout, assis ou couchés, qui étaient enfermés dans cette geôle. De la cellule voisine, j'entendais Ahmad et Kinan pleurer de faim ou de peur. C'était insupportable. Je somnolais, pour tenter de me réfugier au plus profond de moi-même.

J'ai passé les jours suivants dans une sorte d'état second. J'avais déconnecté tous mes sens et mes besoins vitaux. La faim, la soif, l'envie d'aller aux toilettes. Je restais par terre comme un légume. J'étais peut-être aussi abruti par le manque d'oxygène. On ne pouvait quasiment pas respirer dans cette cave mal aérée, trois étages sous terre. L'air était tellement vicié qu'on était pris de vertiges dès qu'on essayait de se déplacer.

Il y avait un espace de cinq centimètres sous la porte, à travers lequel passait un courant d'air. C'était la place la plus recherchée, près de laquelle s'allongeaient les hommes pour aspirer avidement un peu d'oxygène.

Tantôt on faisait sortir des prisonniers, tantôt on en faisait entrer de nouveaux. Certains étaient en sang. Beaucoup toussaient de manière inquiétante. Quelques-uns gisaient sur le sol, comme morts. Sans doute l'étaient-ils déjà.

Deux fois par jour, les soldats nous apportaient du pain rassis, une moitié de miche par personne. Raed essayait de me réveiller mais je me contentais de soupirer : « Laisse-moi, je veux dormir. » Les soldats déposaient également une bassine d'eau. Certains hommes y buvaient en soulevant légèrement le récipient. D'autres y trempaient directement leurs mains crasseuses. Cette eau me dégoûtait.

Les toilettes étaient encore plus répugnantes. C'était un lieu d'une puanteur infâme et d'une saleté sans nom. Un trou avait été creusé dans un parterre en bois humide et pourri. Plusieurs paires de bottes militaires en cuir étaient disposées autour. Va savoir pourquoi.

À côté, le petit Kinan pleurait sans cesse. Tahani me raconta plus tard qu'il était resté pendant deux jours avec ses couches souillées. Elle les lui avait retirées mais il avait continué à pleurer à cause du froid. Car, même au mois d'août en Syrie, il fait diablement froid quand on est retenu trois étages sous terre. Eux aussi étaient au pain sec et à l'eau.

Au bout de deux jours, elle supplia les gardiens : « Je vous en prie, autorisez-moi à changer la couche de mon fils. »

Les autres femmes se mirent à la soutenir : « Donnez-lui une couche à cette dame. » Les gardiens la prirent alors en pitié, et Tahani put aller prendre des langes dans nos affaires ainsi qu'une serviette de bain pour que les enfants puissent dormir dessus.

Le quatrième jour, on nous a sortis de cellule. J'ai serré Tahani et les garçons dans mes bras dès que je les ai vus.

Ils avaient l'air malades, complètement apeurés. J'ai observé Tahani : l'avait-on battue ? Non, heureusement, non. Nous ne parlions pas, nous nous regardions dans les yeux, gravement.

Il nous a fallu à nouveau monter dans un minibus qui nous a amenés dans les bureaux de la police judiciaire, non loin du quartier d'Al-Waer, l'un des bastions rebelles. Le dernier étage était criblé d'impacts de tirs d'artillerie. Des chars d'assaut, des mitrailleuses lourdes et des mortiers étaient déployés autour du bâtiment. Quand nous sommes arrivés, des soldats envoyaient des tirs de grenades sur le quartier dévasté d'al-Waer, auxquels répondaient peu après des explosions.

Ils nous ont encore fouillés de fond en comble : ils ont regardé notre bouche avec une lampe, puis les hommes devaient se déshabiller complètement, se baisser et tousser. Dieu merci, ils ont laissé Tahani et les enfants tranquilles.

On nous a ensuite conduits dans une cellule au premier sous-sol. Elle n'était pas particulièrement grande, ni particulièrement bondée. Une quarantaine d'hommes y étaient parqués. Les salles de torture étaient aux étages inférieurs. Des cris nous parvenaient parfois. Nous avons végété trois jours et trois nuits dans cette cellule.

Enfin, on nous a amenés à la prison centrale pour nous interroger. Pourquoi mentir ? Ils savaient déjà tout. « On t'attendait », avait hurlé l'officier à notre chauffeur. Il était évident que nous avions été trahis. Quelqu'un était tombé en disgrâce auprès de quelqu'un d'autre, ou quelqu'un voulait reprendre la combine de l'autre. Je n'y comprenais plus rien. Je leur ai donc raconté toute l'histoire. D'où nous venions, où nous allions et combien nous avions payé pour le voyage.

Notre audience au tribunal a eu lieu le lendemain. Nous sommes entrés dans une pièce étroite où un homme était assis. C'était le parfait bureaucrate : les cheveux grisonnants et une raie au milieu, il parlait couramment l'arabe littéraire. Ce devait être le juge. Nous nous sommes assis en face de lui, Raed et moi, et nous lui avons tout expliqué de A à Z.

À la fin de notre récit, le juge éclata de rire : « Et vous comptiez vraiment vous en sortir comme ça ? Votre réseau a été découvert depuis longtemps ! »

Quoi ? Qu'est-ce que ça voulait dire ?

« Écoutez maintenant : je sais qui vous êtes. Toi, tu es Aeham Ahmad, le célèbre pianiste de Yarmouk. La moitié de Facebook est à ta recherche. »

La peur me saisit.

Il continua : « On pourrait vous relâcher maintenant, après vous avoir fait signer un papier stipulant que vous n'essaierez plus de sortir du territoire. Mais vous allez mentir et vous tenterez encore de partir. »

J'étais de plus en plus perplexe. Pourquoi nous disait-il tout ça, nom de Dieu ? Je pense qu'il s'ennuyait, tout simplement. Il s'ennuyait à mourir. Il avait déjà vécu cette scène des milliers de fois et il en avait maintenant par-dessus la tête.

Il poursuivit : « Et maintenant, vous allez foncer dans le quartier palestinien de Homs. Vous passerez quelques jours tranquilles, chez des amis ou des parents. Puis vous trouverez un autre passeur qui vous conduira à Hama... »

C'était complètement dingue. On avait l'impression qu'il nous conseillait de le faire. Pendant un instant, nous fûmes complètement perdus. Il nous sortit de notre hébétude en tendant un formulaire : « Allez, signez ici. »

Tahani commença à pleurer : « Monsieur le juge, nous ne voulons pas émigrer ! Je vous le jure ! »

L'autre se contenta d'un geste de lassitude : « Oui, oui. Signez d'abord ici. » Mais il donnait en quelque sorte l'impression d'être au clair avec lui-même, ou en tout cas de ne plus avoir envie de se prêter à tout ce cirque. Une petite voix me disait qu'il avait aimé ce que j'avais fait à Yarmouk.

« Bien. Vous pouvez partir », nous dit-il, à Tahani et à moi. Il nous fit signer une déclaration sur l'honneur stipulant que nous n'essaierions plus de quitter la Syrie. Même Ahmad et Kinan, qui avait assisté à toute l'audience en pleurant, ont dû apposer leurs empreintes digitales.

Pour finir, le juge nous dit d'un ton grave : « Ne vous faites plus attraper. Si on vous y reprend, cela ne sera plus l'affaire d'une semaine. Vous n'en sortirez jamais. »

Puis il se tourna vers Raed : « Toi, tu restes ici. » Il lui expliqua qu'il avait commis une infraction relative à un permis de construire en 1992. Il avait écopé à l'époque d'une amende de 25 000 livres qu'il n'avait jamais réglée. En près de vingt-cinq ans, la somme avait doublé. Il resterait donc en prison tant qu'il n'aurait pas payé les 50 000 livres (140 euros) en souffrance.

Quoi ? J'étais déserteur, tout le monde me connaissait à travers mes vidéos et j'étais libre de partir, tandis que Raed restait en prison pour une peccadille d'un autre âge ? Je n'en revenais pas.

Je l'ai pris dans les bras avant de partir. « Je te sortirai de là, mon ami », lui ai-je glissé. Puis on l'a emmené.

Je ne comprends toujours pas comment je m'en suis sorti. Je n'ai jamais fait mon service militaire. Le disque dur dans mon sac était bourré de vidéos où l'on me voyait chanter contre la misère à Yarmouk. Enfin, j'ai été arrêté par la police politique. Elle fonctionne comme un État dans l'État, avec des ordinateurs, ses propres dossiers, ses listes noires. C'est elle qui administre la guerre. Comme ai-je pu en réchapper, alors que mon frère Alaa, qui a accompli son service militaire et qui ne s'est jamais fait remarquer, a disparu dans leurs geôles ?

Je ne parviens vraiment pas à me l'expliquer. Dieu a sans doute veillé sur nous. Peut-être n'a-t-il pas voulu accabler davantage mon père aveugle en lui prenant son second fils ?

On nous a rendu notre sac. Alors que nous étions encore dans le bâtiment du tribunal, j'ai appelé Samir pour lui dire que son chauffeur avait été pris. J'ai laissé sonner plusieurs fois puis, bizarrement, quelqu'un d'autre a décroché. Samir n'était pas là, me dit-il.

J'ai expliqué la situation à mon interlocuteur. Il m'a rappelé quelques minutes plus tard. Nous devions attendre devant le tribunal. Là, un dénommé Mohammad viendrait nous aider. Pourquoi Samir ne voulait-il pas me parler ?

Nous sommes sortis à la lumière du soleil. Nous étions épuisés. Ces sept jours en prison nous avaient achevés. Ahmad et Kinan étaient malades et terrorisés. Tahani était à bout de nerfs.

Peu après, un jeune homme apparut et nous dit s'appeler Mohammad. Il était envoyé par Samir, nous pouvions loger chez lui et sa mère à Aidin, le quartier palestinien de Homs. Nous nous sommes mis en marche.

Cependant, nous nous étions réjouis trop vite. Un checkpoint se trouvait à l'entrée du quartier.

« Vos papiers et ton livret militaire, me fit le soldat d'un ton las.

— Oh, je ne l'ai pas sur moi », dis-je en mentant. Sans dire un mot, il posa notre sac sur une table et se mit à le fouiller. Il sortit toutes les affaires une par une, tandis que je le regardais, aussi muet que désespéré. Bien entendu, il trouva mon livret et il lui suffit d'un coup d'œil pour voir que j'étais exigible depuis 2011.

Tahani et moi nous sommes regardés quelques secondes dans les yeux pour nous dire au revoir. C'était terminé. Ils allaient m'enrôler maintenant.

Mais le soldat referma simplement le livret. Il nous demanda : « Vous sortez tout juste du tribunal, pas vrai ? » Tahani hocha la tête et s'empressa de lui montrer notre notification de remise en liberté.

Il nous fit signe de passer. Dieu nous avait protégés, une fois encore.

Cap sur le nord

Dès que nous nous sommes retrouvés seuls dans une chambre, nous nous sommes jetés sur le sac de voyage. Nous avons tout déballé en silence et tâté les couches : l'argent était toujours là. Les soldats n'avaient pas découvert les billets cachés dans les langes. Quelle chance éhontée ! Nous pouvions poursuivre notre voyage.

Nous sommes restés deux semaines environ chez Mohammad. Plus je reprenais des forces et plus il m'apparaissait clairement que Tahani et les enfants devaient retourner à Yarmouk. On ne s'en sortirait pas aussi facilement la prochaine fois et je ne voulais pas que mes enfants revivent une telle horreur. Je ne risquerais pas leur vie en mer.

Cela me brisait le cœur, mais ma décision était prise : je n'entreprendrais pas ce périple avec ma femme et mes enfants. Si j'arrivais sain et sauf en Europe, je mettrais tout en œuvre pour les faire venir. S'il devait m'arriver quelque chose, je serais le seul à mourir.

Mais comment le faire comprendre à Tahani ? J'ai décidé de ne rien lui dire. Je savais à quel point elle était entêtée. Or c'était maintenant une question de vie ou de mort. Je n'allais pas en débattre avec elle.

Notre hôte Mohammad connaissait bien entendu le passeur local. Il me le présenta. L'homme avait déjà conduit de nombreuses personnes en Turquie et m'expliqua le trajet : avec un transporteur de tomates, on va de Homs à Hama, puis on continue avec un Bédouin, direction Idlib, en territoire rebelle. On prend ensuite un minibus jusqu'à la frontière turque. Il y avait cent trente kilomètres à vol d'oiseau jusqu'à la zone rebelle. Coût du trajet : 1 300 dollars. Je lui ai demandé vingt fois si la route était sûre. Puis j'ai payé.

En parallèle, j'ai organisé le retour à Damas de Tahani et des enfants. Quelques heures seulement avant leur départ, je lui ai tout déballé et l'ai mise devant le fait accompli. Ce fut horrible. Elle s'écroula littéralement.

« Aeham, je t'en prie, partons ensemble ! », sanglotait-elle. Je n'ai pas répondu.

« Qu'est-ce que je vais faire de ma vie s'il t'arrive quelque chose ? Je préfère mourir avec toi que de vivre seule ici. » J'ai secoué la tête.

« Dieu décidera de notre sort si nous restons tous ensemble.

— Non, Tahani. » Mon cœur saignait. Je me débattais de toutes mes forces contre mes propres sentiments. « Dieu nous sauvera peut-être une fois mais pas deux, nous n'aurons pas cette chance. »

Nos adieux furent lugubres. Le petit bus que Mohammad avait réservé pour Tahani et les enfants était arrivé. Tahani y monta, le cœur lourd.

J'embrassai les enfants et je promis à ma femme . « Dans un an au plus tard, je viendrai vous chercher. »

4 septembre 2015

Il est cinq heures du matin. Je descends la rue. Peu après, un véhicule utilitaire chargé de caisses de tomates avance vers moi. Avant le premier checkpoint, je me glisse dans une cavité entre les caisses. Nous passons sans encombre. Je me rassieds à l'avant. Homs s'éloigne derrière nous. Nous nous engageons sur une piste cahoteuse, bordée d'oliveraies.

À midi, je monte dans un taxi. Avant d'arriver à Hama, je me recroqueville dans le coffre. Je crois étouffer à cause de la chaleur. À l'entrée de la ville, la voiture freine. J'entends un soldat dire au chauffeur : « Tu nous as apporté quelque chose ? Donne-nous du maté et un paquet de clopes. » Je me dis : Dieu merci, je n'ai pas laissé Tahani et les enfants m'accompagner.

Plus tard, j'allume la télé dans ma chambre. Sur Al-Jazeera, je vois des colonnes de gens épuisés passer la frontière hongroise. « Des images d'exode », commente le journaliste. Puis la gare centrale de Munich : des habitants offrent des fleurs aux réfugiés exténués et les applaudissent. Je deviens songeur. Les mots de Ghatfan résonnent dans ma tête : il est extrêmement difficile de faire venir sa famille par la suite. Aurait-il été préférable de les prendre maintenant avec moi, pendant qu'il en était encore temps ?

À l'écran, un réfugié explique qu'il a été rançonné en chemin. Je cache à nouveau mon argent : je glisse 1 500 dollars dans une poche soigneusement dissimulée de mon sac à dos, 500 dollars sous la semelle d'une de mes chaussures, et me scotche 700 dollars au bras.

5 septembre 2015

À midi, je reprends la route avec le même chauffeur. Nous sommes quatre cette fois. Au bout de quelques heures, il nous dépose dans un restaurant-grill. Je passe la nuit en face, dans un magasin désaffecté.

6 septembre 2015

Le matin arrive un quatre-quatre aux vitres teintées. Le conducteur et son copilote portent une barbe et des lunettes de soleil. Je suis perplexe : ce sont des sbires d'Assad ou des rebelles ? Ils se ressemblent tous.

Je leur dis le mot de passe à travers la fenêtre : « Je viens de la part de Mahmoud. »

— Je suis ton frère Ahmad de Daech », me répond le conducteur.

Comment ça, de Daech ? On est encore sur le territoire contrôlé par le régime ! Cherche-t-il à me faire peur ? Il pose ostensiblement une kalachnikov sur ses jambes. L'autre barbu place un revolver sous le pare-soleil. Voilà de quoi me rassurer tout à fait. Je monte. Nous démarrons.

Bientôt, il me pose la question attendue : « Dis-moi, est-ce que tu pries ?

— Mais bien entendu, monsieur.

— Ne m'appelle pas "monsieur" ! Je suis ton frère. »

« Si tu es sur le territoire de Daech, m'a-t-on dit un jour, remonte les jambes de ton pantalon aux chevilles, comme il est dit dans la sunna du Prophète. Et s'ils t'interrogent sur l'islam, parle des prières et des ablutions rituelles. »

Pour amadouer le conducteur, je dis assez niaisement : « Que Dieu te garde, mon cher frère. Prions ensemble et récitons la sourate de la Fatiha, afin que Dieu veille sur nous pendant notre trajet. » Il m'emboîte le pas, visiblement satisfait, et nous prions.

Peu après, nous quittons la route pour nous engager sur une piste de terre que seuls les autochtones doivent connaître. Nous contournons ainsi le checkpoint.

Vers midi, ils me déposent devant la tente d'un Bédouin, au beau milieu de la steppe. « Attends là. Notre frère viendra te chercher demain », dit le chauffeur. Et ils partent.

Dans la tente vit un gardien de chèvres. Sa peau est tannée par le soleil, et ses dents ne sont plus que des chicots noirs. Sa tente est étonnamment neuve. Je comprendrai plus tard que ce Bédouin n'est qu'un subterfuge et que son campement est un point de passage pour les migrants clandestins en partance pour l'Europe.

Le vieil homme m'offre de l'eau et du lait de chèvre. Mon Dieu, je n'ai pas bu de lait frais depuis si longtemps ! La dernière fois, c'était avant le blocus. L'homme a le calme et la bonne humeur des nomades. « As-tu envie de faire la prière ? », demande-t-il. Oui, j'en ai envie. Et cela vient du cœur cette fois.

Je me sens tellement bien chez lui, tellement en sécurité ici, dans la steppe, que je me confie à cet homme. Je lui parle de mon pauvre père, de mon frère, de l'embargo, de la prison.

« Oh, oh, cela fait trop de choses pour toi, mon pauvre garçon, me plaint le vieux. C'est trop, beaucoup trop. »

7 septembre 2015

Avant de repartir, je donne au vieux les dernières 1 000 livres syriennes que j'ai encore dans ma poche de pantalon. « Merci pour tout, mon oncle, lui dis-je. Prie pour moi s'il te plaît.

— Je le ferai. Que Dieu soit avec toi. »

La voiture de la veille revient avec un autre conducteur au volant, et un autre barbu. Il porte un caftan court, à la manière des talibans afghans, et parle l'arabe littéraire. Il se présente : « Je suis ton frère du Front al-Nosra. »

De Daech, d'al-Nosra, de l'OLP – je me fiche de savoir quel genre de frère tu prétends être. Aujourd'hui, le premier guignol venu peut se revendiquer de telle ou telle milice. Alors super, bravo, qui que tu sois. Prends-moi avec toi, frère, mon nom est Aeham.

Le barbu se met à la place du passager. Je monte à l'arrière. Le chauffeur démarre. Le ciel est jaune, on ne voit pas à vingt mètres. Une tempête de sable.

Nous bifurquons sur une piste et passons à portée de vue d'un checkpoint. La tempête de sable nous a-t-elle dissimulés aux regards des soldats ? À moins qu'ils ne connaissent la plaque d'immatriculation de la voiture et sachent de quoi il retourne.

Nous poursuivons notre route vers Idlib. Tout à coup, un nuage de poussière arrive sur nous, soulevé par un pick-up occupé par des hommes barbus, musclés, en tenue de camouflage et des cartouches en bandoulière. Ce sont les Forces du tigre, les troupes spéciales les plus dangereuses d'Assad.

Mon « frère du Front al-Nosra » ouvre la porte de la voiture et se jette, en une roulade de cinéma, dans les fourrés sur la droite, non sans laisser ses deux kalashnikovs dans la voiture. Encore une fois, je pense : Adieu Aeham.

« Baisse-toi ! Vite ! Planque-toi derrière ! », me souffle le chauffeur.

Je me colle contre le hayon du coffre arrière. La voiture est un utilitaire. La banquette arrière est repliée, les vitres sont teintées. Si les soldats ouvrent le coffre – ce qu'ils font habituellement –, je tomberai à leurs pieds.

« Stop ! Arrêtez ! », crient les Forces du tigre.

Mon chauffeur freine. Deux hommes s'approchent de notre voiture, mitraillette à la main.

« Qu'est-ce que vous faites ici ?

— C'est bientôt mon tour de garde au checkpoint », ment effrontément le conducteur.

À ce moment-là, une charge de mortier explose à proximité. Les soldats se jettent au sol. Du sable et des pierres rebondissent sur la tôle de la voiture. Soudain, ça tire de partout. Les hommes sur le pick-up répliquent en vidant leurs chargeurs. On ne voit personne aux alentours. Ils poussent leur cri de ralliement : « Nous sommes les tigres ! Dieu, la Syrie, Bachar et rien d'autre ! » Mon chauffeur en profite pour mettre les gaz. Ils nous laissent filer.

Nous roulons encore une bonne vingtaine de minutes à travers une zone semi-désertique. Puis mon chauffeur s'arrête. Il me montre une maison isolée à environ cinq cents mètres : « Là-bas, c'est le checkpoint tenu par la milice d'Ahrar al-Cham. Tu dois passer par là. Je ne peux pas aller plus loin. Bonne chance. »

Cinq cents mètres. Cinq cents malheureux mètres. Je me dirige vers la maison, les bras levés. Des sacs de sable, une barrière, quelques hommes.

L'un d'eux me crie : « T'es qui, toi ?

— Je viens en paix. Je ne suis pas armé.

— Enlève ta chemise alors ! »

Je continue d'avancer torse nu, le sac à dos dans la main droite, tout en gardant la main gauche levée. Je compte sept hommes, tous ont la main sur la gâchette. À peine arrivé à l'ombre du baraquement, je ne peux plus me contenir. J'explose en sanglots, incapable de m'arrêter de pleurer. L'un des barbus me demande ce qui se passe.

« Je n'en peux plus, dis-je entre deux sanglots. Je n'en peux tout simplement plus. » Je leur raconte tout. La prison, la séparation d'avec ma famille, la peur dont j'ai cru mourir aujourd'hui. « Je vous en prie, au nom de Dieu, aidez-moi ! Je veux seulement partir ! Partir de Syrie ! »

Le combattant essaie de me consoler : « Du calme et un peu de patience. Le frère Abou Kutaiba, notre chef, va bientôt arriver. Il va t'aider. Assieds-toi avec nous et mange quelque chose. »

Ils m'invitent à entrer dans l'unique pièce de la maison. Des bidons d'essence vides et une mitrailleuse lourde y sont entreposés. Sur un réchaud, quelqu'un prépare du *dchaz-maz*, des œufs brouillés avec des tomates. Je dévore comme un chancre. Les combattants s'assoient un peu à l'écart. Ils commentent la scène avec bienveillance : ils comprennent que j'aie une faim de loup après toutes ces années de blocus.

Trois heures plus tard, arrive Abou Kutaiba, un homme imposant qui, en grand seigneur, m'appelle tout de suite

« mon fils ». Je lui explique ma situation. Il m'autorise à monter à l'arrière de son pick-up et nous partons, à travers le no man's land entre le territoire rebelle et la zone contrôlée par Daech. En chemin, il fait aussi monter deux jeunes qui marchent le long de la route.

Bientôt, on voit apparaître, non loin, des tuyaux noirs, plantés comme des dents sur la terre brûlée, qui crachent une fumée nauséabonde. Ce sont les raffineries des rebelles, m'expliquent les deux jeunes. On y fait brûler du pétrole brut pour le transformer en essence et en diesel. Du pétrole vendu par Daech.

Les deux savent de quoi ils parlent ! J'apprends peu à peu qu'ils habitent tout près de la frontière et vivent en jouant les passeurs pour les réfugiés. Nous échangeons nos numéros.

Le soir, je suis dans un village, à côté d'une petite boutique de téléphones portables, quand quelqu'un derrière moi me tape sur l'épaule : « Ayhoum ? » – la forme affectueuse d'Aeham. Je me retourne et vois le visage radieux des deux jeunes de Yarmouk avec lesquels j'étais parti à Homs. On se tombe dans les bras. Bien que je les connaisse à peine, j'ai l'impression de retrouver de vieux amis. On se raconte comment on a atterri ici. Encore une fois, j'ai du mal à retenir mes larmes. Je suis à bout de nerfs.

« Notre chauffeur, Abou Jolan, se porte d'ailleurs comme un charme, me dit l'un d'eux. On est venus le sortir de prison en Mercedes. »

Tout à coup, un barbu vient nous voir. Il porte une djellaba noire et il a une marque sombre sur le front, la bosse de la prière, à force de se prosterner.

« Tu me sembles être quelqu'un de bien, me dit-il gentiment, sans ambages. J'aimerais faire quelque chose pour toi. As-tu mangé quelque chose ce soir ? »

Cet homme ne me revient pas complètement, mais j'ai faim. « Alors, il faudrait que tu nous invites tous les trois », dis-je en montrant les deux jeunes. Il est d'accord. Nous le suivons tous les trois.

Nous arrivons déjà à sa maison. Et qu'est-ce qui flotte au-dessus, dans la brise du soir ? Le drapeau des brigades des martyrs d'Al-Aqsa. Ah mais, dis-moi, ils font partie de Daech, non ? Super. Quelle poisse. Pourquoi me faut-il plonger dans les pires bas-fonds de la guerre de Syrie ? Pourquoi dois-je absolument connaître toutes les prisons, toutes les milices ?

En entrant dans le salon, nous avons du mal à déglutir : il est rempli d'armes. Dans un coin est posé un tas de kalachnikovs, contre un mur deux lance-grenades. Ce n'est pas une maison, mais un dépôt militaire !

Et pourtant, le barbu nous sert un repas comme nous n'en avons pas connu depuis des lustres. Avec du fromage, du beurre, du fromage blanc et des olives. Nous nous servons bien volontiers. Pendant ce temps, notre hôte nous pose des questions sur le siège de Yarmouk. Je lui raconte comment on nous a affamés. Je préfère passer sous silence l'histoire du piano.

Voulons-nous nous doucher ? Mais avec plaisir ! Mes habits tiennent tout seul à cause de la sueur et de la poussière. Le barbu nous montre la salle de bains, puis me tend une tenue de jogging Adidas, dans son carton d'origine, en provenance de Turquie. Il est quasiment à ma taille. Il ne cesse de me répéter : « Tu me sembles être quelqu'un de bien. » Apparemment, il n'attend rien de moi en échange. C'est peut-être cela, l'altruisme des vrais musulmans ?

La nuit, on voit arriver une vingtaine de jeunes hommes avec des kalachnikovs et des cartouches en bandoulière. Je comprends que notre hôte est le chef de l'escouade. Il tient un petit discours solennel : « Nous avons mené de formidables attentats. Si Dieu le veut, nous libérerons la Palestine. »

C'est donc ça ! Il serait peut-être temps de partir maintenant, non ? Mais où pourraient bien aller trois étrangers à une heure si tardive dans un village situé en zone rebelle ? Il nous montre une chambre où passer la nuit.

Plus tard, il nous réveille. « Vous ne voulez donc pas faire la prière de nuit ? » Nous n'avons pas vraiment le choix. Titubant de sommeil, nous rejoignons les combattants dans le salon. Même après s'être prosternés quinze fois, ils n'en ont toujours pas terminé.

Puis on lit le Coran. Et là j'apprends pourquoi ils prient la moitié de la nuit : l'un des leurs va bientôt se faire sauter avec une ceinture d'explosifs. Lui et vraisemblablement bien d'autres. Ses compagnons lui vantent déjà toutes les vierges qu'il aura au paradis. Le parfait cliché. Ils lui attachent la ceinture d'explosifs et la relient à un détonateur. L'homme semble très calme, en paix avec lui-même. Apparemment, on l'a bien travaillé.

Il monte dans une voiture et démarre. Il doit se faire sauter devant un ancien hôpital où s'est retranchée une unité des Forces du tigre.

Alors que j'essaie de me rendormir, je m'attends à ce que retentisse une explosion qui ne viendra cependant pas. Je me demande tout le temps : pourquoi le barbu nous a-t-il mis dans la confidence ? Il a été généreux avec moi et de manière vraiment désintéressée. En même temps, il organise des attentats-suicides. Encore une fois, je ne comprends pas.

8 septembre 2015

Le lendemain matin, nous prenons un minibus en direction de Cherbet al-Dschoz, un village frontalier dans les montagnes. J'appelle les deux jeunes que nous avons pris en voiture dans la steppe. Ils nous mènent jusqu'à une bicoque dans la forêt. Un toit, quelques matelas, une citerne d'eau. Et l'Internet turc !

J'ai été déconnecté pendant trois semaines. J'appelle maintenant ma famille, je fais signe à chacun. Quand j'ouvre ma page Facebook, je découvre que près de trois cents personnes m'ont envoyé des messages angoissés : « Aeham, où es-tu ? » « Aeham, tu vas bien ? On s'inquiète pour toi. » Cela me rappelle la première vidéo que quarante mille personnes ont visionnée. J'ai du temps maintenant. Je réponds donc à chacun en envoyant un bref message vocal : « Je vais bien ! Je suis en route pour la Turquie ! » Et pour les messages en anglais, j'ajoute : « *No english !* »

Je poste une photo sur Facebook. Elle est partagée par trois cent cinquante personnes. « Aeham va bien !, écrivent-ils. Le pianiste de Yarmouk est en sécurité ! »

Bon sang, cette inquiétude, cette joie. Qu'est-ce qui m'arrive ?

Il ne faut pas longtemps pour que j'aie en ligne les journalistes de grandes chaînes comme CNN, NBC, BBC et Al-Jazeera. Et bientôt le *Huffington Post, France 24* et la *Süddeutsche Zeitung*. Les semaines suivantes, dès que je trouverai du wifi, je posterai des photos de mon voyage sur Facebook. Un exode à l'ère d'Internet.

9 septembre 2015

Nous partons à 20 heures. Cinq jeunes hommes quelque part en forêt, dans la région frontalière entre Bal al-Hawa et Bab al-Salameh. Nous marchons plusieurs heures avant d'arriver devant une route bien éclairée. Derrière elle, se trouvent un grand fossé et, quelques centaines de mètres plus loin, un poste-frontière. Nous nous cachons dans le sous-bois. À la relève de la garde, il nous faudra piquer un sprint et traverser la route. Nous ne pipons mot pendant deux heures. De temps à autre, un véhicule de patrouille passe devant nous.

Soudain, nous voyons un groupe d'une vingtaine de personnes sortir de la forêt et courir. Quatre hommes portent une vieille femme sur une civière. Les soldats les repèrent et les interpellent. Le groupe poursuit sa course et reste coincé avec la vieille femme dans le fossé. Les soldats ouvrent le feu et blessent deux hommes aux jambes. Nous nous mettons aussi à courir et passons la frontière au milieu de tout ce chaos.

Nous atteignons le premier village turc au point du jour. Les habitants vivent des services qu'ils rendent aux réfugiés. Ils nous donnent de l'eau et, contre un peu d'argent, nous emmènent à Antakya.

J'y retrouve mon cher oncle Jalal, l'un des frères de ma mère. Nous tombons dans les bras l'un de l'autre. Je ne cesse de lui répéter : « Merci, merci, mon oncle, de m'avoir attendu. Nous sommes tous les deux maintenant. Ensemble, nous allons y arriver ! » Je n'ai jamais encore été si longtemps séparé de ma famille. Je me sens un peu plus tranquille désormais.

Autant que je me souvienne, j'ai toujours connu Jalal. Sur certaines photos, on le voit me porter, bébé, dans ses bras. Il a travaillé en Arabie Saoudite pendant quelques années, puis à Damas comme chauffeur de minibus. Après deux mariages malheureux, il a reçu, il y a peu, son ordre de mobilisation. Partir à l'armée à quarante-cinq ans ! Il a fait ses bagages et pris, lui aussi, la route de l'exil.

D'autres personnes m'attendent : une équipe de tournage de la BBC. Ils me filment le soir sur la promenade d'Antakya. Ils me filment en pleurs lorsque je parle de mes fils. Ils me filment lorsque je prends l'autocar pour Izmir, à mille kilomètres de distance.

12 septembre 2015

Izmir. Il nous faut attendre. La mer est agitée. Nous logeons à douze dans une chambre louée par le passeur. Il y a un coin-salle de bains, un coin-cuisine et des matelas sur lesquels nous dormons. Un Syrien, qui seconde le passeur turc, est chargé d'encaisser l'argent : 1 200 dollars.

Dans un coin de la chambre se trouve un sac qui a perdu son propriétaire et qui contient un joli pull gris à col roulé. Mon frère en avait un semblable autrefois. À qui appartiennent le pull et le sac ? Je me renseigne auprès des occupants de la chambre, mais ils éludent ma question.

Je demande à l'un d'eux : « Tu sais à qui ça appartient ?

— On s'en fiche. Pourquoi tu te prends la tête avec ça ? »

Ma curiosité est piquée : « Dis-moi ! J'aimerais demander au propriétaire si je peux avoir le pull.

— Bon, si tu veux. J'ai posé la même question quand je suis arrivé. Chacun n'a le droit d'emporter que sept kilos sur le bateau. Le téléphone, les papiers et le reste, on les met dans un sac imperméable que l'on s'attache autour du cou. On emballe le téléphone dans du film plastique.

— Mais je sais tout ça ! Et ce sac ?

— Puisque tu veux absolument le savoir : le type est mort, bordel ! Noyé ! Tu es content ? Tu vas faire quoi avec le pull d'un mort ? Tu veux nous porter la poisse quand on sera sur le bateau ? »

Personne en Syrie ne mettrait le pull d'un mort. On dit que cela porte malheur. Je hausse les épaules et je prends le pull. Je le porterai plus tard, sur le bateau. Je ne suis pas superstitieux à ce point.

13 septembre 2015

Un camion nous emmène jusqu'à la côte. Nous sommes soixante-dix personnes serrées sur la plate-forme. Nous nous cachons dans les collines près de la mer. De là, nous voyons les garde-côtes patrouiller sur cette portion de plage. Nous apercevons la silhouette de l'île grecque de Lesbos, une boule bleue au milieu de la mer bleue, à quinze kilomètres de nous. J'ai une petite caméra étanche que le reporter de la BBC m'a donnée pour filmer la traversée. Il m'a également donné un émetteur de géolocalisation. Cela me rassure de l'avoir avec moi.

La nuit venue, nous grimpons dans un zodiac et larguons les amarres. Le bateau est beaucoup trop rempli. Les femmes et les enfants sont assis au centre. Les uns gémissent, les autres prient. Nous nous taisons, mon oncle et moi, et nous tenons par les bras. La mer est agitée. L'homme au gouvernail semble nerveux. Il prend les vagues trop rapidement. La crête arrive, la crête repart, plaf, la vague projette de l'eau dans le bateau.

Au bout de dix minutes, nous atteignons la haute mer. Les vagues sont plus hautes, la houle plus forte. Plaf, encore plus d'eau dans le bateau, plaf, il s'enfonce encore plus. Non, cela ne peut pas bien se terminer. Le moteur s'arrête. Panique à bord. Des cris. Des plaintes. Je hurle à mon oncle : « Prépare-toi, Jalal. » Le bateau coule déjà, tout le monde patauge et crie dans une mer d'encre et de nuit.

Dans le monde arabe, nombreux sont ceux qui, ne vivant pas sur les côtes, ne savent pas nager. Les cours de natation ne sont pas obligatoires pour les enfants en Syrie. Heureusement, mon père était un homme prévoyant. Dès la deuxième année d'école, tous les jours des vacances d'été, nous avons pris le bus pour aller à un cours de natation. Depuis le bassin, je voyais mon père qui restait sur le bord, soucieux, tendant l'oreille pour savoir si j'avais besoin d'aide.

Plus tard, nous sommes allés plusieurs fois à la mer pour passer de petites vacances à Lattaquié. J'aimais nager. Mes parents n'avaient jamais appris et ne s'aventuraient dans l'eau que jusqu'au buste. Un jour, j'avais quatorze ans, j'ai entendu les cris de ma mère. Je me suis retourné. Mon père avait disparu. Je l'ai rejointe en nageant à toute vitesse – et j'ai vu mon père en train de gigoter en tous sens. Il avait dû tomber dans un trou d'eau et, paniqué à l'idée de se noyer, il avait perdu le sens de l'orientation. Il se débattait désespérément.

J'ai plongé, attendu le bon moment et, des deux jambes, je l'ai poussé aussi fort que possible vers le rivage. Il a senti le sol sous ses pieds, a réussi à se redresser et à recracher l'eau de ses poumons. Nous sommes repartis le jour même.

Pendant des années, il a raconté que je lui avais sauvé la vie ce jour-là. Et maintenant, cette nuit, c'est lui qui me sauve la vie.

Je m'éloigne aussi vite que possible du bateau. Ne pas être entraîné vers le fond par quelqu'un qui se noie. Mon cœur bat calmement, je porte un gilet de sauvetage, je suis bon nageur, la côte est à moins de cinq cents mètres, j'y arriverai.

Deux sortes de gilet de sauvetage étaient disponibles à Izmir. Les bons coûtaient 160 lires turques (40 euros), les mauvais 80 lires (20 euros). Ces gilets étaient meurtriers. Ils n'étaient pas faits en polystyrène mais d'une matière pourrie qui absorbe l'eau et vous entraîne vers le fond. J'avais vu un couple de Syriens portant la version bon marché. Ils avaient acheté un gilet plus cher à leur fille qui n'avait pas quatre ans. Et voilà que j'entends la fillette pleurer à côté de moi.

Je nage jusqu'à elle. Nous appelons ses parents. Je nage aux alentours, je les cherche, je demande à d'autres personnes – rien. La mer les a-t-elle engloutis ?

Ma main gauche saisit son gilet de sauvetage et je nage de la main droite. Je la ramène, elle pleure, je ne lui demande pas son nom.

Nous atteignons la côte à l'aube. Il m'est impossible de m'occuper de la fillette. Je la laisse à la première famille que je rencontre. Je me mets à la recherche de mon oncle. Je ne tarde pas à le trouver. À nouveau, nous tombons dans les bras l'un de l'autre.

14 septembre 2015

Le Syrien qui travaille avec le passeur note, impassible, le nom de ceux qui veulent à nouveau tenter la traversée. Pas un mot sur le naufrage. Nous étions pile soixante-dix personnes lors de la première tentative. C'est à peine si sa liste comporte quarante noms maintenant. Qu'est-il arrivé aux autres ?

La nuit tombée, on apporte un nouveau zodiac avec cinq gonfleurs. Il nous faut d'abord gonfler nous-mêmes le bateau que nous mettons ensuite soigneusement à l'eau. Le Syrien explique au barreur – un réfugié comme nous, qui n'a aucune connaissance nautique – qu'il doit garder le cap sur les quatre points rouges clignotant au loin. Je m'assieds sur le boudin arrière gauche. Le moteur crachote et nous partons.

La mer est calme cette nuit-là. Les gens prient : *Bismillah, bismillah,* « au nom de Dieu ». D'autres récitent des sourates du Coran. Ils sont plus rassurés quand ils voient poindre le jour. À côté de moi est assis un Irakien, jaune de peur.

« Je ne sais pas nager, dit-il d'une voix rauque.

— Je suis bon nageur, je t'aiderai », l'ai-je rassuré en lui mettant le bras sur l'épaule. Mon oncle filme toute la traversée, pointe la caméra sur moi.

La plage de Lesbos se rapproche de plus en plus. Et puis nous y sommes. Les gens sautent dans l'eau, pataugent sur la plage, pleurant de joie. Des gilets de sauvetage orange s'entassent tout autour. Mon oncle et moi nous prenons dans les bras avec un grand sourire. En même temps, je n'ai qu'une pensée en tête : comment ai-je pu laisser ma femme et mes enfants en Syrie ?

L'équipe de la BBC avait posté ses assistants sur trois plages différentes. L'un d'eux me trouve et passe un coup de téléphone. Une demi-heure plus tard, l'équipe de télévision est là.

« Comment te sens-tu maintenant ? Tu es désormais sur la terre de la liberté, dit le reporter.

— La terre de la liberté, c'est Yarmouk », dis-je, soulagé et rayonnant.

Je poursuis : « Je n'ai plus à avoir peur de me noyer. J'espère trouver un lieu où je serai en sécurité, où je pourrai faire venir ma famille, Ahmad, Kinan et ma femme. Car tous les endroits du monde sont beaux quand ils y sont. » Je sors une photo du petit Ahmad et je la tiens devant la caméra. Puis les gens de la BBC nous emmènent à Athènes.

Nous sommes le 15 septembre au matin.

Nous continuons vers la Macédoine. Nous continuons vers la Serbie. Nous continuons vers la Croatie. Nous continuons vers la Hongrie. Nous continuons vers l'Autriche.

Un prêtre macédonien nous tend du pain et du fromage, en nous disant « Bienvenue ! ». Un chauffeur de taxi serbe fonce à 170 km/h sur l'autoroute comme s'il s'appelait Michael Schumacher ; nous sommes six à l'arrière et morts de peur. Nous marchons toute une nuit dans des champs marécageux avant de passer la frontière croate ; on dit qu'il reste des mines de l'ancienne guerre. Je porte le sac à dos de mon oncle. Il a des douleurs discales. Sur les routes, en Hongrie, on ne voit personne aider les réfugiés, seulement quelques regards mauvais cachés derrière les rideaux. En Autriche, les gens nous sourient. Ils sont tellement gentils, ils ont disposé des postes de soin le long de la route, comme s'il s'agissait d'un marathon.

Le matin du 23 septembre 2015, je monte dans un train blanc comme neige à Vienne et je me retrouve, quatre heures plus tard, à Munich. Une équipe de télévision m'y attend. Un policier m'explique gentiment par des gestes où je peux trouver à manger, où je serai examiné par un médecin et où je peux m'enregistrer administrativement.

Je suis en Allemagne !

Tant de bruits en moi

Hier, le 7 mai 2017, j'ai fait un concert à Olpe, une petite ville du Sauerland. Le directeur de l'école de musique est venu me chercher à la gare de Siegburg, à une heure de voiture. Il m'avait abordé lors d'un spectacle à Cologne et demandé si nous pouvions donner un concert ensemble. Je m'étais écrié : « Volontiers ! », avant de lui mettre dans les mains une partition de Riad al-Sunbati que j'avais par hasard sur moi.

Ce dimanche matin, nous avons roulé sur les routes vallonnées du Sauerland en discutant de mes cours d'allemand, de mes deux fils, de l'attaque au gaz toxique lancée par Assad, des représailles de Trump et de ce livre sur lequel je travaillais depuis des mois.

La salle communale était comble. Trois cents personnes étaient venues au « concert de soutien pour et par Aeham Ahmad » – notamment parce qu'un journaliste local, qui m'avait interviewé quelques jours plus tôt lors d'une répétition, avait fait paraître un long article. Les professeurs ont joué quelques morceaux de musique de chambre, puis j'ai chanté certains des miens écrits à Yarmouk et enfin nous avons joué ensemble du Riad al-Sunbati, le Beethoven du monde arabe. Un des professeurs avait arrangé différemment le morceau. Les spectateurs se sont levés et ont applaudi debout.

Beaucoup voulaient me serrer la main après le concert. Une vieille dame m'a offert une rose de son jardin, d'autres se sont photographiés à mes côtés, je dédicaçais mes CD et remerciais tous ces gens en souriant. Ce concert était très important à mes yeux. Il résumait l'année et demie que je venais de passer en Allemagne.

Plus tard, j'ai encore eu le temps de descendre tout seul au gymnase communal et de me prendre un kebab dans le snack en face. Comme j'aurais aimé le faire jadis. Et pendant tout ce temps-là, je pensais : je suis quelqu'un d'autre maintenant.

J'ai vécu un mois à Olpe, lorsque je suis arrivé en Allemagne. Dans ce gymnase communal justement, avec cent deux autres réfugiés. Je dormais dans un lit superposé, au-dessus de mon oncle, dans un carré fait de barrières de chantier, sur lesquelles des bâches plastique étaient étendues. Je pensais : « Bon, je vais devoir vivre les prochaines années dans un gymnase. » Certains réfugiés étaient déçus, après avoir été si chaleureusement accueillis, d'être obligés d'attendre ici pendant des mois. Je m'en contentais. En Syrie, les réfugiés en provenance d'Irak ou du Liban avaient bien été obligés de vivre dans des écoles ou des mosquées. J'avais entendu dire que, certains jours, près de dix mille réfugiés arrivaient en Allemagne.

On avait le droit à trois repas, à huit heures, midi et dix-sept heures. Je n'aimais pas la nourriture, le pain gris, les pommes de terre râpées. J'avais un appétit d'oiseau après toutes ces années de privation. J'aurais tellement voulu m'acheter un kebab à la sauce piquante dans le snack juste en face, mais je ne me le permettais pas. Je n'avais plus que soixante-dix euros, mes derniers fonds de tiroir. C'était tout ce qui me restait de l'argent de mon voyage.

Je gardais dans un sac, sous mon lit, les petits pots de miel en plastique qui restaient du petit-déjeuner. En cas d'urgence. Au cas où il n'y aurait plus rien à manger. Je savais que c'était irrationnel, mais la peur de manquer ne me lâcherait pas de sitôt.

J'étais accroché à mon téléphone la moitié du temps. J'appelais Tahani, mes parents, des connaissances de Yarmouk qui étaient aussi en Allemagne. Heureusement, le gymnase disposait du wifi. Tahani me racontait à quel point son quotidien était devenu pénible. Elle devait payer quelqu'un pour aller chercher de l'eau, pédaler sur la mobylette et recharger les batteries. Elle n'avait plus un sou. Tout l'argent était parti dans mon voyage. Elle me demandait, de plus en plus agacée : « Quand vas-tu nous envoyer de l'argent ? » Cela ne faisait qu'attiser mon impatience. Pourquoi devrais-je rester ici les bras croisés ?

Le soir, dans mon lit superposé, je regardais les vidéos de Yarmouk sur mon téléphone. Comment se portaient les enfants ? Je me sentais coupable. Un jour, ils m'avaient demandé : « Aeham, tu chanteras toujours avec nous ? » Et j'avais répondu : « Toujours ! » Pourtant, je m'étais enfui.

Pendant ces moments-là, je souffrais terriblement de l'absence de Tahani, Ahmad et Kinan. J'étais tout seul désormais. Je me sentais complètement perdu. Les mots résonnaient dans ma tête : « Une fois que tu es en Allemagne, il devient très, très difficile de faire venir ta famille. » Pourquoi les avais-je abandonnés ? Pourquoi rester assis sans rien faire pour les aider ? Et je m'endormais au bout d'un moment.

La lumière s'allumait à sept heures du matin, les enfants commençaient à chahuter, il n'était alors plus question de dormir. Je ne supportais plus cette promiscuité, cette incertitude, je n'en pouvais plus de tourner en rond dans le gymnase. J'errais pendant des heures dans Olpe. Ou alors je m'asseyais près du barrage du Bigge et je réfléchissais. Les montagnes, la forêt, le lac – j'aimais Olpe. Mais je n'avais rien à faire, je ne pouvais même pas lire les panneaux, j'étais un étranger. Toute l'Allemagne était-elle aussi petite, aussi tranquille et aussi rangée ?

Lors de mes promenades, j'avais remarqué une vieille maison blanche devant laquelle se dressait la statue d'un joueur de flûte. Un jour, j'ai entendu un bruit de trompette sortir du bâtiment. L'école de musique sans doute, me suis-je dit. J'ai rôdé pendant plusieurs jours autour de la maison. Enfin, j'ai pris mon courage à deux mains. Que pouvait-il m'arriver après tout ? Nous n'étions pas en Syrie.

Il n'y avait pas âme qui vive dans la maison. J'appelai dans les couloirs. Personne. Une plaque était accrochée sur une porte. Le bureau du directeur peut-être ? Une femme blonde était assise à sa table de travail et me regarda d'un air déconcerté. Rien d'étonnant après tout. Cela devait lui faire un drôle d'effet de se retrouver face à un Arabe tout maigrelet, au crâne rasé, dans des vêtements du Secours populaire, avec un keffieh autour du cou.

« *Salam aleikum*, dis-je aussi gentiment que possible. Piano ? »

La femme ne me répondit pas, mais continua de me regarder, abasourdie. Je répétai : « Piano ? *Play ?* »

Cette fois, la femme eut une réaction : « *From where ?*

— Gymnase. » Je connaissais déjà ce mot, tout comme « police », « pomme » et « bonjour ».

La femme me regarda, déconcertée. Elle répéta : « *From where ?* »

Je m'entêtai à répéter « gymnase », en pointant approximativement vers notre centre d'hébergement.

« *From where, where ?* », demanda-t-elle à nouveau en faisant un grand cercle de la main. « Ah ! Syrie ! Syrie, Damas ! »

Elle m'a fait signe de la suivre. Nous sommes montés au premier étage, puis elle a ouvert une salle dans laquelle il y avait... un piano à queue ! Je rayonnais, j'ai crié plusieurs fois : « *Choukran !* » Merci ! Encore debout, j'ai joué un arpège sur toute l'étendue du clavier. Ah, mon ami, ai-je pensé, tu es à moi !

Par deux fois, à Vienne et à Munich, j'avais fait un détour par un magasin de musique et joué quelques minutes, sous la surveillance du vendeur. Mais ici, c'était différent. J'ai ôté mon manteau avant de m'asseoir. J'avais soif de musique, tellement soif. Je pouvais enfin m'abreuver. J'ai commencé par quelques morceaux classiques. Puis j'ai fermé les yeux et commencé à chanter : *J'ai oublié mon nom*, la chanson de l'eau et *La Menthe verte*. D'un coup, j'étais de retour à Yarmouk, j'étais avec Marwan à pousser le piano dans les ruelles désertées, je voyais le regard sans vie de Zeinab, j'entendais les voix aiguës des enfants, je sentais les feux de plastique. Tout cela jaillissait de moi, je voyageais dans le temps et l'espace en fermant les yeux…

… Et puis je me suis rappelé où j'étais. D'un bond, je me suis levé et tourné vers la femme. Je lui ai souri et dit : « *Oh, I am very sorry ! Choukran, choukran ! Thank you !* » Merci, encore merci.

Mais il n'y avait pas de problème. Elle avait dû sentir ma ferveur quand je jouais, elle avait dû sentir ma soif de musique. Et elle m'avait donné à boire. Elle m'a souri et s'est contentée de demander : « *Enough ?* »

Quelques jours plus tard, un homme m'appela. Il se prénommait Karim, traducteur de son état. Est-ce que j'aurais le temps, le lendemain, de monter sur scène à Munich ? Un grand concert de soutien aux réfugiés et aux organisations d'aide devait avoir lieu.

« Avec plaisir, ai-je répondu, mais comment suis-je censé aller à Munich ? Par ailleurs, je n'ai pas le droit de quitter Olpe.

— Aucun problème. On se charge de tout avec David. Tu le connais, tu as déjà joué avec lui à Munich. Il est à côté de moi. »

Bien sûr, je me souvenais de ce type à lunettes, rasé de près, qui jouait de la guitare pour les enfants qui, après un périple de plusieurs semaines, arrivaient épuisés à Munich. Nous avions chanté quelques chansons ensemble et échangé nos numéros.

De fait, ils ont tous les deux débarqué le lendemain matin dans le gymnase. Peu après, nous foncions sur l'autoroute en direction du sud. Mon oncle nous accompagnait et se réjouissait comme un gamin de cette excursion. Karim et David m'expliquèrent que Sportfreunde Stiller[1] avait organisé un grand concert. C'est qui, ce Stiller ? Ils me dirent aussi que je devais chanter en duo avec Judith Holofernes[2]. Évidemment, je ne connaissais pas non plus cette Judith. Karim et David avaient apporté de délicieux sandwichs. J'ai fini par m'assoupir. Quand je me suis réveillé, j'ai vu flotter à côté de l'autoroute une grande forme ovale blanche qui brillait. C'était un stade. Jusque-là, je n'en avais vu qu'à la télé.

David nous a conduits directement à un hôtel. Nous sommes montés dans une chambre où nous attendait une femme blonde qui s'est présentée comme étant Judith Holofernes. Une équipe de télévision était également présente. Elle voulait tourner un reportage sur moi. J'ai accompagné Judith, un clavier posé sur les genoux. J'aimais sa voix à la fois profonde et légère, comme celle d'un enfant. Nous n'avions pas beaucoup de temps, je ne connaissais pas ces rythmes pop mais, mon Dieu, cela devrait marcher. Karim traduisait, mais nous nous comprenions aussi sans dire un mot.

---

1 Célèbre groupe de rock indépendant allemand, fondé en 1995 et originaire de la banlieue de Munich [NdT].

2 Née en 1976, Judith Holofernes (de son vrai nom Judith Holfelder von der Tann), musicienne, chanteuse et compositrice, s'est rendue célèbre en jouant dans le groupe pop Wir sind Helden en plus de sa carrière d'artiste solo. Elle est connue pour ses prises de position politiques et ses textes souvent engagés [NdT].

Avant de partir, elle m'a fait un geste en forme de question : pouvait-elle me prendre dans ses bras ? J'ai haussé les épaules, un peu gêné – puis nous nous sommes échangé une accolade amicale. Apparemment, c'est ce que l'on fait en Allemagne. Pour ma part, c'était une première. Excepté Tahani, aucune femme ne m'avait jamais pris dans ses bras. C'était encore une chose à apprendre ici.

La scène qu'on avait installée sur la Königsplatz de Munich était gigantesque. Quand quelqu'un m'a dit qu'on attendait le soir vingt-cinq mille spectateurs pour le concert baptisé « Les stars vous remercient », j'ai enfin compris que les musiciens qui se rassemblaient peu à peu dans la tente chauffée derrière la scène devaient être très, très célèbres.

Karim, le traducteur, me présenta Rüdiger, le bassiste de Sportfreunde Stiller. Il avait lu les articles que la *Süddeutsche Zeitung* avait publiés sur moi et s'informa très gentiment de mon état. Tout le monde semblait se connaître en coulisses, ils se prenaient tous dans les bras. Bientôt, j'ai pu mesurer la célébrité des nouveaux arrivants aux réactions qu'ils déclenchaient. Quand un homme blond entra dans la tente et que tout le monde, mais vraiment tout le monde, vint le saluer avec une ferveur mêlée de respect, je me dis : ce doit être le président.

Je vis le blond discuter avec Rüdiger. Ils regardaient dans ma direction. L'homme blond vint à ma table, me serra la main et s'assit à mes côtés. Karim fit la traduction et me présenta Herbert Grönemeyer[1]. Nous avons discuté un moment, puis il m'a demandé : « Dis-moi, il y a un piano électronique sur lequel tu peux répéter dans votre centre d'hébergement ? » Je secouai la tête.

Le concert commença. Le maire de Munich fit un discours avant de jouer de la guitare avec un groupe. Puis ce

1 Célèbre chanteur de variétés allemand né en 1956, régulièrement en tête des meilleures ventes nationales depuis les années 1980 [NdT].

fut notre tour avec Judith. Nous nous sommes souri et nous sommes entrés en scène. J'ai d'abord chanté *La Menthe verte* et *J'ai oublié mon nom*. J'ai ensuite accompagné Judith au piano et, enfin, nous avons chanté en duo. La chanson s'appelait *Le Cœur du monde*. Judith l'avait spécialement écrite pour l'occasion. Elle chanta en allemand et moi en arabe :

Si aucun conseil ne peut te servir,
Nous attendrons ici sans rien dire,
Et aux questions du silence
La réponse sera celle
Des oiseaux qui chantent.

Et le cœur du monde devra porter ton cœur,
Le cœur du monde devra porter ton cœur,
Le cœur du monde devra porter ton cœur,
Jusqu'à ce que le salut vienne.

Beaucoup de gens m'ont dit par la suite que ce duo avait été le clou de la soirée. Il avait cristallisé ce que beaucoup d'Allemands et de réfugiés ressentaient ces derniers jours : le vivre-ensemble existait bel et bien.

Je souriais pendant que je jouais. La foule s'étendait devant moi à perte de vue. Était-ce un rêve ? Je sortais tout juste de prison, d'un coffre de voiture, d'un zodiac, et je me retrouvais sur cette immense scène.

J'ai fait signe à Karim pour qu'il s'approche, mais il était trop timide. J'ai donc pris le micro et j'ai crié en arabe : « Merci à vous qui aidez les réfugiés ! Paix en Syrie ! Paix pour les enfants de Syrie ! Ici, c'est Yarmouk ! » Le public n'a pas compris mais il m'a quand même acclamé. Telle était l'ambiance ce soir-là.

À la fin de notre passage, nous nous sommes enlacés, Judith et moi, puis nous avons quitté la scène bras dessus, bras dessous. Dans la tente, derrière, tout le monde me tapait sur l'épaule. Même Herbert Grönemeyer est venu me voir pour me dire : « Hey, Aeham, bien joué ! Donne-moi ton adresse. J'aimerais t'offrir un piano électronique. »

Pardon ? J'étais encore plus interloqué maintenant. Pourquoi un homme aussi célèbre voudrait-il me faire un cadeau aussi cher ? En Syrie, en général, plus un musicien a de succès, plus il vous regarde de haut. Je me suis confondu en remerciements.

Puis Grönemeyer est entré en scène pour chanter avec son groupe, avant d'appeler tous les participants pour le finale du spectacle, avant d'entonner ensemble *Mensch*, sa chanson la plus célèbre. À la fin, Grönemeyer a fait circuler le micro sur scène, quelqu'un chantait « tadada-tada » et le public reprenait. Il m'a aussi tendu le micro et des milliers de personnes ont chanté avec moi. J'ai levé un poing euphorique vers le ciel. Je l'avais fait !

Plus tard, j'ai posté sur Facebook une vidéo de mon passage sur scène. Tahani n'a pas tardé à m'appeler. Elle était furieuse. Elle n'avait qu'une question à la bouche : « C'est qui cette blonde ? »

Quelques semaines plus tard, j'ai reçu un paquet. Herbert Grönemeyer m'avait bel et bien envoyé un piano électronique. J'ai dicté à Karim une lettre de remerciements. Je pouvais désormais jouer de la musique pour les enfants de mon nouveau centre d'accueil – entre-temps, j'avais atterri à Kirchheim, en Hesse. Je l'ai également pris avec moi quand je suis parti à Giessen pour assister à l'audience concernant ma demande d'asile. Je savais que nous allions devoir encore une fois attendre pendant des heures. J'ai donc joué quelques morceaux, sous l'œil méfiant des gardiens, pour ceux qui, soucieux et angoissés, patientaient avec moi.

L'obligeance des Allemands n'a jamais cessé de me surprendre. Le plus souvent, en Syrie, celui qui aide quelqu'un espère recevoir une compensation. Le soir, au téléphone, je racontais à Tahani que telle ou telle personne avait fait telle ou telle chose pour moi. Elle me répondait, méfiante : « Sois prudent. Il veut certainement quelque chose. » Mais cela n'a jamais été le cas. Tant de gens m'ont aidé. Je leur en suis très reconnaissant.

Au début du mois de décembre 2015, j'ai fait la connaissance d'Elke Gruhn, la directrice du Nassauischer Kunstverein Wiesbaden, un centre d'art contemporain à Wiesbaden. Elle m'avait invité pour donner un concert à l'occasion d'un vernissage. Elle m'a plu tout de suite. J'aime ses manières amicales, sa voix chaleureuse. Par un heureux hasard, j'ai été envoyé quelques semaines plus tard dans un nouveau foyer d'accueil à Wiesbaden. Ce devait être la dernière étape de mon odyssée administrative à travers la bureaucratie allemande en vue du droit d'asile, odyssée qui m'avait conduit de Munich à Stuttgart, de Stuttgart à Bochum, de Bochum à Olpe, d'Olpe à Münster, de Münster à Giessen, de Giessen à Kirchheim, avant de me déposer maintenant à Wiesbaden.

Par un jour froid de janvier 2016, je suis passé au centre d'art pour essayer le piano qu'on avait livré en prévision de mon concert. Mais aussi parce que je ne pouvais plus tenir dans ce centre d'accueil miteux. Nous étions logés à cinq dans une chambre minuscule. J'ai expliqué à Elke à quel point vivre là-dedans me portait sur le système. Elle m'a répondu que, dorénavant, je pouvais aller et venir dans le centre comme bon me semblait, wifi et café inclus. Elle comprenait les besoins d'un réfugié. Et comme je voulais pouvoir discuter avec elle, lui dire à quel point ma famille me manquait, j'ai commencé à apprendre l'anglais tout seul. Une application sur portable me répétait les mots traduits jusqu'à ce que je maîtrise le vocabulaire. C'est ainsi que le Kunstverein Wiesbaden est devenu mon havre de paix en Allemagne.

J'en avais grand besoin. Je courais de ville en ville, de concert en concert depuis longtemps. Les demandeurs d'asile n'étant pas autorisés à percevoir de l'argent, je ne touchais pas un centime sur les spectacles. Mais je me faisais du souci pour ma famille et cela me poussait à continuer. Pas un concert ne se passait sans que je crie ma peine : « Je n'ai besoin ni de nourriture, ni d'un lit, ni de chaussures. Tout ce dont j'ai besoin, c'est ma famille. Ma femme Tahani, mes fils Ahmad et Kinan. »

Une autre chose me motivait : je voulais toujours chanter pour Yarmouk. Je voulais continuer là où je m'étais arrêté en Syrie. Je sais que la musique rapproche les hommes, je sentais que mes chansons pouvaient bâtir des ponts entre les Allemands et les réfugiés. Je voulais chanter pour la paix et les enfants en Syrie. Je voulais remercier les Allemands pour leur hospitalité au nom de tous les Syriens, des Palestiniens et des Irakiens. Afin de me délivrer un peu de ce sentiment de culpabilité qui me rongeait toutes les nuits.

J'étais tellement irascible à cette époque, tellement injuste. Je nouais des amitiés que je rompais ensuite. Nous nous disputions souvent pour des raisons financières. J'avais cruellement besoin de chaque euro pour soutenir Tahani, mes parents et mes proches, pour les aider à louvoyer à travers la guerre. Or je n'avais officiellement pas le droit de gagner le moindre cent.

J'écumais le pays comme un forcené, passant d'une scène à l'autre et d'interview en interview. Je me nourrissais sur la route dans des fast-foods minables et, après plusieurs jours, quand je revenais enfin au centre d'accueil à Wiesbaden, notre petite chambre était si bruyante et enfumée que je ne pouvais fermer l'œil un seul instant.

Au début du mois de mars 2016, je n'en pouvais plus. Je me suis écroulé, malade, épuisé, à bout de nerfs. Désespéré, j'ai téléphoné à Elke. Elle m'a proposé de rester quelques jours avec mon oncle dans la chambre d'hôte du Kunstverein pour reprendre des forces. Elle m'apporta de quoi me soigner, cuisina pour nous et nous trouva un petit appartement chez une de ses amies.

Peu après, on m'a accordé le droit d'asile. J'ai déposé une demande de regroupement familial et j'ai vite compris : c'était sans espoir. J'ai rencontré un homme originaire d'Alep qui avait tenté, durant des mois, de faire venir sa famille. Puis, un jour, la nouvelle était tombée : sa femme et ses six enfants avaient été tués par une bombe. Sept d'un coup. La simple pensée qu'il puisse arriver quelque chose à Tahani, Ahmad et Kinan me rendait complètement fou.

Finalement, Elke me fit part d'une idée qu'elle avait eue. Ma femme était bien artiste. Pourquoi le centre d'art de Wiesbaden ne l'inviterait-il pas pour une exposition ? Une fois à Wiesbaden, elle pourrait s'adresser directement à l'ambassade d'Allemagne à Beyrouth et frapper à la minuscule porte d'entrée du regroupement familial. Je ne me contenais plus de joie. Je répétais : « Quelle idée formidable ! Formidable ! *Choukran ! Choukran ! Thank you !* »

À Damas, Tahani préparait des tableaux et des documents, Elke remplissait les obscurs formulaires de candidature – et écrivait par ailleurs à l'ambassadeur à Beyrouth. Un matin de juillet, alors que j'étais assis dans un train pour me rendre à un concert, Elke me téléphona : « Nous avons rendez-vous à l'ambassade. » Elle exultait. « Et maintenant, tiens-toi bien : le rendez-vous ne concerne pas seulement l'invitation d'artiste mais aussi le regroupement familial ! Ta famille a le droit de venir ! »

J'explosai en sanglots. Je pleurais tellement fort que d'autres passagers sont venus me voir, inquiets, pour me demander ce que j'avais. Mais ce n'était rien. J'étais juste fou de joie.

Nous avons préparé l'arrivée de ma famille. Elke et beaucoup de ses amies m'ont aidé à trouver un logement, des meubles et tout le nécessaire pour les premiers temps.

Moins d'un mois plus tard, le matin du 4 août 2016, Elke et son mari sont passés me chercher pour me conduire à l'aéroport de Francfort. Je triturais le bouquet de roses que j'avais dans la main. Plus que dix minutes, plus que trois minutes – ils avaient atterri.

Je vois Tahani de loin. Je passe la porte en courant, une alarme retentit, je m'en fiche complètement. Je me jette sur elle, je l'étreins, je l'embrasse et je serre mes deux garçons dans les bras. Je suis à nouveau au complet, enfin.

Ahmad, qui a presque quatre ans maintenant, me reconnaît. Il me sourit et dit : « Bonjour tonton. » Je l'embrasse et m'exclame : « Papa ! Je suis ton papa ! » Kinan, presque deux ans, a l'air perdu. Il n'a aucune idée de qui je peux bien être. Je serre Tahani dans mes bras, encore et encore. Elle sent le jasmin. Comme au premier jour.

J'étais l'homme le plus heureux du monde ce jour-là. Nous nous étions quittés à Homs en août 2015. À cette époque, je lui avais promis : « Je viens vous chercher dans un an. » J'ai déjà si souvent déçu Tahani, lui promettant tant de choses que je n'ai jamais faites. Mais pas cette fois. J'ai tenu parole.

Je pouvais désormais vraiment poser mes bagages en Allemagne. Elke m'a trouvé un agent artistique, j'ai enregistré un CD. Je gagnais enfin de quoi nourrir ma famille et aider mes proches restés en Syrie. Cela signifiait beaucoup pour moi. Je n'étais plus dépendant de qui que ce soit, je ne pointais plus à l'Arbeitsamt (Agence pour l'emploi), je volais de mes propres ailes et je pouvais décider pour moi-même. Il est après tout très pénible de se sentir continuellement le débiteur de quelqu'un.

Depuis, je vis à Wiesbaden, dans un joli deux pièces. Chaque fois que je vois à quel point mes deux garçons sont heureux et en bonne santé, chaque fois que je les entends babiller en allemand en sortant du jardin d'enfants, mon cœur bondit de joie. Je me souviens à quel point Ahmad était pâle à Yarmouk quand, tenaillés par la faim, nous lui donnions du riz mélangé aux lotiers. Quand il veut me montrer quelque chose, le petit Kinan me prend le doigt et me le pose doucement sur l'objet. Il a vécu si longtemps avec mon père aveugle. J'espère que l'effroi de la guerre et de la fuite hors de Syrie n'aura laissé que peu de traces dans leur esprit. Je l'espère vraiment.

Je bois un café avec ma femme, c'est le printemps, les narcisses sont en fleur, le ciel est bleu, nous sommes en sécurité. Tahani va à son cours d'allemand, je prends mon vélo jusqu'à la gare et un train blanc comme neige me conduit à mon prochain concert. Des gens formidables viennent me saluer, se réjouissent de ma présence, je fais une balance, peut-être une interview et, le soir venu, je suis sur une grande scène, je joue mes chansons de Yarmouk, rempli de douleur et d'espoir, tandis que le public, ému, ressent la peine, ma peine d'autrefois.

Les bons jours, je suis au comble du bonheur. Je sens nos cœurs battre en rythme pendant quelques mesures et abolir alors toutes les frontières. Ensemble, nous sommes à cet instant plus confiants, plus libres, plus grands.

Et puis, il y a les mauvais jours. Tout est alors différent. Je me déteste de mener la belle vie. À quoi penses-tu, espèce d'imposteur, quand tu te prélasses sous les projecteurs ? Tant de gens sont morts. Pourquoi as-tu survécu, toi ? Tu fais ton miel d'un malheur qui a touché tout le monde ? En quoi as-tu mérité cela ? Pourquoi n'es-tu pas mort comme les autres ? Pourquoi vis-tu encore ? Je me dis : je suis assis sur une montagne de cadavres.

Cette impression d'être en haut du panier est tellement biaisée. « Aeham Ahmad, le pianiste du champ de ruines. » Mais ce type assis là, en haut, qui chante de manière si poignante, n'est pas seul. Ce n'est pas un soliste. C'est l'œuvre de beaucoup d'autres : de ceux qui lui ont donné des poèmes, ceux qui ont poussé le piano avec lui, ceux qui ont pédalé sur la mobylette, qui l'ont encouragé, qui ont enduré la torture pour le protéger. Personne n'en parle. Il n'y en a que pour moi, moi et toujours moi.

Ces jours-là, quand je suis assis seul dans le train qui me ramène chez moi, j'ai le cœur sombre et le ventre noué par la culpabilité. Je pense à Zeinab, abattue à mes pieds, je pense à mon père qui doit désormais marcher sans moi, à tâtons, dans les rues dévastées, je pense à Marwan qui va maintenant chercher de l'eau tout seul, je pense aux deux fillettes avec lesquelles je chantais sans cesse *Tu manques à Yarmouk*. Que sont-elles devenues ? Qu'ai-je fait pour ces enfants ?

Tous les jours ou presque, je donne un concert. Aujourd'hui Dortmund, demain Carrare, puis Novi Ligure, Arensberg, Meschede, Iserlohn, Bad Homburg, Melsungen, Palma de Majorque, Munich ou Cassel. Je me dis : Aeham, repose-toi, lève le pied, respire, pose-toi, passe plus de temps avec tes enfants, prends soin de Tahani. Elle t'a attendu pendant un an. Mais, dès que je suis assis chez moi, je ne tiens plus. Les endroits tranquilles m'angoissent.

Dès que je suis au calme, mon cerveau se remet à tourner à vide. Je ressasse. La peur de mourir de faim. La peur de ne plus pouvoir jouer du piano. La peur d'être emprisonné à jamais. La peur qu'ils fassent du mal à mes enfants. Pourquoi mon frère ? Pourquoi la Syrie ? Pourquoi Zeinab ? Je ne trouve aucune réponse, et mon désespoir est tel que c'est à peine si je peux continuer à vivre. Il faut que je sorte vite, que je fasse quelque chose, vite, encore un concert, encore une interview, encore, encore. Et quand je suis épuisé, lessivé, affamé, et que je m'écroule sur mon lit à 2 heures du matin, je me sens mieux. La culpabilité se fait moins lourde.

Je me suis servi des conversations que nous avons eues pendant des mois, avec Sandra et Ariel, pour écrire ce livre. Je veux parler. Je veux me débarrasser de ces ténèbres en moi. Je veux boire le verre jusqu'à la lie pour pouvoir en remplir un nouveau. Je veux expulser tout l'air de mes poumons pour pouvoir reprendre mon souffle.

Avant, alors que je menais une vie très dure, mon cœur était rempli de musique. Quelqu'un me donnait un poème, je le lisais, je le fredonnais et tout de suite une mélodie était dans l'air, un thème tout neuf se faisait entendre. D'où provenait cette musique ? Était-ce un don de Dieu ? Maintenant, assis dans mon bel appartement devant mon très chic piano Schimmel, j'essaie de composer et rien ne vient. Personne ne me tend de poème. Contre quoi devrais-je chanter ? Et je pianote gentiment d'élégants accords mineurs qui sonnent bien, mais qui ne s'agrègent jamais en mélodie. Je pianote pendant des heures, je ferme les yeux et le film commence…

… Je sens l'odeur du jasmin devant ma fenêtre, j'entends le ballon de foot contre le mur de notre maison, j'ai dans la bouche le yaourt frais et salé du kiosque l'Honnêteté. L'été n'en finit plus, les jours s'écoulent mollement. Le courant tombe en panne, nous nous asseyons au frais, sur les marches de la boutique et chantons ensemble. La vie est tellement douce, tellement simple. C'est déjà l'hiver, nous sommes dans le magasin et nous remettons une bûche dans le poêle. Nous faisons cuire des marrons dans la braise et nous chantons encore ensemble, chacun inventant sa propre strophe. Les gens nous voient de l'extérieur et entrent pour chanter avec nous, nous battons des mains…

… J'ouvre alors les yeux. Je suis de retour à Wiesbaden et mon pays me manque terriblement. Pourquoi est-ce que je n'obtiens plus qu'une espèce de musique de film ? Où sont passées mes chansons ?

Je suis tellement triste certains jours, et d'autres tellement furieux, mais aussi tellement heureux. J'ai l'impression que les jours sombres se font plus rares, que ma vie s'éclaircit. Et il y a des jours si rayonnants que je ne ressens plus aucune culpabilité. Ce sont les jours où je réussis un bon concert, où je sens que je suis parvenu à quelque chose, que j'ai rendu le monde un peu meilleur. Alors, renversé en arrière, je chante à plein cœur mes chansons qui font pleurer, qui consolent et qui nous laissent croire à un avenir.

Il y a de l'espoir. Il y a toujours de l'espoir.

Voilà mon histoire. L'histoire qui se cache derrière cette photo qui a fait le tour du monde. Cette photo qui me montre chantant au milieu des ruines, assis à mon piano, habillé d'un polo vert. Et tous ceux qui la verront doivent se rappeler désormais : les images ne racontent jamais le début d'une histoire. Et elles taisent ce qui est ensuite advenu.

Remerciements

J'aimerais remercier du fond du cœur tous ceux qui m'ont assisté, soutenu, aidé, encouragé et parfois supporté.

Merci à Carmen Elena Belaschk, Suraya Hoffmann, Rein Wolfs, Monika Fabricius, Rita Akkawi Hazboun et Michael Stein, Luisa Imorde, Stephan Zind, Marianne Hoffmann, Katharina Deserno, Hendrik Denker, Kai Schumacher, Fadi Jebaily, Ayham Nabuti. Je remercie aussi Athil Hamdan, Samir Nashat Sido, Verena Rajab et Montserrat Cabero Pueyo, Don Horenhof, Lukas Narojek, Sakher al-Mohamad et Roswitha Kacmaczyk, Sonja Arnold, Leyla Lavandula, Steve Schofield, Lothar Pohl, Hans Joachim Hecek, Remon Azar, Jürgen Ney, Sabee Ottima, Ahmad Almasri, Bernhard Felix von Gruenberg, Birgit Apfelbaum, Moira Wachendorff, Susanne Gundelach, Birgit Kiel, Britta Fischer, Elke Gruhn, Hiltrud Fuchs, Torsten Schreiber, Thilo von Debschitz, Mechthild et Hans Karl Henne, Teresita Cannella, Edgar Knecht, Vanessa Ess et Vanessa Schmitt, Nail Odeh, Walter Schumacher, Karim Hamed et Ernesto Briceño.

Toutes mes excuses si j'ai oublié quelqu'un. Merci à vous tous ! Sans votre aide, je ne serais pas là où j'en suis.

Table

Composition Facompo, Lisieux.
Achevé d'imprimer sur les presses de
Normandie Roto Impression s.a.s. à Lonrai
en mars 2018.
Dépôt légal : mars 2018
N° d'imprimeur : 1800791
Imprimé en France